Udo Kefrig • Christian Mietz • Claus-Peter Stoll

TAUCHER GUIDE

Die 50 schönsten Tauchreviere der Welt

Müller Rüschlikon

ZEITGEIST VERLAG

ZEITGEIST VERLAG
Postfach 11 13 35, 40513 Düsseldorf
Tel. 0211-556255, Fax 0211-575167

In Kooperation mit der
Müller Rüschlikon Verlags AG
Gewerbestraße 10
CH-6330 Cham

Redaktionsschluß
August 1996

Alle Angaben wurden gewissenhaft überprüft. Wir bitten um Verständnis dafür, daß wir keine Gewähr übernehmen können.

Herausgeber
Hubert Bücken

Autoren
Christian Mietz
Claus-Peter Stoll

Textbeiträge
Harald Mielke

Fotos
Udo Kefrig
Christian Mietz u.a.
(Bildnachweis Seite 248)

Kartographie
Dipl.-Ing. Jochen Fischer

Produktion
Jörg Beckmann
Manfred Hartmann

Redaktion
Dr. Christiane Bayer
Andrea Noetzel

Lithos
publishing partner, Bochum

Druck
Druckhaus Kaufmann, Lahr

Printed in Germany 1996
ISBN 3-275-01203-7

Vorwort 4
Weltkarte 6
Ausrüstung 8
Tauchen lernen 16
Reisevorbereitung 18
Checkliste 20

Pazifischer Ozean

1 San Diego/Kalifornien 24
2 Baja California 28
3 Socorro Islands 32
4 Cocos Island 36
5 Galapagos 40

Karibik

6 Isla Mujeres/Cancún 46
7 Belize 50
8 Isla de Juventud 54
9 Florida 58
10 Bahamas 62
11 Jamaika 66
12 Dominikanische Rep. 70
13 St. Lucia 74
14 Bequia 80
15 Bonaire 84

Mittelmeer

16 Mallorca 90
17 Malta 94
18 Zakynthos 98
19 Kas 102

Für Anfänger: gut geeignet · teils, teils · weniger geeignet

Rotes Meer

20	Sinai	108
21	Hurghada/Safaga	112
22	SS Thistlegorm	118
23	Brother Islands	122
24	Sudan	126
25	Jemen	130

Indischer Ozean

26	Mauritius	136
27	Seychellen	140
28	Male-Atoll	144
29	Ari-Atoll	148
30	Ko Lanta	152
31	Similan	156

Indo-Pazifik

32	Perhentian	162
33	Sipadan	166
34	Palawan	170
35	Sangalakki	174
36	Manado	178
37	Molukken	182
38	Bali	186
39	Palau	190
40	Truk Lagoon	194

Australischer Raum

41	Kavieng	200
42	Milne Bay	204
43	Eastern Fields	206
44	Great Barrier Reef	208
45	Coral Sea	212
46	Ningaloo Reef	216

Atlantik

47	Nova Scotia	222
48	Kanarische Inseln	226
49	Kapverdische Inseln	230

Südafrika

50	Sodwana Bay	234

Info

Süßwassertauchen	238
Tropeninstitute, Tauchverbände	244
Veranstalter	246

LIEBE TAUCHFREUNDE,

wenn Sie dieses Buch durchblättern, werden Sie ins Träumen geraten.

Rund fünf Millionen Menschen in Deutschland, Österreich und der Schweiz sind tauchbegeistert. Jedes Jahr kommen zigtausend hinzu. Tauchen ist zu einem der beliebtesten Urlaubshobbies geworden. Autoren und Fotografen der Zeitschrift „unterwasser" haben in diesem Buch zusammengestellt, welche Tauchparadiese rund um die Welt ihnen besonders attraktiv erscheinen.

Der „Taucher-Guide" ist ein Appetit-Anreger. Ein Buch, in dem 50 herrliche Tauchgebiete aufgeführt sind – mit den wichtigsten Informationen, mit Traumfotos, übersichtlichen Tabellen und mit Karten der Region.

Natürlich ersetzt der „Taucher-Guide" kein Buch, das sich gezielt mit einer Tauchdestination beschäftigt. Es gibt nur erste Hinweise bei der Wahl des nächsten Urlaubsziels. Deshalb haben wir bei jedem Gebiet einen Tip gegeben, welche Bücher nähere Informationen bieten.

Wir sind in der Regel nicht näher auf den Schwierigkeitsgrad einer Tauchregion eingegangen. Denn in jedem Gebiet gibt es Tauchspots für Anfänger und Spots für Fortgeschrittene. Hier ist die Tauchbasis der kompetente Ratgeber. Nur vor Ort wird man abschätzen können, was Sie sich zutrauen dürfen.

Der einfachste Weg für Sie wird sicherlich sein, eine Reise über einen Veranstalter zu buchen. Eine Menge wichtiger und interessanter Adressen haben

Bei jeder Destination finden Sie eine praktische Übersicht über die spezifischen Merkmale des Reviers. Ein Haken bedeutet, daß dieses Merkmal kaum vorhanden ist. Bei fünf Haken ist die Vielfalt am größten. Am Beispiel der nebenstehenden Tauch-Info von Kalifornien wird es deutlich:

TAUCH Info AUF EINEN BLICK

FISCHAUFKOMMEN	✓	✓	✓			Das generelle **Fischaufkommen** ist vielfältig.
GROSSFISCHE	✓	✓				Der **Großfischanteil** ist nicht sehr hoch.
WRACKS	✓					**Wracks** sind kaum zu betauchen.
STEILWANDTAUCHEN	✓	✓				**Steilwandtauchen** ist an einigen Stellen möglich.
HÖHLEN/ÜBERHÄNGE	✓	✓	✓			**Höhlen** und **Überhänge** sind recht zahlreich.
SICHTWEITEN	✓	✓	✓			**Sichtweiten** pro Haken ca. 10 m – also 30 m.
STRÖMUNGSAUFKOMMEN	✓	✓	✓			Das **Strömungsaufkommen** kann recht stark sein.
TAUCHBOOTE	✓	✓	✓	✓		Anzahl und Qualität der **Tauchboote** ist sehr hoch.

wir ab Seite 246 abgedruckt. Informationen über Ihr Zielland erhalten Sie auch über die im Buch abgedruckten Anschriften – oft wird man Ihnen dort eine Liste der Tauchbasen zur Verfügung stellen.

Falls Sie demnächst zum erstenmal tauchen wollen: Auf den nächsten Seiten finden Sie eine kurze Zusammenstellung der wichtigsten Ausrüstungsgegenstände, der Kosten und der möglichen Gefahren. Wobei erfahrene Sporttaucher immer wieder darauf hinweisen, daß Tauchen nicht gefährlicher als Schachspielen ist, wenn Sie die Regeln befolgen.

Wir wünschen Ihnen mit dem „Taucher-Guide" viel Vergnügen. Beim Blättern. Beim Träumen. Beim Abtauchen in eine Welt, die interessanter und rätselhafter ist als das Weltall.

Unsere Leser in Österreich und der Schweiz bitten wir um Verständnis dafür, daß wir die Preise aus Platzgründen nur in DM angegeben haben. Bei Redaktionsschluß (August 1996) entsprachen öS 100,- etwa DM 14,20 und SFr 100,- rund DM 122,60.

Wichtige Standardbücher

„Tauchbasen der Welt" (Verlag Delius Klasing) 4.000 Adressen und Telefonnummern.
„Tauchen noch sicherer" („Der neue Ehm") (Verlag Müller Rüschlikon) Standardwerk zum Thema Tauchmedizin.
„Handbuch für Unterwasser-Schatzsucher" (Pietsch Verlag) Für alle, die nach verschollenen Schätzen suchen.
„Handbuch Tauchen" (BLV Verlagsgesellschaft) Das komplette Know-how des Tauchsports.

Partner bei diesem Buch

unterwasser
das tauchmagazin

Die Tauchzeitschrift erscheint monatlich im Verlag der Fußballzeitschrift „kicker". Sie richtet sich mit fundierten Berichten an die Sporttaucher. Neben Informationen über neue Geräte stellt „unterwasser" in jeder Ausgabe einige Tauchdestinationen vor. Die Abo-Anschrift entnehmen Sie bitte der Information auf Seite 77.

LTU
INTERNATIONAL AIRWAYS

Deutschlands große Ferienfluglinie hat ein Herz für Taucher: Wenn Sie sich als Taucher ausweisen, dürfen Sie zehn Kilo mehr Gepäck mit an Bord nehmen als andere Fluggäste. Wir freuen uns noch über einen anderen Service: Wenn LTU Ziele anfliegt, in denen die Müllbeseitigung Probleme bereitet, geben die Flugbegleiter den Passagieren einen Müllbeutel mit: Der Abfall wird beim Rückflug wieder mitgenommen und in Deutschland entsorgt. Alle Ziele, die von LTU angeflogen werden, haben wir im Kasten „Reise-Info" mit dem Logo der Gesellschaft markiert.

DIE WELT IST VOLLER TAUCHPARADIESE.

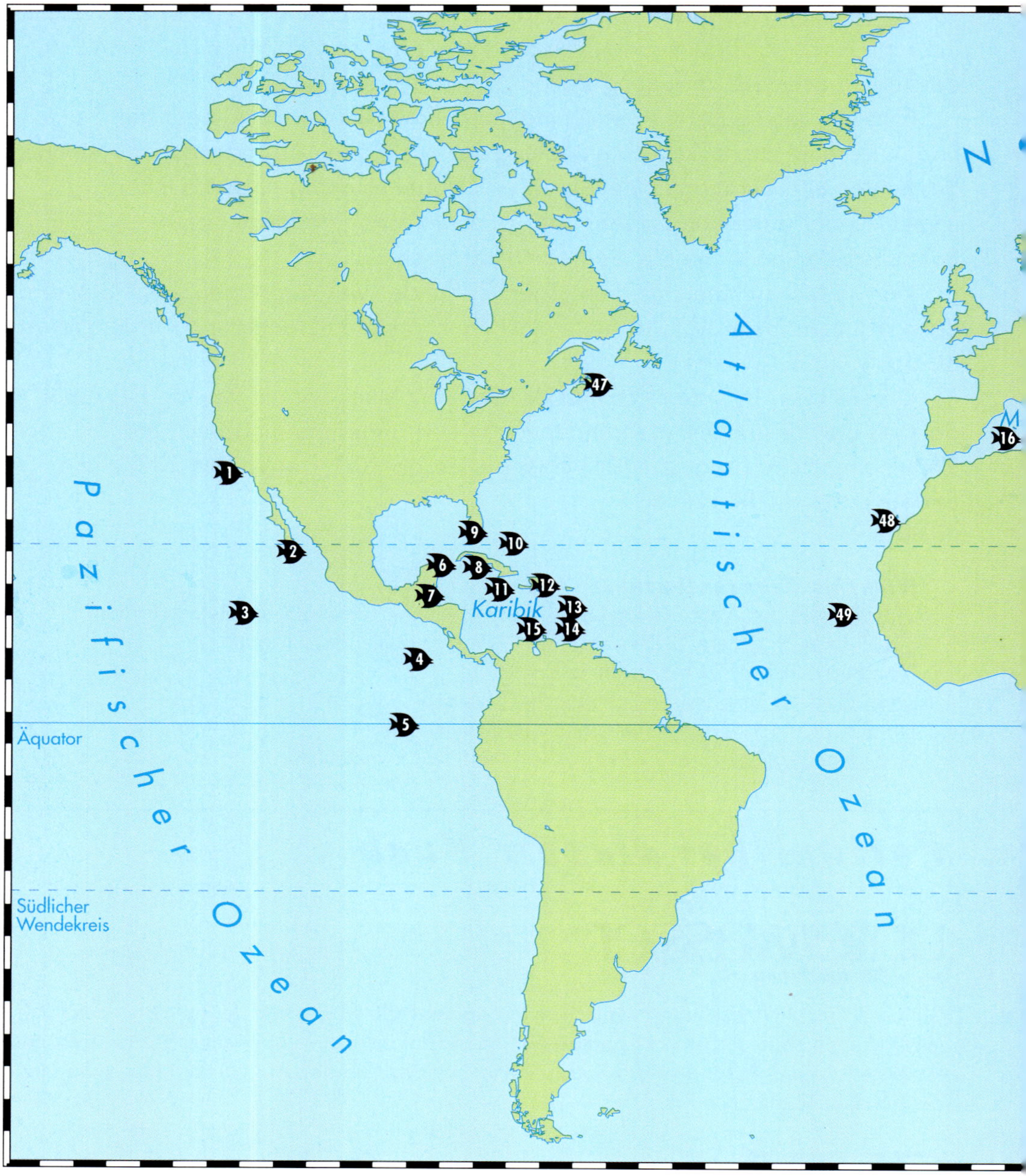

Pazifischer Ozean
1 – Kalifornien
2 – Baja California
3 – Socorro Islands
4 – Cocos Island
5 – Galapagos

Karibik
6 – Isla Mujeres/Cancún
7 – Belize
8 – Isla de Juventud
9 – Florida
10 – Bahamas
11 – Jamaika
12 – Dominikanische Rep.
13 – St. Lucia
14 – Bequia
15 – Bonaire

Mittelmeer
16 – Mallorca
17 – Malta
18 – Zakynthos
19 – Kas

Rotes Meer
20 – Sinai
21 – Hurghada/Safaga
22 – SS Thistlegorm
23 – Brother Islands
24 – Sudan
25 – Jemen

DIESE FÜNFZIG WÄHLTEN WIR AUS.

Die Autoren

Christian Mietz
Jahrgang 1959, Tauchlehrer, Unterwasserfotograf und -autor. Er veröffentlichte Tauchreiseführer über Thailand, Malaysia, das Rote Meer und Deutschland.

Udo Kefrig
Jahrgang 1953, Tauchlehrer, Unterwasserfotograf, Reisejournalist und ständiger Mitarbeiter des Tauchmagazins „unterwasser".
Seine Fotografien wurden mehrfach ausgezeichnet.

Claus-Peter Stoll
Jahrgang 1952, Tauchlehrer und Journalist. Der Wrackspezialist und Experte des Roten Meeres ist Co-Autor vieler Tauchbücher und ständiger Mitarbeiter von „unterwasser".

Indischer Ozean
26 – Mauritius
27 – Seychellen
28 – Malediven/Male
29 – Malediven/Ari-Atoll
30 – Ko Lanta
31 – Similan

Indo-Pazifik
32 – Perhentian
33 – Sipadan
34 – Palawan
35 – Sangalakki
36 – Manado
37 – Molukken
38 – Bali
39 – Palau
40 – Truk Lagoon

Australischer Raum
41 – Kavieng
42 – Milne Bay
43 – Eastern Fields
44 – Great Barrier Reef
45 – Coral Sea
46 – Ningaloo Reef

Atlantik
47 – Nova Scotia
48 – Kanarische Inseln
49 – Kapverdische Inseln

Südafrika
50 – Sodwana Bay

Schon nach wenigen Tagen erschließt sich dem Tauchanfänger eine völlig neue, geheimnisvolle Welt

DIE AUSRÜSTUNG

Die ABC-Ausrüstung

Der beste und preiswerteste Einstieg in das Sporttauchen ist das Schnorcheln. Zur Grundausstattung, der sogenannten ABC-Ausrüstung, gehören Maske, Schnorchel und Flossen.

Tauchmasken

Eine für jeden Zweck geeignete Maskenart ist die sogenannte Halbmaske, die Augen und Nase fest umschließt. Jede Maske muß einen bequem erreichbaren Nasenerker besitzen, so daß die Nasenflügel für den beim Abtauchen notwendigen Druckausgleich zusammengepreßt werden können. Sie sollte ein kleines Innenvolumen (Totraum), gleichzeitig aber ein großes Blickfeld haben.

Das Maskenglas muß aus splitterfreiem Glas bestehen (Aufdruck „tempered"). Gefärbtes Glas verdunkelt nur die Umgebung. Wie dicht eine Maske ist, testen Sie so: Setzen Sie die Maske vor das Gesicht – das Maskenband wird nicht über den Kopf gezogen – und saugen Luft an. Bleibt die Maske fest an Ihrem Gesicht haften, wird sie auch unter Wasser dicht sein. Gut bewährt haben sich die doppelten Dichtlippen auf der Maskeninnenseite.

Als Material dienen Gummi-/Neoprenmischungen oder Silikon. Brillenträger benötigen Korrekturlinsen. Für viele Maskentypen gibt es sogar optische Gläser in unterschiedlicher Dioptrienabstufung, die anstelle des normalen Glases in die Maske eingesetzt werden.

Schnorchel

Ein guter Schnorchel besteht aus einem oben glatt abgeschnittenen Rohr und einem Mundstück aus Gummi oder Silikon. Der Innendurchmesser des Rohrs sollte 20 bis 30 mm betragen. Größere Durchmesser erschweren das Ausblasen, da mehr Wasser eindringen kann. Zudem erhöht sich der Anteil der verbrauchten Luft im Rohr, die immer wieder eingeatmet wird (Pendelluft). Auch die Schnorchellänge ist vorgegeben, sie sollte bei 30 bis 40 cm liegen.

Schnorchel sollten im Bereich des Mundstücks und der Biegung aus weichem Material gefertigt sein. Wenig sinnvoll sind Schnorchel mit einem Faltenschlauch. Die Falten führen zu starken Verwirbelungen, eingedrungenes Wasser läßt sich nur schwer entfernen. Moderne Schnorchel verfügen zudem über spezielle Ausatemventile, über die eingedrungenes Wasser schneller und bequemer entfernt werden kann. Besonders gut sind Kammersysteme, durch die schon vor dem Ausblasen ein großer Teil des Wassers von selbst ausläuft.

Die ABC-Ausrüstung für die einfachste Form des Tauchens besteht aus Maske, Schnorchel und Flossen

Flossen

Mit den Flossen können ohne große Anstrengung lange Distanzen im Wasser überwunden werden. Achten Sie beim Kauf darauf, daß das Blatt um etwa 15 Grad abgewinkelt ist. Dadurch wird der Fuß in der Achse des Beins verlängert.

Es gibt zwei Flossenarten. Flossen mit geschlossenem Fußteil sind bei Anfängern und Schnorchlern sehr beliebt. Sie lassen sich leicht anziehen und sind sehr bequem. Zum anderen gibt es die robusteren (und teureren) Flossen mit offenem Fußteil. Hier benötigt man Füßlinge für einen bequemen Sitz. Wer mit Gerät tauchen will, ist mit diesem Flossentyp besser beraten, zumal Füßlinge zu einem Tauchanzug gehören.

Immer beliebter werden Flossen, bei denen das Fußteil aus Gummi, das Flossenblatt aus Kunststoff besteht. Sie sind äußerst robust und leicht.

Preßluftgeräte

Moderne Preßluftgeräte sind aus Stahl oder Aluminium gefertigt. Stahlflaschen müssen alle zwei Jahre, Alugeräte alle sechs Jahre zum TÜV. Die Korrosionsanfälligkeit ist bei Aluminium nicht so groß wie bei Stahl, dafür sind Aluflaschen aber bei gleichem Volumen dickwandiger, schwerer und voluminöser. Im fast leeren Zustand haben sie zudem einen unangenehmen, positiven Auftrieb, der schon vor dem Abstieg mit mehr Blei kompensiert werden muß.

Aluflaschen finden vornehmlich Einsatz auf Tauchbasen im Ausland, während die Stahlflasche trotz der kürzeren TÜV-Frist beim Privatmann nach wie vor beliebt ist. Der gängige Fülldruck der Geräte liegt bei 200 bar. Die Flaschenvolumina betragen 5, 7, 8, 10, 12, 15 und 20 Liter. Gerätepakete von zwei oder drei Flaschen erhöhen entsprechend das verfügbare Luftvolumen und die Tauchzeit.

Im Doppelpack oder solo: Preßluftgeräte

Flaschenventile

Preßluftflaschen können mit unterschiedlichen Absperrventilen ausgestattet sein. Über diese Ventile werden nicht nur die Flaschen gefüllt, hier wird auch der Atemregler angeschlossen. In Deutschland ist nur der DIN-Schraubanschluß zulässig. Weit verbreitet ist der durch einen Überwurfbügel mit Spannschraube gekennzeichnete INT-Anschluß. Eine Kombination bieten Ventile, in die ein INT-Einsatz eingeschraubt wird und die so für beide Anschlüsse geeignet sind.

Eine weitere Art von Ventilen sind die Reserveventile: Sinkt der Flaschendruck auf einen Wert von etwa 40 bis 60 bar, sperren sie automatisch die Luftzufuhr ab. Der Taucher merkt es durch ein allmählich erschwertes Atmen. Zieht er an der Reservestange oder -schnur, so kann er das Ventil wieder öffnen und die Restluft steht zur Verfügung.

Lungenautomaten

Herzstück einer jeden Tauchausrüstung ist der Lungenautomat. Er besteht aus einem sogenannten Druckminderer, auch erste Stufe genannt, der an das Flaschenventil geschraubt wird. Durch entsprechende Kolben-, Membran- und Federsysteme wird der anliegende Flaschendruck auf einen Zwischendruck von etwa 6 bis 10 bar reduziert. Dieser Mitteldruck gelangt über einen Schlauch zur sogenannten zweiten Stufe, dem eigentlichen Lungenautomaten, den der Taucher im Mund hält.

Kern dieses Lungenautomaten sind das Ventilsystem und die Membran. Atmet der Taucher an der Oberfläche tief ein, so wölbt sich die Membran durch den beim Einatemvorgang erzeugten Unterdruck und öffnet ein Ventil. Beim Ausatmen verläuft der Vorgang umgekehrt, das Einlaßventil bleibt geschlossen, die Membran bewegt sich in die entgegengesetzte Richtung. In der Tiefe wirkt der Wasserdruck von einer Seite auf die Membran, auf der anderen Seite wirkt der Druck in den Lungen entgegen, das System ist ausgeglichen. Die ausgeatmete Luft wird über ein oder zwei Auslaßventile an der zweiten Stufe ins Wasser abgegeben.

Auftriebs- und Tarierhilfen

Zu den wichtigsten Ausrüstungsteilen eines Tauchers gehören das Jacket und eine modifizierte Form, das ADV. Diese Tarier- und Auftriebshilfen haben mehrere Funktionen. Jeder Taucher hat unter Wasser einen bestimmten Auftrieb. Dieser Auftrieb ändert sich mit zunehmender Tiefe, der Wasserdruck preßt das Neoprenmaterial des Anzuges allmählich zusammen, der Taucher verliert an Auftrieb, sein Bleigurt zieht ihn weiter nach unten. Mit einem luftgefüllten Tarierkörper und dem Jacket kann er wirkungsvoll seinem Abtrieb einen entsprechenden Auftrieb entgegensetzen.

Das Jacket gleicht einer ärmellosen Jacke, die mit Luft gefüllt werden kann. Diese Tarierluft kann entweder mit dem Mund oder über einen Inflator direkt in die Weste oder das Jacket geblasen werden. Ein Inflator ist nichts anderes, als ein Drucktastenventil am Tarierschlauch. Es wird von der ersten Stufe des Automaten durch einen getrennten Schlauch mit Luft versorgt. Stabilizing-Jackets und ADVs sind als Schwimmhilfe für einen an der Oberfläche treibenden Taucher zu verstehen. Allerdings mit viel Komfort. Denn diese Jackets besitzen neben ihrer Funktion als Gerätetrage große Taschen für Kleinutensilien.

Naßtauchanzüge

Naßtauchanzüge lassen Wasser an den Körper heran. Sie werden aus Neopren gefertigt. Neopren bildet einen optimalen Isolationsschutz vor dem umgebenden kalten Wasser. Das eindringende Wasser erwärmt sich schnell auf Körpertemperatur. Bei gut sitzenden Anzügen kann es kaum nach außen entweichen. Zwischen der Innenseite des Anzuges und der Kör-

Jackets sind Tarierhilfen. Mittels Luft kann der Taucher einen Schwebezustand unter Wasser halten

peroberfläche bildet das Wasser eine dünne isolierende Schicht, die für wohlige Wärme sorgt.

Neben der Paßform ist auch die Stärke des Materials für die Isolation maßgeblich. Unsere Gewässer verlangen nach 6 bis 7 mm starkem Material, eine Stärke, die auch im Mittelmeer in größeren Tiefen notwendig ist. Für die Tropen reichen 3 bis 5 mm starke, einteilige Anzüge oder Shorties aus.

Neben den Naßtauchanzügen, die bei langen Tauchgängen in kaltem Wasser nicht mehr ausreichen, gibt es halbtrockene Tauchanzüge. Diese Anzüge aus herkömmlichem Neopren besitzen an ihren undichtesten Stellen, also den Armen, den Beinen und bei einigen Modellen auch am Hals wasserdichte Manschetten. Somit wird ein Wasseraustausch fast unmöglich, lediglich über den Reißverschluß sickert etwas Nässe ein.

Füßlinge und Handschuhe

Sie sollten die gleiche Stärke aufweisen wie der Anzug. Sinnvoll sind Füßlinge mit einer stabilen Laufsohle und eventuell mit einem Reißverschluß. Allerdings können solche Füßlinge nur in Verbindung mit offenen Flossen benutzt werden.

Bei den Handschuhen empfehlen sich die sogenannten Dreifinger-Handschuhe: Sie gewähren den besten Kälteschutz und bieten trotzdem genügend Bewegungsfreiheit für die Finger. Fünffinger-Handschuhe sind für unsere Breiten ungeeignet, die Finger kühlen zu schnell aus.

Trockentauchanzüge

Diese Anzüge sind hermetisch vom Wasser abgedichtet. Typisch für Trockentauchanzüge ist ihre einteilige Bauweise, ein gas- und wasserdichter Reißverschluß, die meistens angesetzte Kopfhaube sowie die fest mit dem Anzug verbundenen Füßlinge. Bei Anzügen aus gummiertem Leinen oder Trilaminaten muß der Taucher ein sehr dickes, wärmendes Unterziehzeug tragen, da diese Materialien im Gegensatz zu Neopren kaum eine eigene Isolationswirkung haben. Bei Neopren-Trokkentauchanzügen reicht ein leichtes Unterziehzeug aus, soweit nicht in großen Tiefen getaucht wird.

Zur Auf- und Abtriebssteuerung bedient sich der Taucher des Lufteinlaßventils, vorzugsweise in Brustmitte angebracht. Jakkets, Rettungs- und Tarierwesten sollten in Verbindung mit einem Trockus keine zusätzliche Tarierfunktion übernehmen. Sie dienen nur zur Sicherheit an der Oberfläche bzw. als Tragehilfe. Ein modernes Auslaßventil ist in der Regel am höchsten Punkt des Anzuges – Kopfhaube oder Nackenbereich – oder auf dem Oberarm angebracht. Einige Hersteller kombinieren das Auslaßventil mit einem verstellbaren, automatisch reagierenden Überdruckventil.

Tiefenmesser

Der Tiefenmesser gehört zur Grundausstattung eines jeden Tauchers. Er mißt den Wasserdruck und zeigt so die momentane Tiefe an. Je nach Hersteller geschieht dies auf verschiedene Weise. Der Markt bietet einfache „Boyle-Mariott'sche" Tiefenmesser, robuste Ölbad-, präzisere Membrantiefenmesser und zunehmend elektronische Tiefenmesser, meistens in Verbindung mit Tauchcomputern an.

Neben der genauen Arbeitsweise gehört die leichte Ablesemöglichkeit zu den Merkmalen eines guten Tiefenmessers. Zeiger und Ziffern müssen groß ausgelegt sein und leuchten.

Empfindliche Tiefenmesser sind so gebaut, daß die Nadel zweimal einen Vollkreis beschreibt, die Skala also doppelt beschriftet ist. Die Maximaltiefe eines guten Tiefenmessers sollte nach Skala bei 70 bis 80 Metern liegen. Eine sinnvolle Informationshilfe sind Tiefenmesser mit einer Schleppanzeige. Der

Zeiger nimmt eine Schleppnadel mit, die bei der maximal erreichten Tiefe hängenbleibt. Bei elektronischen Tiefenmessern wird die maximale Tiefe gespeichert.

Die Taucheruhr

Taucheruhren sind ein unverzichtbarer Bestandteil einer jeden Tauchausrüstung und sollten aus Sicherheitsgründen auch dann getragen werden, wenn ein Tauchcomputer verwendet wird. Eine Taucheruhr sollte auf Tiefen von 100 m, besser sogar noch bis 200 m wasserdicht sein. Vermerke wie „waterproof" (wasserdicht) in Verbindung mit einer Atmosphärenangabe (z.B. 20 bar oder 20 ats) geben an, bis zu welcher Tiefe der Zeitmesser wasserdicht ist.

Weitere Kriterien einer guten Taucheruhr sind ihre Ganggenauigkeit und leichte Ablesbarkeit unter Wasser. Weiterhin sollte beim Kauf darauf geachtet werden, daß der Tauchzeitring außen liegt und sich nur im Gegenuhrzeigersinn drehen läßt. Er sollte eine eingelassene Nullmarke besitzen und sich gut einrastend in Minutenschritten drehen lassen. Ein weiteres positives Merkmal sind eine verschraubbare Krone sowie kratzfestes Mineralglas.

Moderne Uhren weisen Gas- oder Ölbadfüllungen auf und sind oft mit vielerlei Computertechnik ausgestattet. Sie übernehmen sogar die Tiefenmesserfunktionen mit Tiefenalarm und Schleppzeiger. Sie werden sogar als vollwertige Tauchcomputer im Uhrenformat mit einem PC-Anschluß angeboten.

DAS KOSTET EINE TAUCHAUSRÜSTUNG (PREISE IN DM)

Masken	60	-	200
Schnorchel	10	-	100
Flossen	90	-	250
RTWs/Jackets	400	-	1.200
Nasstauchanzüge	350	-	600
Trockentauchanzüge	1.300	-	3.000
Füsslinge	50	-	100
Handschuhe	50	-	100
Messer	50	-	350
Finimeter	90	-	200
Tauchcomputer	500	-	1.600
Pressluftgeräte (inkl. Ventil/Standfuss)	300	-	600
Lungenautomaten	350	-	1.200
Tiefenmesser (mechanisch)	90	-	150
Taucheruhr	200	-	4.500
Kompass	90	-	300
Bleigurt (ohne Blei)	20	-	100

Gute Komplettausrüstungen sind im Fachhandel bereits ab ca. 2.500 Mark erhältlich. Wer einen Naßtauchanzug kauft, braucht nicht unbedingt auch direkt einen Trockenanzug und umgekehrt. Der Tauchcomputer ersetzt Finimeter, Uhr und Tiefenmesser.
Die Preise für einen Tauchkurs sind sehr unterschiedlich. Ein einwöchiger Kurs in einer Tauchbasis am Urlaubsort kostet zwischen 500 und 1.000 DM.

Tauchermesser

Tauchermesser sind in erster Linie als Werkzeuge zu verstehen, mit deren Hilfe sich der Taucher notfalls aus Angelschnüren oder Netzen befreien kann. Je schwerer ein Messer, umso größer ist die Wahrscheinlichkeit, ein robustes Werkzeug zu erhalten. Ausnahmen sind leichte Materialien wie Titan.

Ein gutes Tauchermesser sollte auf einer Seite der Schneide einen Sägeschliff (für Tauwerk) und auf der anderen Seite einen herkömmlichen Messerschliff haben.

Eine Alternative zum konventionellen Tauchermesser sind die Vielzweckwerkzeuge (multi-purpose-tools). Sie enthalten einige nützliche Werkzeuge, die man beim Unterwassereinsatz oder an Land gut gebrauchen kann. Sie sind bequem in der Jackettasche mitzuführen.

Das Finimeter oder UW-Manometer

UW-Manometer oder Finimeter sind Druckmesser, die den Taucher in jeder Tiefe über den Füllungszustand seines Gerätes informieren. In der Regel findet man UW-Manometer, die mit der ersten Stufe des Atemreglers über einen Hochdruckschlauch verbunden sind. Der Druckmesser kann so mit dem Atemregler an jeder beliebigen Flasche montiert werden. Die Zifferblätter müssen leicht abzulesen sein.

Tauchcomputer

Tauchcomputer sind Multifunktionsgeräte, die verschiedene Parameter eines Tauchganges erfassen, berechnen und speichern. Ein moderner Tauchcomputer erfaßt u.a. alle Schwankungen im Tiefenprofil unter Berücksichtigung verschiedener Gewebe. Vor allem aber berücksichtigt er vorausgegangene Tauchgänge und damit die Stickstoffvorsättigung des Tauchers.

Die neuesten Erkenntnisse und Werte aus dem Bereich der Dekompressionsforschung enthält die Dekompressionstabelle „DEKO 92" nach Dr. Max Hahn. Auf ihr basieren auch die Programme der neuen Tauchcomputer. Sie nehmen keine starr schematischen Tauchgangberechnungen mehr vor, sondern ermitteln die Stickstoffsättigung des Tauchers zeitabhängig in der jeweiligen Tiefe. Aber auch andere Aspekte wie Logbuchfunktionen, Oberflächen- und Wassertemperaturen, Dekozeiten, Dekostufen, Gesamttauchzeiten, maximale Tiefe, Aufstiegsgeschwindigkeit, Flugverbotsanzeige und viele weitere Funktionen werden erfaßt.

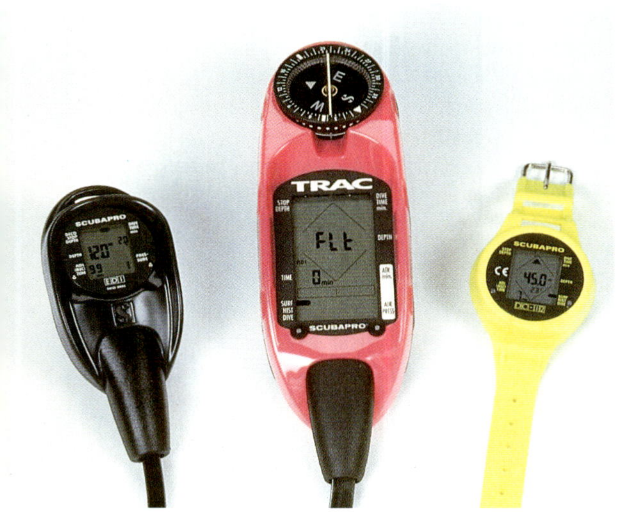

Tauchcomputer machen das Tauchen sicherer

Graphische Anzeigen auf dem Display vermitteln mehr Übersichtlichkeit, optische und akustische Warnungen weisen zusätzlich auf Fehler oder Tauchen im Grenzbereich hin. Moderne Tauchcomputer können zudem an einen PC gekoppelt werden; somit lassen sich später alle Momente eines Tauchganges genau rekapitulieren und ausdrucken.

Der Kompaß

Ein weiteres wichtiges Instrument ist der Unterwasserkompaß, denn gerade in trübem Wasser kann man die Orientierung schnell verlieren. Außerdem kann sich der Taucher unter Wasser nicht auf die eigenen Sinne verlassen. Nur der Kompaß weist ihm den sicheren Weg, egal in welchen Gewässern er sich befindet.

Wichtig ist neben der exakten Anzeige die Ablesegenauigkeit. Die Markierungen sollten groß und mit viel Leuchtstoff versehen sein und bei Dunkelheit lange nachleuchten. Gute Kompasse sind mit einer einfriersicheren und stoßabsorbierenden Flüssigkeit gefüllt. Sie verhindert, daß die Nadel ständig nachzittert. Zudem sollten Kompasse auch bei Vor- und Seitenneigungen noch funktionieren, denn eine horizontale Lage läßt sich beim Tauchen nie konstant einhalten.

Der Bleigurt

Wer mit einem Neoprenanzug ins Wasser springt, geht nicht unter; man dümpelt wie eine Boje an der Oberfläche. Der Grund dafür sind die Millionen eingeschlossener Luftblasen im Tauchanzug. Selbst die schwere Tauchausrüstung reicht normalerweise nicht zum Abtauchen aus. Abhilfe schafft nur der Bleigurt. Die Bleimenge hängt von der Körperfülle und der Atemtechnik ab. Besonders Anfänger neigen dazu, unkontrolliert zu atmen und blähen so ihre Lungen förmlich auf. Die Folge ist ein unerwünschter, zusätzlicher Auftrieb, der nur mit viel Blei ausgeglichen werden kann.

Bei einem 7 mm starken Naßtauchanzug aus Neopren sind etwa 4 bis 6 Kilo Blei, bei Trockentauchanzügen 8 bis 12 Kilogramm die Regel. Der Bleigurt muß stabil und breit sein und im Notfall mittels einer Schnellabwurfschnalle umgehend gelöst werden können. Moderne Bleigurte bestehen aus einzelnen Taschen, die fest mit dem Gurt vernäht sind und Bleistücke in allen Formen problemlos aufnehmen.

Anfänger: Was ist das beste Tauchgebiet?

Wer gerade einen Tauchkurs absolviert hat und im Urlaub seinem neuen Hobby nachgehen möchte, wird zurecht fragen, welche Tauchgebiete für ihn am besten geeignet sind. Entscheidungshilfen können Spezialveranstalter und natürlich Tauchfreunde, die sich vor Ort auskennen, geben. Diese Ratschläge gilt es mit den eigenen Fähigkeiten abzugleichen. Denn grundsätzlich berechtigt Sie ein Sporttauchschein oder Open Water Diver Zertifikat, in allen Meeren zu tauchen. Die goldene Regel beim Tauchen lautet: Tauche immer auf der sicheren Seite!

Zum Kreis der erfahrenen Taucher zählt nicht, wer den tiefsten Tauchgang vorweisen kann oder die meisten Zertifikate hat. Draufgängertum und Selbstüberschätzung bilden die größten Gefahrenquellen für unseren Sport. Etwa ab 30 bis 50 Tauchgängen kann man beginnen, von erster Erfahrung zu sprechen. Bis dahin sollte man sich immer einem Tauchlehrer anschließen und mit ihm beraten, welcher Tauchplatz für die eigenen Fähigkeiten geeignet erscheint. Davon gibt es in jedem Tauchrevier eine ausreichende Anzahl. Tauchkreuzfahrten eignen sich nicht für Anfänger.

Wichtig bei jeder Tauchgangsplanung ist, nur so lange in einer bestimmten Tiefe zu tauchen (Nullzeiten), daß man jederzeit gefahrlos unter Berücksichtigung der sicheren Aufstiegsgeschwindigkeit (10 m/Sekunde) zur Oberfläche zurückkehren kann. Tip: Sie liegen unterhalb der maximalen Aufstiegsgeschwindigkeit (18 m/Sekunde), wenn Sie immer unter den kleinsten Bläschen Ihrer Ausatemluft bleiben!

Wer Nullzeiten überschreitet, macht sogenannte Dekompressions-Tauchgänge, kurz „Deko-Tauchgang“. Diese Tauchgänge stellen ein unnötiges Risiko dar und erfordern „Deko-Pausen“. Das heißt, man kann nicht einfach auftauchen, sondern muß in bestimmten Tiefen abwarten und den erhöhten Stickstoffanteil der komprimierten Atemluft wieder abatmen. Bei Nichteinhalten können auftretende Dekompressionskrankheiten nur von einem Arzt in einer Druckkammer behandelt werden.

TAUCHEN LERNEN

Wo lerne ich tauchen?

Taucherische Grundkenntnisse vermitteln in Deutschland die zahlreichen Tauchclubs, von denen viele dem Verband Deutscher Sporttaucher (VDST) angeschlossen sind. Daneben gibt es eine Reihe kommerziell ausgerichteter Sporttauchorganisationen wie BARAKUDA, DIWA, PADI, NAUI, VDTL oder VIT. Die Ausbildung in einem Verein oder einer heimischen Tauchbasis dauert 2-3 Monate.

Eine andere Möglichkeit, das Tauchen zu erlernen, besteht an den vielen Tauchschulen in aller Welt, die hauptsächlich in warmen Regionen zu finden sind. Große Reiseveranstalter bieten Tauchkurse in Zusammenarbeit mit diversen Tauchbasen an. In den Kursen wird das Grundwissen oft innerhalb einer Woche gerafft vermittelt.

Wo kann man tauchen?

An vielen heimischen Seen ist die Ausübung des Tauchsports möglich. Voraussetzung sind akzeptable Sichtverhältnisse, die einen Tauchgang zu einem Genuß werden lassen. Deutschland hat auch in dieser Beziehung etwas zu bieten. Selbst Flüsse eignen sich unter Umständen zu Tauchexkursionen. Auf jeden Fall aber ziehen die Küsten aller sieben Weltmeere Taucher an. Dieses Buch gibt allein 50 Top-Anregungen.

Erste Instruktionen vom Tauchlehrer am Pool

Bin ich tauchtauglich?

Für ein Leben unter Wasser hat uns die Natur nicht geschaffen. Nur mit Hilfe der Technik und einer guten körperlichen Konstitution sind wir in der Lage, unter Wasser für einige Zeit zu verweilen. Der mit der Tiefe zunehmende Wasserdruck verursacht verschiedene physiologische Veränderungen, mit denen unser Körper fertig zu werden hat. Aber auch die Psyche eines Tauchers spielt dabei eine wichtige Rolle. Jeder Anfänger muß sich daher einer tauchsportärztlichen Untersuchung unterziehen, die in bestimmten zeitlichen Abständen wiederholt wird. Ein entsprechender Nachweis ist bei allen Ausbildungsinstitutionen und Tauchbasen Pflicht. Ein gesundes Herz, ein stabiler Kreislauf, ein funktionstüchtiger Organismus sowie eine ausgeglichene Persönlichkeit sind dabei die wichtigsten Voraussetzungen. Altersbeschränkungen gibt es nicht. Ihr Haus- oder Sportarzt gibt Ihnen darüber Auskunft.

Was muß ich lernen?

Jede Tauchausbildung ist in Theorie und Praxis geteilt. Sie lernen, welche physikalischen Gesetze für den Taucher von Bedeutung sind, wie sie sich auswirken und wie sie anzuwenden sind. Dem angehenden Taucher werden die Grundkenntnisse über den Aufbau seines Körpers, die Funktionen und Zusammenhänge vermittelt. Der Aufbau der unterschiedlichen Tauchgeräte und ihre Funktion werden erläutert, um in Ausnahmesituationen richtig reagieren zu können. Und nicht zuletzt muß jeder Taucher in der Lage sein, sich bei Unfällen richtig zu verhalten.

Die Praxis bedeutet den Kontakt mit dem Wasser. Erste Versuche werden im Pool gemacht: Es werden die Bewegungsabläufe vermittelt und der Umgang mit Maske, Schnorchel und Flossen geübt. Der richtige Umgang mit Gerät und Lungenautomaten ist dabei genauso wichtig wie die Fähigkeit, problemlos im Wasser zu schweben, um möglichst wenig zu berühren oder gar zu beschädigen.

Wenn Sie ein guter Gerätetaucher werden wollen, dann müssen Sie genauso ein guter Schnorchler sein. Erst wenn sich der Anfänger richtig und sicher im Wasser bewegt, wird er am Tauchgerät ausgebildet. Spätestens hier sollte Ihnen bewußt werden, daß Tauchen ein Gemeinschaftssport ist und der Grundsatz „Tauche nie allein" oberstes Gebot ist.

Wie sicher ist Tauchen?

Tauchen ist nicht zwangsläufig ein gefährlicher Sport. Der Mensch allein ist der größte Risikofaktor beim Tauchen. Mit anderen Worten: Die Technik ist nur zu einem kleinen Prozentsatz an Unglücksfällen beteiligt. Anfänger neigen dazu, aufgrund ihrer mangelnden Praxis Gefahrenmomente zu unterschätzen. Erfahrene Taucher wiederum überschätzen ihr Können. Sie glauben, durch ihre jahrelangen Aktivitäten jeder Situation gewachsen zu sein. Die Gefahren haben hauptsächlich ihre Ursache im Nichteinhalten und Vergessen wichtiger Regeln.

Risiken

Panik: Panik entsteht in Situationen, auf die man nicht vorbereitet ist. In der Panik ist kein Mensch, ob unter oder über Wasser, zu sinnvollen Handlungen fähig. Ist es dem Partner nicht möglich, den Kameraden zu beruhigen und die Ursache zu beseitigen, läuft auch er Gefahr, von dieser Panik angesteckt zu werden. Paniksituationen lassen sich nie ganz ausschließen, durch taucherische Routine aber minimieren.

Lungenriß: Der Lungenriß gilt als ein sehr gefährlicher Tauchunfall, der häufig Anfänger trifft. Als Taucher atmet man die Luft in der Tiefe unter erhöhtem Druck ein. Wird aufgetaucht, so dehnt sich die Luft in der Lunge aus. Atmet der Taucher nun diesen Überdruck nicht kontinuierlich ab, so steigt der Druck in der Lunge und überdehnt das Gewebe. Es kann ab einer bestimmten Grenze zerreißen. Die Folgen sind akutes Herzversagen und tödliche Embolien.

Dekompressionsunfälle: Taucht man nach längerer Zeit aus großer Tiefe auf, ohne bestimmte Zwischenstopps oder Dekopausen auf unterschiedlichen Stufen einzuhalten, dann kann der überschüssige Stickstoff im Körpergewebe nicht sofort abgeatmet werden. Er perlt wie die Kohlensäure einer geöffneten Sektflasche in den Geweben und im Blut aus. Je nachdem, wieviel Stickstoff gespeichert wurde, treten diese Bläschen an unterschiedlichen Stellen im Körper auf und verursachen mehr oder minder starke Beschwerden. Unter Umständen richten sie irreparable Schäden an. Diese Gefahren sind zunehmend durch Tabellen und moderne Tauchcomputer kalkulierbar. Tief- und Langzeittauchgänge setzen ein hohes Maß an Selbstdisziplin und Erfahrungen des Tauchers voraus.

Tiefenrausch: Unter erhöhtem Druck zeigt der Stickstoff noch eine weitere, unangenehme Wirkung. Ab Tiefen von

Welche Tauchkurse gibt es?

Der Beginnerkurs wird bei deutschen Tauchverbänden in der Regel als Grundtauchschein und bei internationalen Verbänden als Open Water Diver bezeichnet. Das Mindestalter für einen Jugendtauchschein bzw. Junior Open Water Diver beträgt 12 Jahre. Dieser Schein wird mit Erreichen des 18. Lebensjahres automatisch auf einen Erwachsenen-Tauchschein umgeschrieben. Beim weltweiten Dachverband aller nationalen Tauchverbände, der CMAS (Confédération Mondiale des Activités Subaquatiques), werden die einzelnen Stufen weiterführender Kurse mit Sternchen versehen (Ein-Stern- bis Drei-Sterne-Brevet und Ein-Stern- bis Vier-Sterne-Moniteur/Tauchlehrer). Deutsche Tauchverbände betiteln ihre Kurse zusätzlich mit einer Bronze-, Silber- und Gold-Einteilung. Viele internationale Tauchverbände wie zum Beispiel PADI oder NAUI bezeichnen ihre Kurse so:

1. Stufe: Open Water Diver
2. Stufe: Advanced Open Water Diver
3. Stufe: Rescue Diver
4. Stufe: Divemaster
5. Stufe: Assistent Instructor
6. Stufe: Open Water Scuba Instructor

Zusätzlich können sogenannte „Specialty Kurse" absolviert werden, z.B. Strömungstauchen, Orientierungstauchen oder Höhlentauchen. Diese Kurse dauern meist zwei Tage.

Die einzelnen Ausbildungsstufen bauen aufeinander auf und sind von der Reihenfolge her bindend. Verschiedene Verbände schreiben zwischen den Kursen eine gewisse Anzahl von Pflichttauchgängen vor.

Was kostet die Tauchausbildung?

SPORTTAUCHERAUSBILDUNG:	
Grundtauchschein	ca. 280,– DM
DTSA Bronze, CMAS* (1 Stern)	ca. 370,– DM
Entsprechend PADI/NAUI Open Water	ca. 650,– DM
DTSA Silber, CMAS**	ca. 480,– DM
Orientierung UW	ca. 180,– DM
HWL (Herz-Lungen-Wiederbelebung)	ca. 90,– DM
PADI/NAUI Advanced Kurs	ca. 350,– DM
DTSA Gold, CMAS ***	ca. 650,– DM
PADI/NAUI Rescue	ca. 650,– DM

(DTSA = Deutsches Tauchsportabzeichen)

TAUCHLEHRERAUSBILDUNG:	
Tauchlehrerassistent	ca. 1.000,– DM
Tauchlehrer*, CMAS Instructor	ca. 1.900,– DM
PADI/NAUI Divemaster	ca. 3.200, –DM

Ein Tauchlehrer* kann an der internationalen Tauchlehrerakademie in Potsdam zwei Semester studieren und ist dann staatlich anerkannter Tauchlehrer**/CMAS Instructor**. Das Studium kostet ca. 7.500,– DM.

Tauchlehrer** sind Ausbilder für Tauchlehrer.

Tauchlehrer*** sind in der internationalen Tauchlehrer-Ausbildung tätig.

Die angebotenen Kurspreise stellen nur Richtlinien des freien Marktes dar. Finden Sie Angebote, die wesentlich nach oben oder unten abweichen, ist zu prüfen, ob es sich um ein seriöses Unternehmen handelt.

Im Urlaub kostet ein Tauchkurs zwischen 500 und 800 DM.

etwa 40 Metern laufen Taucher Gefahr, einen Tiefenrausch zu erleiden. Der Stickstoff wirkt wie ein Rauschmittel. Taucher geraten in Euphorie und sind nicht mehr in der Lage, ihre eigenen Grenzen zu erkennen. Andere wiederum werden depressiv und/oder unterliegen optischen und akustischen Halluzinationen. Die einzige Möglichkeit, sich aus dem Tiefenrausch zu befreien, bevor er eine fatale Kettenreaktion hervorruft, besteht darin, rechtzeitig selbst zu realisieren, was los ist und sofort einige Meter aufzusteigen. Ohne Folgen verschwinden dann die Symptome so schlagartig, wie sie gekommen sind.

Gefährliche Meeresbewohner: Natürlich können Ihnen im Meer giftige und auch gefährliche Bewohner begegnen. Die Wahrscheinlichkeit, auf diese Art Schaden zu nehmen, ist jedoch sehr gering. Beim Eintauchen in eine andere Welt legt jeder Taucher automatisch mehr Umsicht und Behutsamkeit an den Tag. Mit der Erfahrung und durch Gespräche mit Tauchern wird Ihnen die Unterwasserwelt immer vertrauter.

Den meisten Haien begegnen Sie an Riffen oder an Wracks. Oft sind es nur kleine Vertreter ihrer Art, äußerst scheu und neugierig zugleich, und es bedarf viel Geduld, bis sie einmal dicht herankommen. An anderen Tauchplätzen gibt es Riffhaie, die so sehr an Taucher gewöhnt sind, daß sie fast vor Aufdringlichkeit lästig werden. Aber auch hier ist kein großes Risiko gegeben, wenn Sie sich ruhig und besonnen verhalten. Hochseehaie hingegen sind nicht zu unterschätzen, sollten allerdings auch nicht als „Freßmaschinen" betrachtet werden. Wenn Sie Hochseehaien mit der nötigen Vorsicht und mit Respekt begegnen und sich dabei ruhig verhalten, kann ein solches Zusammentreffen zu einem sehr positiven und schönen Erlebnis werden.

REISEVORBEREITUNGEN

Wenn Taucher auf Reisen gehen, stehen die Vorbereitungen unter besonderen Vorzeichen. Das meiste Kopfzerbrechen bereitet meistens die Limitierung des zulässigen Fluggepäcks auf 20 Kilogramm. Einige wenige Fluggesellschaften kommen den Wassersportlern erfreulicherweise entgegen und befördern 10 kg zusätzliches Sportgepäck kostenlos. In Deutschland geht die LTU hier mit gutem Beispiel voran. Um diesen Bonus in Anspruch zu nehmen, müssen Taucher ihren Wunsch vor der Buchung anmelden und beim Einchecken auf dem Flughafen ihr Zertifikat bereithalten. Nicht verlassen sollte man sich auf die von einigen Reiseveranstaltern erteilte Auskunft: „Beim Einchecken drückt das Personal für Taucher am Airport Counter schon ein Auge zu, wenn sie etwas Übergepäck haben!" oder: „Wir vermerken im Ticket, daß Sie Taucher sind!" Nur allzu oft ist damit der Ärger schon vorprogrammiert. Ein Kilo Übergepäck kostet in der Regel 1% vom Flugpreis eines 1. Klasse-Tickets!

Was Taucher im einzelnen mitnehmen, hängt individuell von den Vorhaben und dem geplanten Reiseziel ab. Führt der Flug direkt zum Ziel, kann bequem die gesamte Tauchausrüstung mitgeführt werden. Wer während eines Urlaubs mehrere weit voneinander entfernt gelegene Tauchreviere mit öffentlichen Verkehrsmitteln ansteuert, sollte sich auf ein Minimum mitgeführter eigener Tauchausrüstung beschränken. Spezialisierte Tauchreiseveranstalter stehen gerne beratend zur Seite.

Tips

- Nehmen Sie zur eigenen Sicherheit stets einen Tauchcomputer und/oder eine Taucheruhr, einen Tiefenmesser und eine Auftauchtabelle mit.
- Auch wenn Sie Tauchgeräte leihen: Die eigene ABC-Ausrüstung gehört ins Gepäck.
- Wer einen DIN-Lungenautomaten besitzt, steckt vorsichtshalber einen Bügeladapter ein. Die meisten Tauchflaschen im Ausland haben einen INT-Ventilanschluß.
- Brillenträger sollten eine Tauchermaske mit eingeschliffenen Gläsern mitnehmen. Informationen gibt es in jedem Tauchsportfachgeschäft (Für den Tauchsport eignen sich keine harten Kontaktlinsen!).
- Überlegen Sie entsprechend dem Tauchziel, welche Neoprenstärke Ihr Tauchanzug haben muß. Das spart Platz.
- Für Taucher, die elektrische Geräte (Lampen, Blitzlichtgeräte usw.) mitführen, empfiehlt sich zum Aufladen der Akkus ein Kombi-Steckeradapter, der die unterschiedlichen Steckdosenvarianten weltweit berücksichtigt. Beim Kauf von Lade- und Netzgeräten sollten Sie darauf achten, daß sie von 220 V auf 110 V umschaltbar sind. Aus Umweltschutzgründen sollten Sie wiederaufladbare Akkus herkömmlichen Batterien vorziehen – oder aber zumindest leere Batterien wieder mit nach Hause nehmen. Sie lassen sich in Europa viel leichter entsorgen als in fernen Urlaubsländern.

Abschließend prüfen Sie noch einmal die Eintragungen in Ihren Reisedokumenten (Flugtickets, Voucher) auf richtige Termine und Vollständigkeit.

TUSA
... auch stark in Neopren
AKTUELL
TUSA-Tropen-Overalls
★ beidseitig kaschiertes Neopren
★ unterlegte Reißverschlüsse
★ Beinreißverschlüsse
★ selbstständiges Öffnen und Schließen des Rückenreißverschlusses mit Zugband, 45 cm
★ schicke Knieapplikationen
★ Arm- und Beinenden umsäumt
Damen und Herren 3 mm unverb. Preisempf. DM 319,–
NEU
Damen und Herren, 5 mm unverb. Preisempf. DM 385,–
Damen und Herren, 5 mm (Damen in schwarz/apricot) unverb. Preisempf. DM 360,–
TUSA-Taucherrucksack BP-1
★ idealer Reisebegleiter
★ aus 640er Denier Nylon
★ abnehmbare Automatentasche
unverb. Preisempf. DM 195,–
TUSA-Halbtrocken 6,5 mm
★ Zweiteiler, bestehend aus Long John und Jacke; mit angesetzter Kopfhaube unverb. Preisempf. DM 580,–
Tabata DEUTSCHLAND GMBH
Händlernachweis:
Tabata Deutschland GmbH
Basler Straße 15, D-79639 Grenzach-Whylen
Telefon (0 76 24) 50 48
Telefax (0 76 24) 51 97

Checkliste für Ihre Tauchreise

Die nachfolgende „Packliste" berücksichtigt teilweise Artikel, die nur benötigt werden, wenn die Tauchreise schon etwas Expeditionscharakter hat. Tip: Verpacken Sie Ihre Dokumente wasserfest und nehmen Sie separat verstaut stets Kopien von Reisepaß, Führerschein, Flugtikkets etc. mit.

Dokumente

1 Reisepaß (Gültigkeit, Visum)
2 Personalausweis (Gültigkeit)
3 Führerschein (national, international)
4 Reiseunterlagen (Flugtickets, Voucher)
5 Krankenversicherung
6 Taucherpaß / Zertifikat
7 Logbuch
8 Ärztl. Tauchbescheinigung
9 Paßfotos, 4x
10 Bootsführerschein
11 Kreditkarten, Eurocheques
12 Bargeld
13 Travellerschecks
14 Scheckversicherung
15 Fotokopien wichtiger Dokumente

Tauchausrüstung

1 ABC-Ausrüstung
2 Lungenautomat
3 Finimeter
4 Inflator
5 Oktopus
6 Jacket
7 Anzug
8 Signalmittel (Nico-Signal/Ballon)
9 Füßlinge
10 Handschuhe
11 Kopfhaube
12 Tauchermesser
13 Tauchcomputer
14 Taucheruhr
15 Tiefenmesser
16 Deko-Tabelle
17 INT Bügeladapter
18 Bleigurt (kein Blei!)
19 UW-Lampe und Ersatzbirne

Kleidung

1 Kurze Hose
2 Hemd / T-Shirt
3 Sweatshirt
4 Jeans / Stoffhose
5 Schuhwerk
6 Unterwäsche
7 Strümpfe
8 Jacke
9 Handtücher
10 Regenanzüge

Hygiene

1 Dusch- und Haarwaschmittel
2 Rasierer
3 Zahnbürste
4 Zahnpasta
5 Kontaktlinsenpflege
6 Creme, Sonnenschutz, Aftersun
7 Pille, Binden/OB / Kondome
8 Kamm/Bürste
9 Fön
10 Parfum
11 Nagelset
12 Make up
13 Waschmittel

Technik

1 Fernglas
2 Taschenlampe
3 Weltempfänger
4 GPS
5 Taschenmesser
6 Säge / Beil / Spaten
7 Taschencomputer
8 Stromadapter
9 Ladegeräte
10 Akkus und -ersatz
11 kleines Werkzeugset

Sonstiges

1 Ersatzlinse
2 kleine Tasche
3 Sonnenbrille
4 Lesebrille
5 Wäscheleine
6 Moskitonetz
7 Antimückenmittel
8 Erste-Hilfe-Set
9 Medikamente
10 Reiseführer
11 Kladde / Reisetagebuch
12 Visitenkarten
13 Stempel
14 Kerze und Streichhölzer

Impfungen vor der Reise

Die meisten Länder schreiben keine Impfungen bei der Einreise vor, obwohl dort oftmals Infektionskrankheiten bekannt sind oder periodisch auftreten können. Reiseveranstalter können da leider auch nicht konkret mit entsprechenden Auskünften weiterhelfen. Hinsichtlich späterer Regressansprüche dürfen sie keine rechtsverbindlichen Auskünfte erteilen. Zu Ihrer eigenen Sicherheit sollten Sie bei den Tropeninstituten nachfragen. Adressen und Telefonnummern finden Sie auf den Seiten 244/245.

CITIZEN
PROMASTER AQUALAND
① CITIZEN Aqualand
Analoge Tiefenanzeige. Datum, Tiefenalarm, Maximal-Tiefenanzeiger und -speicher, Alarm bei zu schnellem Auftauchen.
AL0004-03E DM 899,–*
*unverbindliche Preisempfehlung
Modelle in zahlreichen Material-, Ausstattungs- und Design-Varianten jetzt bei allen autorisierten
PROMASTER SPEZIALISTEN
Rufen Sie uns an: CITIZEN-Hotline
040 / 734 62 - 277 - 278 - 279
Wir nennen Ihnen den Spezialisten in Ihrer Nähe.
Hai-Light.
Die erste Profi-Taucheruhr der Welt mit elektronischem Tiefenmesser.
CITIZEN Aqualand – Uhren, die einen neuen Maßstab setzen: Sensor-Technik und ein Höchstmaß wichtiger Funktionen integriert in einer Uhr. Für mehr Sicherheit und Professionalität beim Tauchen.
CITIZEN Aqualand – die anerkannte Uhrenmarke für mehr Kompetenz und Zuverlässigkeit im Tauchsport. 200 m wasserdicht.
② CITIZEN Hyper Aqualand
Die erste Profi-Taucheruhr, die mit dem Computer kommuniziert. Automatisch gespeicherte Daten von bis zu 30 Tauchgängen werden per Computer abgerufen und ausgedruckt.
MA9004-05E DM 995,–*
*unverbindliche Preisempfehlung
③ CITIZEN Aqualand
Digitale Tiefenanzeige, Tiefenalarm, Maximal-Tiefenanzeiger und -speicher, Kalender, Tauchzeitalarm, Tauchzeitspeicher, Alarm, Stundensignal, Stoppuhr.
CQ1012-50G DM 699,–*
*unverbindliche Preisempfehlung
Informationen von CITIZEN WATCH EUROPE GmbH, Hans-Duncker-Str. 8, 21027 Hamburg
HAMBURG·BIENNE·LONDON·MILAN·PARIS·NEW YORK·LOS ANGELES·MEXICO CITY·SYDNEY·TOKYO·BANGKOK·HONG KONG
CITIZEN
2 JAHRE GARANTIE

PAZIFISCHER OZEAN

IM REICH DER GARIBALDIS

In den riesigen Kelpwäldern Südkaliforniens sind vor allem die orangefarbenen Garibaldis zu Hause. Aber auch Begegnungen mit Seehunden und Seelöwen sind in San Diego an der Tagesordnung. Vor der Uferpromenade dösen sie den ganzen Tag lang zu Dutzenden auf den Felsen.

La Jolla, ein nördlicher Vorort von San Diego, gilt wegen der verschiedenartigen Lebensräume zu Recht als Taucherparadies. Die besten Tauchplätze sind alle vom Ufer aus zu erreichen und liegen meist in unmittelbarer Nähe zur Straße. Beeindruckend ist vor allem der Riesenseetang oder Kelp, eine Braunalgenart, die zu den größten und am schnellsten wachsenden Pflanzen der Erde gehört. Manche „Wälder" wachsen aus 30 Metern Tiefe 60 cm pro Tag bis an die Wasseroberfläche.

Mit dem Kelp wechseln sich große Sandflächen und bizarre Felsenriffe mit Höhlen ab. Und in jedem Biotop trifft man auf ein völlig neues Artenspektrum. Langusten bevorzugen Felsnischen, Rochen trifft man nur auf Sand, und zwischen den Riesenalgen begegnen einem vor allem die farbenprächtigen Garibaldis.

Die Seehunde wirken an Land plump und unbeholfen. Wer sich aber unter Wasser den Kolonien nähert, erhält ein anderes Bild. Mit unglaublicher Geschwindigkeit und Eleganz bewegen sie sich im Wasser. Vor allem die Weibchen der Seelöwen sind wenig scheu, die über zwei Meter langen Männchen mit ihrem furchterregenden Gebiß halten im allgemeinen Abstand.

Wem die Sichtweiten in Küstennähe zu gering sind, der kann sich einer Tauchsafari zu den Los Coronados Inseln anschließen, die bereits auf mexikanischem Hoheitsgebiet liegen. Das Wasser ist hier viel klarer, und den Taucher erwartet ein bizarres Felsriff mit vereinzelten Korallen und großem Fischreichtum. Sehr häufig sieht man riesige Seesterne und Muränen, mit etwas Glück auch einen Oktopus.

	Beste Reisezeit	Ø Tagestemperatur	Ø Nachttemperatur	Sonnenstunden	Regentage	Wassertemperatur
JAN		18°	7°	6	5	16°
FEB		19°	8°	7	5	16°
MÄR	●	20°	10°	8	5	16°
APR	●	21°	12°	8	5	18°
MAI	●	22°	14°	8	5	19°
JUN		23°	16°	9	5	20°
JUL		25°	18°	8	5	22°
AUG		26°	19°	8	5	22°
SEP	●	25°	17°	10	5	20°
OKT	●	24°	14°	9	5	19°
NOV	●	22°	11°	8	5	18°
DEZ		19°	8°	6	5	16°

Der farbenprächtige Garibaldi ist einer der auffälligst

TAUCH Info AUF EINEN BLICK

FISCHAUFKOMMEN	✓	✓	✓		
GROSSFISCHE	✓	✓			
WRACKS	✓				
STEILWANDTAUCHEN	✓	✓			
HÖHLEN/ÜBERHÄNGE	✓	✓	✓		
SICHTWEITEN	✓	✓	✓		
STRÖMUNGSAUFKOMMEN	✓	✓	✓		
TAUCHBOOTE	✓	✓	✓	✓	

Meeresbewohner vor der Küste Kaliforniens. Ihm begegnen Taucher bei jedem Abstieg

Der Einsiedlerkrebs sucht zwischen prächtigen kalifornischen Korallenanemonen nach Nahrung

Eine Spezialität ist das Tauchen zusammen mit Blauhaien. Ausgangsbasis sind die Catalina Inseln (Info: Jon Hardy, Argo Diving Services, P.O. Box 1201, Avalon, CA 90704 sowie Steve Whitaker, Catalina Scuba, P.O. Box 2362, Avalon, CA 90704). Man bleibt solange im Käfig, bis sich die Tiere beruhigt und an die Anwesenheit der Taucher gewöhnt haben. Dann hat man die Möglichkeit, mit den bis zu 6 Meter langen Blauhaien hautnah Kontakt aufzunehmen.

Über Wasser

Hauptattraktion von San Diego, der zweitgrößten Stadt Kaliforniens, ist der Vergnügungspark „Sea World". Killerwale, Seelöwen und See-Elefanten führen ein faszinierendes Dressurprogramm vor. Im Aquarium führt eine begehbare Plexiglasröhre direkt durch den Haifischpool. Eine spektakuläre Aussicht über die Anlage und die Stadt San Diego erhält man vom 80 Meter hohen Skytower aus.

Einen Besuch wert ist das in der Altstadt gelegene historische Gaslamp Quarter mit viktorianischen Häusern aus dem 19. Jahrhundert sowie vor allem der weltberühmte Zoologische Garten.

Ein Ausflug in die mexikanische Nachbarstadt Tijuana sollte ebenfalls eingeplant werden. Leder, Silberschmuck und Tequila kann man hier äußerst günstig einkaufen. Die Fahrt zur Grenze erfolgt am besten stilecht mit der Tijuana-Trolley-Eisenbahn.

Die Wüste im Hinterland der Küste beeindruckt den Besucher mit riesigen Sanddünen, mit bis zu 15 Meter hohen Armleuchterkakteen und über 20 verschiedenen Palmenarten in den Oasen. Schildkröten, Kojoten und viele Vogelarten sind hier heimisch.

In jedem Winter ziehen 17.000 Grauwale an der kalifornischen Küste entlang, um vor der Baja California ihre Jungen zu gebären. Dabei legen sie von Alaska kommend rund 10.000 km zurück. Bei dieser Wanderung kann man sie von Land aus beobachten, oder sich einer der zahlreichen Walbeobachtungstouren anschließen (z.B. mit H&M Landing, 2803 Emerson Street, San Diego, CA 92106, Tel. 619-2221144).

Wer sich fürs Wellenreiten interessiert, findet bei San Diego die besten Surfbedingungen in den USA, vielleicht ausgenommen das Surferparadies Hawaii.

Kalifornien/USA

Die nächtliche Skyline von San Diego. Die kalifornische Großstadt liegt nahe der mexikanischen Grenze

REISE Info

Anreise

LTU

Täglich mehrere Flugverbindungen per Linie oder Charter nach Kalifornien (meist Los Angeles). Von dort täglich Flüge nach San Diego (45 Min.).

Einreisebestimmungen

Reisepaß reicht aus. Bei Aufenthalten von mehr als 90 Tagen wird ein Visum benötigt.

Impfungen

Keine Impfungen vorgeschrieben. Arztrechnungen müssen sofort bezahlt werden, deshalb ist eine Auslandskrankenversicherung sinnvoll.

Geld / Devisen

1 US-Dollar = 1,52 DM. Vorsicht: Dollarnoten unterscheiden sich nicht in Größe und Farbe, sondern nur durch den abgebildeten Staatsmann und den Wertaufdruck. Am besten bezahlt man mit Kreditkarten oder Travellerschecks. Manche Banken nehmen keine Fremdwährungen an.

Saison

Beste Reisezeiten sind Frühjahr und Frühherbst.

Zeitverschiebung

MEZ - 9 Stunden

Telefon

In die USA: 001 + Vorwahl ohne Null + Rufnummer

Übernachtung

Die Preise für Hotels und Motels bewegen sich zwischen 25 und 100 Dollar pro Zimmer, egal ob man allein oder zu zweit ist. Es gibt auch Zelt- und Caravanplätze. Eine Reservierung ist sinnvoll.

Essen

In Restaurants werden die Plätze vom Kellner zugewiesen. Internationale und amerikanische Küche mit übergroßen Steaks und Sandwichs, aber auch mexikanische Spezialitäten. Sehr preiswert sind die landestypischen Fast-Food-Ketten.

Straßenverkehr

Internationaler Führerschein wird empfohlen. Ein Mindestalter von 21 Jahren ist Voraussetzung. Mietwagen sind meist günstiger, wenn man sie von Europa aus bucht. Ausflüge nach Mexiko werden nur von lokalen Autoagenturen genehmigt. Die Höchstgeschwindigkeit beträgt 65 Meilen/Stunde (ca. 105 km/h).

Informationen

Fremdenverkehrsamt der USA (USTTA)
Bethmannstr. 56, 60311 Frankfurt a.M.
Tel. 069-95679013, Fax 069-294173

Sonstiges

Empfehlenswerte Tauchschulen:
S.C.U.B.A., Tel. 001-619-4690672
Ocean Enterprises, Tel. 001-619-5656054
Diving Locker, Tel. 001-619-2721120
Aqua Tech Dive Center, Tel. 001-619-2371800

Literaturtips

Gottberg, John „Kalifornien" (Nelles Verlag)
Voss-Gerling, Wilhelm „Kalifornien" (Polyglott)

ZWISCHEN SEELÖWEN UND HAMMERHAIEN

Begegnungen mit Hammerhaien faszinieren alle Taucher. In größeren Verbänden kann man sie in der Sea of Cortez erleben. Mantas, Walhaie und Seelöwen durchstreifen hier ebenfalls die Gewässer.

Neugierige Seelöwen erwarten ihre „Spielgefährten" vor der Felseninsel Los Islotes.

TAUCH Info AUF EINEN BLICK

FISCHAUFKOMMEN	✓	✓	✓	✓	
GROSSFISCHE	✓	✓	✓	✓	✓
WRACKS	✓	✓	✓		
STEILWANDTAUCHEN	✓	✓	✓	✓	
HÖHLEN/ÜBERHÄNGE	✓	✓	✓		
SICHTWEITEN	✓	✓	✓	✓	
STRÖMUNGSAUFKOMMEN	✓	✓	✓		
TAUCHBOOTE	✓	✓	✓	✓	

Die schönsten Tauchplätze der Sea of Cortez erreichen Sie von La Paz. Auf der Felseninsel Los Islotes siedelt eine große Kolonie Seelöwen. Sie entwickeln einen „tierischen" Spieltrieb, wenn Taucher ins Wasser springen. Mit ihnen unter Wasser herumzutollen, ist ein unbeschreibliches Vergnügen. Etwas mehr Abstand sollte zu den großen Hammerhai-Schulen (bis zu 300 Tiere!) gewahrt werden, die regelmäßig am Tauchplatz „El Bajo" vorbeiziehen. Die Riffgebilde des „El Bajo" steigen mitten im Meer aus etwa 700 Metern Tiefe bis auf 18 Meter unter den Meeresspiegel empor und scheinen eine magnetisierende Wirkung auf Walhaie und Mantas aus-

Meist nähern sich nur die Weibchen den Tauchern

zuüben. Großfische können auch bei Las Animas, einer kleinen Felsformation nördlich von La Paz, beobachtet werden. Dort reicht das Meer ebenfalls weit unter die für Sporttaucher sichere Tiefengrenze hinab.

Eine artenreiche Korallenlandschaft bietet das San Diego Riff. Da es nur etwa 18 Meter tief ist, eignet es sich auch hervorragend für Nachttauchgänge. Wrackfans kommen am versunkenen Fährschiff „Salvatierra" auf ihre Kosten, es liegt knapp 30 Bootsminuten von La Paz entfernt. Das korallenbewachsene Wrack ist Treffpunkt riesiger Fischschwärme. Aufgrund der geringen Tiefe können hier auch weniger Erfahrene in das Wrackerlebnis eintauchen. Alle Tauchplätze lassen sich mit einer Tauchkreuzfahrt verbinden.

In Cabo San Lucas, an der Südspitze der Baja-Halbinsel, ergießen sich in 40 Metern Tiefe die berühmten „Unterwasser-Sandfälle", die Tauchpionier Jacques Cousteau entdeckte. Sie sind jedoch nicht so spektakulär, wie vor Ort angepriesen. Weitaus interessanter sind die Gorda Banks südöstlich der Bucht. Dort treffen sich Hochseehaie und Freiwasserfische in großen Schwärmen. Dieser Spot liegt mitten im Meer (durchschnittliche Tauchtiefe 30 bis 40 Meter) und ist nur erfahrenen Tauchern anzuraten.

Über Wasser

Die Baja California (deutsch: heißer Ofen) trägt ihren Namen zu Recht. Die Temperaturen erreichen leicht 40°C und es fallen weniger Niederschläge als in der Sahara. Entsprechend karg und lebensfeindlich erscheint die Landschaft. Es dominieren schroffe und bizarre Felsformationen. Markenzeichen der Landschaft sind große Kandelaber-Kakteen, die zwei Jahre ohne Wasser überleben können. Insgesamt gibt es über 100 Kakteenarten in der Baja, davon rund 70 endemische.

Kaktuszaunkönige, der berühmte Roadrunner, Wüsten- und Rotschwanzbussarde leben hier. Mit viel Geduld können Kojoten, Berglöwen, die seltenen Pronghorn-Antilopen oder sogar Klapperschlangen gesichtet werden (Wichtig: Festes Schuhwerk bei Exkursionen!). Auch Truthahngeier siedeln auf der Halbinsel.

Im Frühjahr bieten die seichten, geschützten Buchten (z.B. Magdalena Bay) an der Pazifikseite einmalige Naturschauspiele. Im warmen Wasser der Lagunen paaren sich Grauwale und gebären ihre Jungen.

	Beste Reisezeit	Ø Tagestemperatur	Ø Nachttemperatur	Sonnenstunden	Regentage	Wassertemperatur
JAN		23°	13°	7,7	3	23°
FEB		24°	13°	8	0	22°
MÄR		26°	13°	9,4	0	22°
APR		29°	15°	9,6	0	23°
MAI	●	33°	17°	10,6	0	25°
JUN	●	34°	19°	11	0	27°
JUL	●	36°	23°	8,8	4	28°
AUG	●	35°	24°	7	6	29°
SEP	●	35°	24°	9,8	3	28°
OKT	●	32°	20°	8,6	2	28°
NOV	●	29°	17°	7,7	0	27°
DEZ		25°	14°	6,6	1	25°

Begegnungen mit Schildkröten aller Arten sind häufig. Sie ruhen sich im Schutz kahler Felsnischen aus

Tauchkreuzfahrtschiff „Don José" vor der Seelöweninsel Los Islotes in der Sea of Cortez

REISE Info

Anreise

LTU

Mit Lufthansa, Iberia oder Aeromexico nach Mexico City, von dort weiter mit Aeromexico nach La Paz. Oder z.B. mit LTU nach Los Angeles, San Francisco oder Tucson, von dort mit Aeromexico oder Aero California nach La Paz.

Einreisebestimmungen

Reisepaß, mindestens 6 Monate gültig. Touristcard gibt es am Flughafen oder im Flugzeug.

Impfungen

Aktuelle Auskünfte geben die Tropeninstitute.

Geld / Devisen

100 neue Pesos = 20 DM. Große Hotels akzeptieren gängige Kreditkarten. Ansonsten US$-Travellerschecks in Banken wechseln.

Saison

Tauchsaison von Ende Mai bis Mitte November.

Telefon

Nach Mexiko: 0052 + Vorwahl ohne Null + Rufnummer

Übernachtung

Großes Hotelangebot verschiedener Kategorien.

Beste Adressen in La Paz:

Hotel „Los Arcos", fünf Sterne, direkt an der Strandpromenade.

Hotel „La Concha", fünf Sterne, etwa 2 km außerhalb, am Strand.

Essen

Hotels bieten internationale und mexikanische Gerichte an. Die einheimische Küche kann extrem scharf sein!

Straßenverkehr

Rechtsverkehr. Der internationale Führerschein ist notwendig, die Preise für Mietwagen sind relativ hoch.

Informationen

Staatliches Mexikanisches Fremdenverkehrsamt
Wiesenhüttenplatz 26, 60329 Frankfurt a.M.
Tel. 069-253413, Fax 069-253755

Literaturtips

Bleyleben, Anita & Karl „Mexiko" (K.-Baedecker Verlag, 1995)

Mietz, Kefrig, Stoll „Tauchreiseführer Mexiko" (Naturbuchverlag, erscheint 1997)

Rohlf, M. „Mexiko" (Marco Polo Verlag, 1995)

DICKE BROCKEN

Weit draußen vor der mexikanischen Küste liegen vier kahle Felsbrocken. Was sich oberhalb der Wasseroberfläche rauh und unwirtlich darstellt, entpuppt sich darunter als Paradies für Freunde der großen Fische.

Besonders Taucher, die das Abenteuer suchen, finden bei den Revillagigedos Inseln, etwa 300 Seemeilen südwestlich von Cabo San Lucas, die richtige Herausforderung. Die vier Felseninseln Clarión, Roca Partida, San Benedicto und Socorro liegen mitten im Pazifik und können lediglich mit einer Tauchkreuzfahrt in 24-stündiger Anfahrt erreicht werden. Dieses Tauchgebiet gilt immer noch als ein Geheimtip für echtes Großfischvergnügen. Da es nur im Frühling und Herbst betaucht werden kann, fühlen sich die „Großen" dort nach wie vor ungestört.

Ein ausgewachsener Manta kann eine Spannweite von etwa sieben Metern und ein Gewicht von 1.000 kg

TAUCH Info AUF EINEN BLICK

FISCHAUFKOMMEN	✓	✓	✓	✓	
GROSSFISCHE	✓	✓	✓	✓	✓
WRACKS	✓				
STEILWANDTAUCHEN	✓	✓	✓	✓	✓
HÖHLEN/ÜBERHÄNGE	✓	✓	✓		
SICHTWEITEN	✓	✓	✓	✓	
STRÖMUNGSAUFKOMMEN	✓	✓	✓	✓	
TAUCHBOOTE	✓	✓	✓	✓	✓

erreichen. Trotz der Körpermasse wurde schon oft beobachtet, daß Mantas aus dem Wasser springen

Viele Haiarten, darunter größere Verbände von Hammerhaien, sowie die beliebten Mantarochen erscheinen regelmäßig vor der Inselgruppe. An einer Putzerstation bei San Benedicto (Tauchplatz „Boiler") lassen sich die eindrucksvollen Mantas aus allernächster Nähe beobachten. Die verspielten und teilweise neugierigen Tiere erreichen eine „Flügelspannweite" bis zu sieben Metern. Oft finden sich mehrere Mantas an den Riffen ein, und mit dem nötigen Taucherglück können sogar Wale gesichtet werden.

In dem überwiegend klaren Wasser halten sich neben den großen Fischen riesige Schwärme Makrelen in Riffnähe auf. Alle Tauchplätze zeigen interessante Formationen und reichen in größere Tiefen herab. Die bis jetzt benannten, besten Tauchspots sind der Boiler, The Needle, Shark Hole, Oneil Rock, Punta Tosco, North Pinnacles und Roca Partida an der gleichnamigen Insel. Zu Recht nennen die Mexikaner dieses Juwel liebevoll „Los Galapagos de Mexico".

Über Wasser

Die Vulkaninseln bieten zwar eine atemberaubende Unterwasserwelt, zeigen sich an Land jedoch recht lebensfeindlich und karg. Damit ist die Freizeitgestaltung relativ beschränkt.

Der Riesen-Büschelbarsch ist mit bis zu 50 Zentimetern

Walhaie sind Planktonfresser. Sie kommen im Indo-Pazifik, im tropischen Atlantik und im Roten Meer vor

Mexiko

	Beste Reisezeit	⌀ Tagestemperatur	⌀ Nachttemperatur	Sonnenstunden	Regentage	Wassertemperatur
JAN		22°	13°	8	3	23°
FEB		23°	13°	8	0	22°
MÄR	●	25°	14°	9	0	22°
APR	●	27°	15°	10	0	23°
MAI	●	30°	17°	11	0	25°
JUN		33°	19°	11	0	27°
JUL		35°	23°	9	4	28°
AUG		35°	24°	7	6	29°
SEP	●	33°	24°	10	3	28°
OKT	●	30°	20°	9	2	28°
NOV	●	28°	17°	8	0	27°
DEZ		25°	14°	7	1	25°

änge der größte der Korallenwächter. Er ist zwischen der Baja California und den Galapagos Inseln verbreitet

REISE Info

Anreise
Mit Lufthansa, Iberia oder Aeromexico nach Mexico City, von dort nach Cabo San Lucas. Möglich sind auch Anreisen über die USA (Los Angeles, San Francisco, Tucson) und mit Aeromexico oder Aero California nach Cabo San Lucas. Dort starten die Tauchkreuzfahrtschiffe Copper Sky, Don José, Baja Treasure und Solmar V.

Einreisebestimmungen
Reisepaß, mindestens 6 Monate gültig. Touristcard gibt es am Flughafen oder im Flugzeug.

Impfungen
Aktuelle Auskünfte geben die Tropeninstitute.

Geld / Devisen
100 neue Pesos = 20 DM. Kreditkarten werden in den meisten Hotels und größeren Restaurants akzeptiert. Bestes Zahlungsmittel ist der US-Dollar.

Saison
Beste Tauchsaison im Frühling und Herbst.

Zeitverschiebung
MEZ - 7 Stunden

Telefon
Nach Mexico: 0052 + Vorwahl ohne Null + Rufnummer

Übernachtung
Viele Hotels unterschiedlicher Kategorien und Preise in Cabo San Lucas und José del Cabo.

Essen
Alle Hotels mit internationaler und mexikanischer Küche. Ausgezeichnete fangfrische Fischspezialitäten. Da viele Amerikaner Cabo San Lucas besuchen, findet man überall Fast-Food-Lokale.

Straßenverkehr
Rechtsverkehr. Internationaler Führerschein ist zur Ausleihe von Mietwagen (teuer) notwendig.

Informationen
Staatliches Mexikanisches Fremdenverkehrsamt
Wiesenhüttenplatz 26, 60329 Frankfurt a.M.
Tel. 069-253413, Fax 069-253755

Literaturtips
Bleyleben, Anita & Karl „Mexiko" (Baedecker)
Mietz, Kefrig, Stoll „Tauchreiseführer Mexiko" (Naturbuchverlag, erscheint 1997)
Rohlf, Manfred „Mexiko" (Marco Polo Verlag)

Großfische sind bei jedem Tauchgang vor den Cocos Islands zu sehen: Hammerhaie, Mantas und andere

VERBORGENE SCHÄTZE

Cocos Island, weit draußen im Pazifik zwischen Costa Rica und den Galapagos Inseln, gilt als die Schatzinsel schlechthin. Umrankt von Mythen und Geheimnissen sollen noch Millionenwerte aus Piraten- und Freibeuterzeiten im Dschungel auf ihre Entdecker warten. Doch ein Schatz ist bereits für jedermann zugänglich: einer der besten Tauchplätze der Welt.

	Beste Reisezeit	Ø Tagestemperatur	Ø Nachttemperatur	Sonnenstunden	Regentage	Wassertemperatur
JAN	●	29°	23°	6	11	25°
FEB	●	30°	23°	8	11	26°
MÄR	●	30°	22°	7	10	27°
APR	●	30°	22°	8	9	26°
MAI	●	29°	22°	8	6	25°
JUN		27°	21°	8	5	24°
JUL		26°	20°	7	12	23°
AUG		25°	19°	6	14	22°
SEP		25°	19°	5	14	22°
OKT		26°	19°	5	12	22°
NOV		26°	20°	5	9	23°
DEZ	●	27°	21°	6	9	24°

Rochen, Ammenhaie sowie (Foto) Weißspitzen-Riffhaie

Cocos-Island bietet eine 100-prozentige Haigarantie. Hammerhaie, häufig in Schulen von 30 und mehr Tieren, sind hier regelmäßig in allen Tiefenbereichen zu beobachten. Oft nähern sie sich dem Taucher bis auf wenige Meter. Riffhaie sind bei jedem Tauchgang zu Dutzenden anzutreffen. Nicht selten kreuzen auch Hochseehaie den Kurs der Taucher. Rochen aller Art, Schildkröten, Delphine, Wale, Tunas, Makrelen oder Wahoos sowie riesige Schwärme kleinerer Fische machen das Revier nicht nur für Fotografen zu einem einmaligen Erlebnis.

Korallenartige Riffstrukturen gibt es in dieser unterseeischen Vulkanlandschaft nicht, dafür aber riesige Felsformationen, Tunnel, Durchbrüche und Spalten. Auf Cocos Island ist alles größer und zahlreicher als andernorts. Die einzelnen Tauchplätze sind daher ausgesprochen abwechslungsreich.

Getaucht werden kann überall, einige Stellen haben sich aber als besondere Highlights erwiesen, zum Beispiel „Piedra Sucia", auch Dirty Rock genannt. Steilabfälle, verborgene Riffe, Felseninseln oder unterseeische Höhlen bieten für jeden das richtige Tauch-Feeling.

Die Aktivitäten der Taucher erfahren nur im schwer zugänglichen und einer starken Strömung ausgesetzten Süden der Insel einige Einschränkungen. Die Sichtweiten sind saisonspezi-

TAUCH Info AUF EINEN BLICK

FISCHAUFKOMMEN	✓	✓	✓	✓	✓
GROSSFISCHE	✓	✓	✓	✓	✓
WRACKS	✓				
STEILWANDTAUCHEN	✓	✓	✓	✓	
HÖHLEN/ÜBERHÄNGE	✓	✓	✓		
SICHTWEITEN	✓	✓	✓	✓	
STRÖMUNGSAUFKOMMEN	✓	✓	✓	✓	
TAUCHBOOTE	✓	✓	✓	✓	✓

fisch nicht vorhersagbar, in der Regel aber ganzjährig gut. Süßwasser und thermische Sprungschichten können jedoch hin und wieder etwas die Fernsicht trüben.

Wer auf Cocos Island tauchen will, sollte wenigstens ein *-Brevet (Open Water Diver o.ä.) vorweisen können. Für Anfänger eignet sich diese Destination daher nicht. Es ist immer mit Strömungen, starker Dünung und hohem Wellengang zu rechnen, und der Taucher muß sich darin sicher bewegen können. Dekotauchgänge sollten vermieden werden, wobei in der Praxis immer kurze Dekopausen auf drei Metern aus Sicherheitsgründen eingelegt werden. Ein aktuelles ärztliches Attest über die Tauchtauglichkeit ist ebenfalls nötig.

Auf den Schiffen werden keine Tauch- oder andere Spezialkurse angeboten. Hier geht es um das ultimative Taucherlebnis. Das Mitbringen der eigenen Ausrüstung ist Voraussetzung, nur Blei und Tanks werden vor Ort gestellt. Denken Sie unbedingt an einen INT-DIN-Adapter für den Automaten. Es werden nur die eigenen Jackets der Gäste verwendet. Taucher mit RTWs finden keine Trageschalen vor.

Über Wasser

Die größte unbewohnte Insel der Welt liegt etwa 550 km südwestlich von Costa Rica. Sie ist vulkanischen Ursprungs und hat eine Ausdehnung von rund 25 Quadratkilometern. Mehr als 200 größere Wasserfälle sowie unzählige kleine finden sich im Inselinnern und an den Steilküsten. Cocos hat in seinen Höhenlagen den niedrigsten tropischen Regenwald der Erde. Es gibt nur wenige Pfade im Dschungel. Diese zu begehen ist wegen der hohen Temperaturen und großen Luftfeuchtigkeit äußerst strapaziös. Die Gipfel der bis zu 700 Meter hohen Berge sind meist von dunklen Regenwolken verhangen.

Nur in zwei größeren Buchten kann sicher geankert werden: in der „Chatham Bay" im Nordosten und in der „Wafer Bay" im Norden. Hier liegen die beiden Stationen der Parkranger, die einzigen bewohnten Plätze der Insel.

Es gibt drei Vogelarten und 70 Pflanzen, die weltweit nur hier vorkommen. Größere Tiere sind die verwilderten Hausschweine ehemaliger See-

Die Verbreitung des Mexico-Kaiserfisches reicht vom Golf von Kalifornien bis zu den Galapagos Inseln

fahrer, verwilderte Ziegen der ersten Siedler sowie einige ausgesetzte Hirsche aus jüngerer Zeit. Die der Insel vorgelagerten kleinen Felsen im Meer dienen vielen Seevögeln als Rast- und Brutstätte. Auf der Insel gibt es keine Schlangen, lediglich einige Skorpione leben in Höhlen, unter Steinen und vermodernden Baumresten. Obwohl der Name „Cocos" darauf hindeutet, sind Palmen mittlerweile sehr selten. Die meisten wurden in den vergangenen Jahrhunderten von Seeleuten gefällt, um an ihre Früchte zu gelangen.

Auf die Grundfläche der Insel fallen im Jahr sieben Meter Niederschlag, im Dschungel ist es permanent heiß und stickig. Selbst in der besten Reisezeit gibt es im Inselinnern täglich kurze Schauer und Gewitter, die auch über die Tauchgebiete hinwegziehen können. Danach klart es sofort wieder auf. Die Temperaturen liegen ganzjährig zwischen 28 und 30 Grad.

REISE Info

Anreise

LTU

Mehrere Flugverbindungen nach San José, Costa Rica. Von dort zur Hafenstadt Puntarenas (110 km = 3 Std.) und weiter per Schiff. Die zur Zeit operierenden fünf Tauchboote starten alle von Puntarenas zur Cocos-Insel (ca. 550 km). Die Auslaufzeiten können wegen der Gezeiten variieren. Je nach Schiff, Motorisierung, Witterungsbedingungen und Seegang liegt die Fahrtzeit bei etwa 36 bis 50 Stunden. Alle Boote sind sogenannte „Live-onboards", Insel-Exkursionen sind auf die Tageszeiten begrenzt.

Einreisebestimmungen

Reisepaß, mindestens 6 Monate gültig.

Impfungen

Aktuelle Auskünfte erteilen die Tropeninstitute.

Geld / Devisen

1.000 Colón = 7,36 DM. Bestes Zahlungsmittel ist der US-Dollar. Gute Akzeptanz von Travellerschecks und VISA-Card. Eurocheques werden nicht akzeptiert.

Saison

Hauptsaison ist von Dezember bis Mai. Überfahrten in der Nebensaison (Juni bis November) können sehr stürmisch verlaufen. Generell ist eine gewisse Seefestigkeit vonnöten.

Sport und mehr

Organisierte Trekkingtouren auf den Pfaden der alten Freibeuter und zu den Höhlen von August Gissler unter Führung der Parkranger. Preis sollte vor Ort ausgehandelt werden.

Zeitverschiebung

MEZ - 8 Stunden

Telefon

nach Costa Rica: 00506 + Rufnummer

Zu den einzelnen Booten besteht eine Satellitenfunkverbindung, Details und Rufnummern bitte beim Veranstalter erfragen.

Übernachtung

Nur an Bord der Schiffe, an Land nicht gestattet. Alle Schiffe verfügen über Kabinen mit Dusche und WC und viel Komfort.

Essen

Ausgezeichnete Bordküche auf allen Schiffen, auf europäisch-amerikanischen Geschmack ausgerichtet.

Der Nationalpark

Cocos Island ist Nationalpark, seine Grenzen schließen eine 3-Seemeilen-Zone um die Insel mit ein. Das beinhaltet ein völliges Sammel- und Fischverbot für Touristen und Einheimische. Das Tauchen auf Cocos oder der Eintritt in den Nationalpark kostet 15 Dollar pro Tag und Person. Die Gebühren werden während des Aufenthaltes von den Rangern in bar kassiert. Nicht alle Reiseanbieter haben diese Gebühr in ihrem Arrangement eingeschlossen. Erkundigen Sie sich vorher bzw. nehmen Sie genügend Dollar mit an Bord.

Die Tauchboote

Zur Zeit laufen fünf Boote regelmäßig die Insel an. Es sind die „Undersea Hunter", die „Seahunter", die „Oceanos Aggressor", die „Del Sur" und die „Nauti Lady". Neuerdings besteht die Möglichkeit, sich mit einem Wasserflugzeug zur „Del Sur" bringen zu lassen.

Besonderheiten

In 600 Metern Höhe liegt im Dschungel das Wrack eines abgestürzten amerikanischen B-24-Bombers aus dem letzten Weltkrieg. Der Fußmarsch dauert ca. vier Stunden. Weitere Punkte, die besucht werden sollten, sind die beiden großen Wasserfälle an der Wafer Bay und der Bahia Iglesias, die beschrifteten Steine in Chatham und Wafer sowie die Gissler-Höhlen. Vom Wrack in Wafer Bay ist allerdings nicht mehr viel zu sehen; hierbei handelt es sich um zwei Schiffe, die übereinanderliegen: ein altes Segelschiff unbekannter Herkunft sowie darüberliegend eine deutsche Fregatte aus dem 18. Jahrhundert.

Informationen

Orca Reisen, Die Taucher, Eden Roc Reisen

Literaturtips

Thomas, Dieter „Reiseführer Costa Rica" (Tucan Verlag)

Reiseführer „Costa Rica" (Dumont)

Das Highlight schlechthin auf den Galapagos Inseln: Riesige Hammerhai-Schulen von mehreren hundert

ZURÜCK IN DIE URZEIT

Mitten im Pazifik liegt etwa 1.000 km vor der Südamerikanischen Küste eine kleine Inselgruppe, deren Abgeschiedenheit eine einzigartige, urtümliche Fauna und Flora überleben ließ. Die 13 Vulkaninseln, die als Galapagos Inseln weltberühmt wurden, beheimaten viele selten gewordene Tierarten und führen Taucher in eine Welt der Superlative.

Ecuador

Tieren durchstreifen die Gewässer des Pazifiks

TAUCH Info AUF EINEN BLICK

FISCHAUFKOMMEN	✓	✓	✓	✓	
GROSSFISCHE	✓	✓	✓	✓	✓
WRACKS	✓				
STEILWANDTAUCHEN	✓	✓	✓	✓	
HÖHLEN/ÜBERHÄNGE	✓	✓	✓		
SICHTWEITEN	✓	✓	✓	✓	
STRÖMUNGSAUFKOMMEN	✓	✓	✓	✓	
TAUCHBOOTE	✓	✓	✓	✓	✓

Taucher können bei den Galapagos Inseln auf 289 verschiedene Fischarten, von denen 23 Prozent endemisch sind, treffen und etwa 40 unterschiedliche Korallenarten bewundern. Zu den größten Attraktionen der Region in Äquator-Höhe zählen jedoch die großen Hammerhai-Schulen, verspielte Seelöwen und die vielen Meeresschildkröten, die fast jeden Tauchgang begleiten.

Die eindrucksvollen Lavaformationen der Inseln setzen sich im Meer fort und schaffen eine teilweise bizarre, fast gespenstisch düster wirkende Unterwasserlandschaft mit interessantem Bewuchs. Bei Kikers Rock stehen riesige Fächerkorallen an einer imposanten Steilwand. An den meisten Tauchplätzen der Galapagos Inseln wachsen auch herrliche Exemplare der seltenen Schwarzen Korallen.

Am Tortuga und Gardner Rock bei Española oder am Süd Plaza tummeln sich Seelöwen im Wasser. Oftmals ziehen hier größere Haie ihre Kreise, genauso wie an den Gordon Rocks bei Santa Cruz. Bei starker Strömung können auch große Hammerhai-Schulen beobachtet werden. Bei den Inseln um Isabella im Westen sind unter Wasser ausperlende Gasbläschen zu beobachten, die die letzten Vulkanaktivitäten verraten.

Zu den Höhepunkten einer Galapagos-Tauchkreuzfahrt zählen die Tauchgänge an den

REISE Info

Anreise
Linienflüge mit verschiedenen Airlines von Frankfurt nach Quito (Ecuador). Von dort weiter nach San Cristóbal.

Einreisebestimmungen
Reisepaß, mindestens 6 Monate gültig.

Impfungen
Es sind keine Impfungen vorgeschrieben. Aktuelle Auskünfte erteilen die Tropeninstitute.

Geld / Devisen
1.000 Sucre = 0,31 DM. Beste Zahlungsmittel sind US-Dollar und Kreditkarten.

Saison
Ganzjährig. Von Juni bis November beeinflußt der Humboldt-Strom das Wetter. In dieser kühlen Jahreszeit regnet es kaum. Zwischen Dezember und Mai ist das Klima tropischer. Es regnet häufiger, was aber das Tauchen nicht beeinträchtigt. Aufgrund des meist relativ kühlen Wassers ist ein 7 mm dicker Tauchanzug mit Kopfhaube empfehlenswert.

Zeitunterschied
MEZ - 9 Stunden

Telefon
Zu den Galapagos Inseln: 0059 + Vorwahl ohne Null + Rufnummer

Übernachtung
Die Tauchkreuzfahrtschiffe, die die Galapagos Inseln anlaufen, bieten durchweg einen hervorragenden Komfort. In der Regel verfügen sie alle über Doppelkabinen mit Dusche, WC und einer Klimaanlage, ein Restaurant, eine Bar und einen Aufenthaltsraum. Genaue Informationen und Preise der Schiffe halten die Tauchreiseveranstalter parat.

Essen
Die Schiffe bieten eine ausgezeichnete internationale Küche an. Auf den Tauchkreuzfahrten sind Softdrinks und die Menüs, die meistens aus mehreren, reichhaltigen Gängen bestehen, im Preis enthalten.

Sonstiges
Die Galapagos Inseln sind Nationalpark. Bei Ankunft wird eine Gebühr von 80 US$ pro Person berechnet. Da es keine Dekompressionskammer gibt, sind Deko-Tauchgänge nicht erlaubt. Das Tiefenlimit ist auf 30 Meter begrenzt.

Informationen
Generalkonsulat der Republik Ecuador
Dorotheenstraße 89, 10117 Berlin
Tel. 030-2386217, Fax 030-2386295

Literaturtip
Eibl-Eibesfeldt, Irenäus „Galapagos" (Piper)

Lippfische wechseln je nach Population ihr Geschlecht. Ein überlebenswichtiger Beitrag zur Arterhaltung

nördlichsten Inseln Teodoro Wolf und Darwin. Neben den vorbeiziehenden Hammerhaien schweben Adlerrochen und Mantas, die eine Flügelspannweite bis zu 7 Meter erreichen können, durchs Wasser. Taucher konnten hier auch schon Walhaie und Pottwale beobachten. Die Tauchplätze bei den Galapagos Inseln zählen weltweit zu den beeindruckendsten Großfischrevieren.

Über Wasser

Die Galapagos Inseln wurden 1535 von Thomas de Berlanga entdeckt und später durch die Evolutionstheorie des berühmten Naturforschers Charles Darwin bekannt. 1959 gründete der Verhaltensforscher Prof. Dr. Eibl-Eibesfeldt die Charles-Darwin-Stiftung. Die biologische Forschungsstation rief diverse Schutzprogramme für die urtümliche Galapagos-Tierwelt ins Leben. 89 Vogelarten, davon 76 endemische, brüten auf den Inseln. Dazu gehören u.a. flugunfähige Kormorane, Albatrosse, Fregattvögel und die bekannten Darwinfinken.

Sehr urzeitlich erscheinen die tangfressenden Meerechsen, die Landleguane (z.B. Drusenköpfe, Kielschwanzleguane) und die Elefanten-Schildkröten, eine von 15 Schildkrötenarten, die auf den Galapagos Inseln heimisch sind. Sie leben in Putzsymbiose mit Grundfinken, die die Schildkröten von lästigen Parasiten befreien. Auf Española gibt es in der Gardner Bay eine große Seelöwenkolonie und die seltenen Tölpel (Blaufuß- und Maskentölpel). Weiterhin beheimatet das Archipel die Galapagos-Pinguine sowie Flamingos in einer Salzwasserlagune auf Florena.

Alle Landausflüge bei Tauchkreuzfahrten werden von staatlich geprüften Tourguides begleitet, die darauf achten, daß die einzigartige und ursprüngliche Tier- und Pflanzenwelt der Galapagos Inseln durch die Besucher nicht beeinträchtigt wird.

	Beste Reisezeit	Ø Tagestemperatur	Ø Nachttemperatur	Sonnenstunden	Regentage	Wassertemperatur
JAN	●	29°	23°	5,7	11	25°
FEB	●	30°	23°	8,3	11	26°
MÄR	●	30°	22°	7,3	10	27°
APR	●	30°	22°	7,9	9	26°
MAI	●	29°	22°	7,7	6	25°
JUN		27°	21°	7,7	5	24°
JUL		26°	20°	6,7	12	23°
AUG		25°	19°	6,1	14	22°
SEP		25°	19°	5,3	14	22°
OKT		26°	19°	5,2	12	22°
NOV		26°	20°	5,3	9	23°
DEZ	●	27°	21°	5,7	9	24°

Viele Tiere auf Galapagos haben keine natürlichen Feinde und sind Menschen gegenüber zutraulich

KARIBIK

Engelsfisch

Der seltene Krötenfisch lebt vorwiegend in kleinen Höhlen. Er ist in der westlichen Karibik heimisch

KARIBISCHER CHARME IM DREIERPACK

Die Isla Mujeres liegt vor der mexikanischen Halbinsel Yucatán, nur acht Kilometer von Cancún entfernt, Cozumel nur einen Steinwurf südlich davon. Schon im flachen Bereich der Karibik verbergen sich reizvolle Rifflandschaften im Meer. Weiße Palmenstrände und eine verträumte Atmosphäre auf den Inseln versprechen pures Urlaubsvergnügen.

Direkt vor den Küsten erstrecken sich traumhafte Riffe mit Steilwänden, intakten Korallengärten und zahlreichen Höhlen. Die bekannteste, die „Höhle der schlafenden Haie" (Las Cuevas de los Tiburones dormidos), entdeckte der Tauchpionier Cousteau. Sie liegt nordöstlich von Isla Mujeres in etwa 25 Meter Tiefe und avancierte weltweit zu einer Taucherattraktion.

Bei Isla Mujeres finden Wrackfans in 25 bis 30 Meter Tiefe die „El Barco Ultrafreeze" (60 m lang), an der sich gelegentlich sogar große Fische, Mantas und Schildkröten einfinden. Standorttreu sind dort einige imposante Zackenbarsche. Das Bandera Riff fasziniert mit eindrucksvollen Höhlen und Überhängen. Riffe wie das La Cadena, El Placer, El Jilguero oder das Manchones Riff bieten auch im Flachwasserbereich wunderschöne Landschaften. Die meisten Tauchplätze teilen sich die Tauchschulen von Cancún und Isla Mujeres.

Dicht vor Cancún liegen zwei weitere phantastische Tauchplätze: „Chital" und „El Túnel" mit zwei spektakulären Tunnelsystemen in 20 Meter Tiefe. Sehenswert sind die Unterwasser-Terrassen der Tauchspots bei El Grampin, Iglesia und Cueva Larga. Weitere Stellen, die nicht ausgelassen werden sollten, liegen ebenfalls direkt vor der Haustür: El Bajito, Chintales, Aristos, San Miguel, La Herradura, San Toribio und Cuevones. Einige Tauchplätze, z.B. Chintales, eignen sich hervorragend für Schnorchler, da die

TAUCH Info AUF EINEN BLICK

FISCHAUFKOMMEN	✓	✓	✓	✓	
GROSSFISCHE	✓	✓			
WRACKS	✓	✓	✓		
STEILWANDTAUCHEN	✓	✓	✓	✓	
HÖHLEN/ÜBERHÄNGE	✓	✓	✓	✓	✓
SICHTWEITEN	✓	✓	✓	✓	✓
STRÖMUNGSAUFKOMMEN	✓	✓	✓		
TAUCHBOOTE	✓	✓	✓	✓	

Riffe bis auf wenige Meter unter die Wasseroberfläche emporragen. Besonders bunt zeigen sich die großen Schweinsgrunzer-Schwärme und die verschiedenen Karibik-Kaiserfischarten. Für Enthusiasten besteht die Möglichkeit, an mehrtägigen Tauchexkursionen teilzunehmen, die von Cancún oder von der Isla Mujeres starten. Die Tauchboote legen jeden Abend in einem Hafen an, übernachtet wird auf dem Festland.

Die größte mexikanische Karibikinsel liegt südlich von Cancún und heißt Cozumel. Direkt vor der Insel zieht sich das zweitgrößte Barriereriff der Erde entlang. Riffnamen wie Paraiso Wall, Bolones de Chankanaab, Tormentos Bajos, das Yucab Riff oder San Francisco Reef (gleich daneben liegt das Santa Rosa Riff) bleiben jedem Taucher in fester Erinnerung. Eine aufregende Steilwand bei Santa Rosa führt mehrere hundert Meter hinab und ermöglicht Drop-Off-Tauchen der Extraklasse. Weitere Highlights bieten das 9,5 km lange (!) Palancar Riff mit einer Unterwasserstatue oder La Herradura. Insgesamt werden etwa 25 Plätze betaucht.

Höhlenbegeisterte sollten die Halbinsel Yucatán besuchen. Dort gibt es unterirdische Wasserreservoirs (Tropfsteinhöhlen), die bereits die alten Mayas zugänglich machten. Von diesen sogenannten „Cenoten" können einige schnorchelnd erkundet werden. Sie bieten bizarre Felsformationen und nie gesehene Lichtspiele.

Über Wasser

Cozumel und Isla Mujeres zählen zu den großen Wassersportzentren der mexikanischen Karibik. Mehr als die Hälfte aller Besucher kommen speziell wegen der vielen Wassersportmöglichkeiten hierher. Die ehemalige Insel Cancún, jetzt mit dem Festland verbunden, hat sich zum internationalen Touristenziel entwickelt und bietet ihren Gästen alles, was zu einem entspannten Urlaub gehört: endlos lange, schneeweiße Sandstrände, gute Bademöglichkeiten und allen Komfort in den großen Hotelanlagen.

Die kleine Insel Isla Mujeres, gerade 10 km lang und 1 km breit, besticht ebenfalls mit schneeweißen Stränden, die zum Relaxen einladen. Cozumel, etwa 45 km lang und 15 km breit, bietet neben der Strandidylle antike Maya-Ruinen (El Castillo Real, San Gervacio, El Cedral und Buenavista). Die Hotelanlagen befinden sich überwiegend auf der Westseite der Insel. Von Cancún oder Cozumel aus sollte man Ausflüge zu den Tempelanlagen der Mayas in Chinchen Itza und Uxmal fest einplanen. In Uxmal wird in den Abendstunden eine faszinierende Sound- and Lightshow vorgeführt. 125 km südlich von Cancún befindet sich bei Tulum eine sehenswerte, direkt auf den Klippen erbaute Tempelanlage.

Ein eindrucksvoller Zeuge der Maya-Kultur auf Cozumel ist die gut erhaltene Tempelanlage Tulum

Mexiko

Leguane sind in Mittel- und Südamerika häufig anzutreffen

	Beste Reisezeit	Ø Tagestemperatur	Ø Nachttemperatur	Sonnenstunden	Regentage	Wassertemperatur
JAN	●	27°	19°	5	7	25°
FEB	●	28°	19°	5	4	25°
MÄR	●	29°	20°	6	4	26°
APR	●	31°	21°	6	4	26°
MAI		31°	22°	6	8	27°
JUN		31°	23°	7	11	27°
JUL		32°	23°	7	10	28°
AUG		32°	23°	7	12	29°
SEP		31°	23°	6	14	29°
OKT		30°	22°	6	14	28°
NOV	●	28°	21°	6	9	28°
DEZ	●	27°	19°	5	9	26°

REISE Info

Anreise

LTU

Direktflüge von Deutschland mit verschiedenen Fluggesellschaften nach Cancun oder via Miami nach Cancun. Von dort weiter nach Cozumel und Isla Mujeres.

Einreisebestimmungen

Reisepaß, mindestens 6 Monate gültig. Touristcard gibt es im Flugzeug.

Impfungen

Aktuelle Auskünfte geben die Tropeninstitute.

Geld / Devisen

100 neue Pesos = 20 DM. Kreditkarten werden in fast allen Hotels und größeren Restaurants akzeptiert. Bestes Zahlungsmittel ist jedoch der US-Dollar.

Saison

Ganzjähriges Reiseziel, Regenzeit von Mai bis Oktober, beste Reisezeit von November bis April.

Zeitverschiebung

MEZ - 7 Stunden

Telefon

Nach Mexiko: 0052 + Vorwahl ohne Null + Rufnummer

Übernachtung

Großes Hotelangebot aller Kategorien.

Essen

Viele Restaurants bieten vorzügliche internationale Küche an, zu empfehlen sind die mexikanischen Spezialitäten wie Tacos, Enchiladas, Guacamole und Fischgerichte. Vorsicht: Mexikanisches Essen kann höllisch scharf sein!

Straßenverkehr

Rechtsverkehr, internationaler Führerschein zur Ausleihe von Mietwagen notwendig. Preise sind allerdings sehr hoch.

Informationen

Staatliches Mexikanisches Fremdenverkehrsamt
Wiesenhüttenplatz 26, 60329 Frankfurt a.M.
Tel. 069-253413, Fax 069-253755

Literaturtips

Bleyleben, Anita & Karl „Mexiko" (Baedecker Verlag, 1995)
Mietz, Kefrig, Stoll „Tauchreiseführer Mexiko" (Naturbuchverlag, erscheint 1997)
Rohlf, Manfred „Mexiko" (Marco Polo Verlag, 1995)

Unterwasseraufnahmen von Delphinen gehören zu den Raritäten in der Tauchszene. Meist verraten die

DAS MEER DER MAYAS

Belize ist der Geheimtip aller karibischen Tauchziele. Das zweitgrößte Barriereriff der Welt mit einer noch völlig intakten Unterwasserwelt, atemberaubenden Steilwänden und Koralleninseln macht das Tauchen vor der Küste von Belize zu einem unvergeßlichen Unterwasserabenteuer.

Meeressäuger ihre Nähe nur durch lautes Pfeifen

TAUCH Info AUF EINEN BLICK

FISCHAUFKOMMEN	✓	✓	✓	✓	
GROSSFISCHE	✓	✓	✓		
WRACKS	✓				
STEILWANDTAUCHEN	✓	✓	✓	✓	✓
HÖHLEN/ÜBERHÄNGE	✓	✓	✓	✓	✓
SICHTWEITEN	✓	✓	✓	✓	
STRÖMUNGSAUFKOMMEN	✓	✓	✓	✓	
TAUCHBOOTE	✓	✓	✓	✓	

Belize ist für Taucher besonders deshalb ein Erlebnis, weil es neben den vielen bereits entdeckten Riffen unzählige gibt, an denen noch nie ein Mensch getaucht ist. Das Barriereriff vor der Küste ist 296 Kilometer lang und hat rund 200 Koralleninseln. Die Vielzahl seiner Riffarten und die Üppigkeit der Unterwasserflora und -fauna bleibt in der nördlichen Hemisphäre unerreicht. Mit über 460 bekannten Fischarten sind die Riffe ein Eldorado für Taucher und Schnorchler.

Namen wie Glovers Reef, Turneffe Island, Long Caye, Ambergris Cay und das berühmte Lighthouse Reef mit dem Blue Hole lassen Taucherherzen höher schlagen. Das Blue Hole ist eine ehemalige unterirdische Höhle, deren Dek-

In der wunderschönen Tempelanlage „Altun Ha" wurde 1968 Belizes wertvollstes Kulturrelikt gefunden:

ke einstürzte. Mit 90 Metern Durchmesser und 126 Metern Tiefe eine taucherische Herausforderung mit Stalagtiten in ca. 40 Meter Tiefe.

Um die Schönheiten der Riffe möglichst lange zu erhalten, wird Naturschutz in Belize groß geschrieben. Zahlreiche Ankerplätze für große und kleine (Tauch-)Schiffe wurden bereits vor längerer Zeit eingerichtet. Sie werden permanent überwacht.

Nicht selten werden die Tauchschiffe von Delphinen begleitet. Mit etwas Glück kann man beim Half Moon Caye längere Zeit mit Delphinbegleitung während eines Tauchganges rechnen. Dort hat die Delphindame „Honey" ihr Gebiet und wartet geduldig, bis die Taucher ins Wasser springen. Alle Tauchplätze zeichnen sich durch ihre Unberührtheit und enorme Artenvielfalt maritimen Lebens aus. Die Fische zeigen noch natürliche Verhaltensweisen und sind nicht durch Fütterungen beeinflußt oder gestört.

Die sichelförmige Insel Half Moon Caye ist ein Naturereignis. Unzählige Seevögel, die von einer speziell angelegten Plattform aus beobachtet werden können, machen neben der üppigen Tier- und Pflanzenwelt des Meeres diese Insel zu einem besonderen Highlight. Wer gerne Steilwandtauchen praktiziert, kommt östlich des Lighthouse Reefs voll auf seine Kosten. Die tektonischen Bewegungen der erdgeschichtlichen Vergangenheit haben dort atemberaubende Unterwassersteilhänge von bis zu 3.000 Metern Tiefe entstehen lassen.

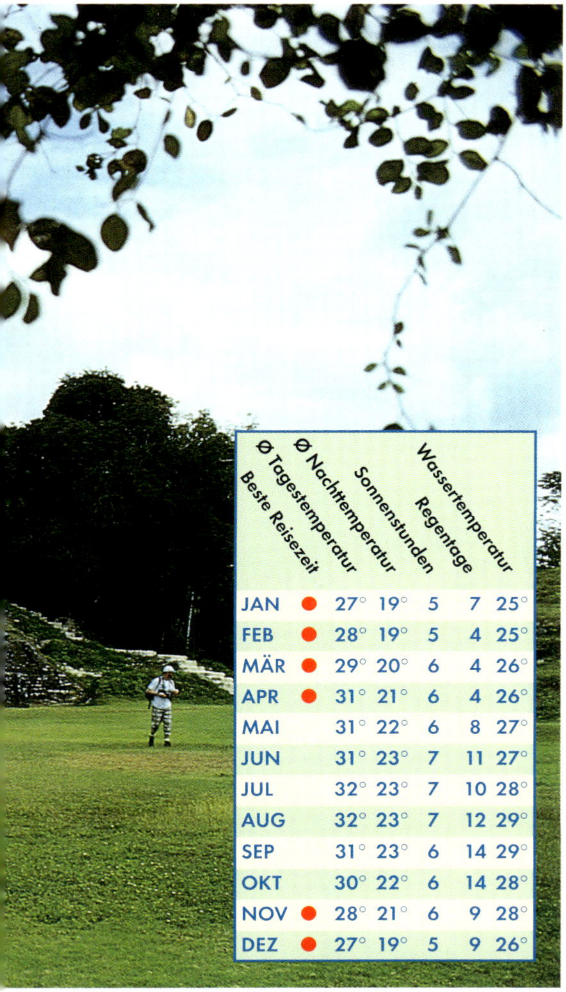

	Beste Reisezeit	Ø Tagestemperatur	Ø Nachttemperatur	Sonnenstunden	Regentage	Wassertemperatur
JAN	●	27°	19°	5	7	25°
FEB	●	28°	19°	5	4	25°
MÄR	●	29°	20°	6	4	26°
APR	●	31°	21°	6	4	26°
MAI		31°	22°	6	8	27°
JUN		31°	23°	7	11	27°
JUL		32°	23°	7	10	28°
AUG		32°	23°	7	12	29°
SEP		31°	23°	6	14	29°
OKT		30°	22°	6	14	28°
NOV	●	28°	21°	6	9	28°
DEZ	●	27°	19°	5	9	26°

der berühmte Jadekopf des Maya-Sonnengottes

Über Wasser

Ebenso attraktiv wie unter Wasser ist Belize auch an Land. Eine kulturell bunt gemischte Bevölkerung, Tempel und Ruinen der alten Mayas sowie einer der letzten unberührten Regenwälder der Erde machen Belize zu einem interessanten Reiseziel für jeden Naturliebhaber. Riesige Tropfsteinhöhlen, beeindruckende Wasserfälle und eine unüberschaubare Artenvielfalt seltener Tiere und Pflanzen verhelfen den Besuchern zu unvergeßlichen Erlebnissen. Belize ist das einzige zentralamerikanische Land mit englischer Landessprache (ehemalige britische Kronkolonie).

REISE Info

Anreise

Von deutschen Flughäfen oder Amsterdam nach Miami/Florida. Von dort mit Taca International nach Belize City.

Einreisebestimmungen

Reisepaß, mindestens 6 Monate gültig.

Impfungen

Impfungen sind nicht vorgeschrieben. Wer sicher gehen will, sollte sich gegen Tetanus/Polio, Typhus sowie Hepatitis A und B impfen lassen. Im Landesinneren tritt gelegentlich Malaria auf. Aber nur bei längeren Aufenthalten im Dschungel ist eine Malaria-Prophylaxe erforderlich. Auskünfte geben die Tropeninstitute.

Geld / Devisen

Landeswährung ist der Belize-Dollar, er entspricht einem halben US-Dollar. 100 BZ$ = 76,50 DM. US-Dollar, Reiseschecks und Kreditkarten werden überall akzeptiert.

Saison

Ganzjährig, Regenzeit von Mai bis Oktober.

Zeitunterschied

GMT - 7 Stunden

Telefon

nach Belize: 00501 + Vorwahl + Rufnummer

Übernachtung

Hotels, Appartements und Pensionen in allen Kategorien und Preislagen.

Essen

Die kulinarischen Genüsse in Belize sind grenzenlos. Landestypische Gerichte enthalten oft Reis, Bohnen und/oder Geflügel. Zu empfehlen sind Meeresfrüchte und Fisch in allen Variationen. In allen Hotels und Restaurants wird auch internationale Küche angeboten. Bei Selbstverpflegung ist das amerikanische Preisniveau zu Grunde zu legen. Alkohol und Bier ist in den Geschäften zu normalen Preisen erhältlich.

Verkehr

Die Verkehrsregeln sind die gleichen wie in den USA. Die Richtgeschwindigkeit wird in Meilen angegeben.

Informationen

Belize Tourist Board
83 North Front Street, P.O. Box 325
Belize City
Tel. 00501-2-77213, Fax 00501-2-77490

Sonstiges

Für Taucher reicht ein Tropentauchanzug völlig aus. Auch in größeren Tiefen ist es noch angenehm warm. Die Flughafengebühr beträgt zur Zeit 11,25 US$ pro Person bei Abreise.

Literaturtip

Apa-Guide Travel Media „Reiseführer Belize", (Langenscheid)

Trompetenfische tarnen sich perfekt zwischen Korallen, um dann blitzschnell ihre Beute zu schnappen

DIE SCHATZINSEL

Jahrhundertelang galt sie als geheimnisumwittert und von Legenden umrankt: „Treasure Island" oder auch „Isla de Juventud" genannt, die tropische Schatzinsel im Südwesten Kubas. Seeräuber sollen hier früher ihr Unwesen getrieben und reichlich Beute versteckt haben. Heute sind diese Schätze längst geborgen, doch ein unermeßlicher Schatz ist der Insel geblieben: Sie besitzt die schönsten Tauchplätze der Karibik.

Schwerpunkt aller taucherischen Aktivitäten ist das Canarreos-Riff, ein großer Unterwasserpark, der seit über 20 Jahren unter Naturschutz steht und von den staatlichen Tauchguides entsprechend bewacht und gepflegt wird. Es gibt 56 unterschiedliche Tauchplätze, die alle zum Schutz der Unterwasserwelt durch Ankerbojen gekennzeichnet sind. Das Naturschutzgebiet zeichnet sich aus durch Canyons, Sandareale, Steilwände mit riesigen Schwämmen sowie Korallen- und Gorgonienformationen mit über 150 Arten. Beeindruckend ist auch der große Bestand an tropischen Fischen mit etwa 600 Arten.

Bereits an der Wasseroberfläche beginnt der Korallenbewuchs. Warmes Wasser von 26 bis 28 Grad bietet ganzjährig ideale Voraussetzungen für ein üppiges Wachstum des zweitgrößten Korallenriffs der Welt. Die schönsten Tauchplätze befinden sich in einer Tiefe von 15 bis 25 Metern, in der sich dem Filmer und Fotografen die schönsten karibischen Unterwassermotive darbieten. Bis zu einer Tiefe von 400 Metern ziehen sich die Steilabfälle hin, an denen es etliche schöne Unterwasserhöhlen zu sehen gibt.

Zu den bekanntesten Tauchplätzen zählen die schwarze Korallenwand, das Paradies der Schwämme, die Zauberhöhle, der Riesenkrater, der Gorgonien-Garten, die schwarze Grotte oder die Passage zur Tiefe. Doch auch alle anderen Tauchplätze um die Insel sind hervorragend.

Haibegegnungen kann man nicht nur im sogenannten Tal der Haie erleben. Diese eleganten Meeresbewohner können, wie Delphine oder Meeresschildkröten, auch an anderen Plätzen häufig beobachtet werden.

TAUCH Info AUF EINEN BLICK

FISCHAUFKOMMEN	✓	✓	✓	✓	✓
GROSSFISCHE	✓	✓	✓	✓	✓
WRACKS	✓	✓	✓		
STEILWANDTAUCHEN	✓	✓	✓	✓	✓
HÖHLEN/ÜBERHÄNGE	✓	✓	✓		
SICHTWEITEN	✓	✓	✓	✓	✓
STRÖMUNGSAUFKOMMEN	✓	✓			
TAUCHBOOTE	✓	✓	✓	✓	✓

Kubanische Tanzshows sind farbenfrohe Spektakel

Über Wasser

Empfehlenswert ist das Hotel Colony im Süden der Insel. Der Gast trifft eine großzügige Anlage mit allem notwendigen Komfort und einem gewissen karibischen Flair an. Die Infrastruktur des Hotels und der angeschlossenen Tauchschule ist optimal. Die Basis mit einer modernen Dekokammer und einer hervorragenden medizinischen Versorgung ist nur wenige Minuten vom Hotel entfernt direkt am Yachthafen gelegen.

Das Angebot an interessanten Ausflügen ist umfangreich. Besonders beliebt sind die berühmten Doppeldecker-Flüge z.B. nach Cayo Largo und Pinar del Rio. Genießern edler Zigarren sei ein Abstecher zu einer der vielen Tabakmanufakturen angeraten. Freunde des Cabarets sollten das weltberühmte Tropicana-Cabaret in Havanna besuchen. Mehr als 300 Darsteller bieten eine eindrucksvolle Show unter freiem Himmel. Ein Besuch der kulturell bedeutenden Altstadt Havannas ist ebenfalls zu empfehlen. Ein gelungener Abschluß könnte die Stammkneipe Ernest Hemingways, die Bodeguita del Medio, sein.

Mit halb geöffnetem Maul lauert der Karibische Barsch regungslos auf kleinere Fische als Beute

Kuba

REISE Info

Anreise
LTU

Mit diversen Fluggesellschaften bis Havanna. Von dort Weiterflug nach Treasure Island zum Hauptort Nueva Gerona.

Einreisebestimmungen
Reisepaß, mindestens 3 Monate gültig, Touristenkarte und Rückflugticket.

Impfungen
Sämtliche Impfbestimmungen für Kuba sind aufgehoben. Ein Schutzmittel gegen Moskitos und Sandfliegen ist sinnvoll.

Geld/ Devisen
Landeswährung ist der kubanische Peso. Touristen können jedoch ausschließlich mit US-Dollar bar bezahlen. Verhältnis Peso / US$ 1:1. Beste Zahlungsmittel: Bargeld in US-Dollar, DM-Travellerschecks sowie Kreditkarten von VISA und Mastercard. Nicht akzeptiert werden z.Zt. American-Express-Travellerschecks und -Kreditkarten.

Saison
Ganzjährig.

Zeitverschiebung
MEZ - 6 Stunden

Telefon
Nach Cuba 0053 + Vorwahl + Rufnummer

Übernachtung
Das einzige Hotel mit internationalem Standard ist das Hotel Colony. Andere Unterkünfte sind für Touristen nicht zu empfehlen.

Essen
Das Hotel Colony bietet internationale und kubanische Küche mit Vollpension.

Straßenverkehr
Rechtsverkehr. Der nationale Führerschein ist ausreichend.

Informationen
Kubanisches Fremdenverkehrsbüro
An der Hauptwache 7, 60313 Frankfurt a.M.
Tel. 069-288322/23, Fax 069-296664

Literaturtips
Wilde, Thomas „Cuba-Handbuch" (Unterwegs-verlag, Rielasingen)
Hulsmann, Willi „Cuba" (VSA-Verlag, Hamburg)
Thamer, Marthin/Schulte, Frank „Kuba" (Barbara-Rausch-Verlag, Wetzlar}

	Beste Reisezeit	Ø Tagestemperatur	Ø Nachttemperatur	Sonnenstunden	Regentage	Wassertemperatur
JAN	●	26°	19°	7,0	6	25°
FEB	●	27°	18°	7,2	4	24°
MÄR	●	28°	20°	8,8	4	25°
APR		29°	21°	9,1	4	26°
MAI		30°	23°	8,4	7	27°
JUN		31°	24°	7,9	10	27°
JUL		31°	24°	8,8	9	28°
AUG		32°	24°	8,4	9	28°
SEP		31°	24°	7,5	10	28°
OKT		29°	23°	6,3	10	28°
NOV		28°	22°	7,3	7	27°
DEZ	●	27°	20°	6,3	6	27°

Früher wurden Alligatoren wegen ihrer Haut schonungslos gejagt. Heute werden sie auf Farmen gezüchtet

RIFFE UND REPTILIEN

Sei es nun das Technical Diving in einer der Höhlen oder Quelltöpfe, das Schnorcheln in einem der zahlreichen Flüsse mit ihrer einzigartigen Flora und Fauna oder die Tauchgänge in den warmen, typisch karibischen Gewässern der Florida Keys: Vor allem wegen seines vielseitigen Angebots für Taucher ist Florida zu einem beliebten Ziel geworden.

Wie schön das Tauchen im Süßwasser sein kann, zeigt sich vor allem in den verschiedenen Flüssen und Quellen im Westen Floridas. Sie beherbergen eine einzigartige Flora und Fauna. Beeindruckend sind vor allem die riesigen friedlichen Manatees (Seekühe), die in den Monaten November bis März aus dem Golf von Mexico in die warmen Flüsse kommen. Im Christal River, einem nördlich von Tampa gelegenen Fluß, finden sich alljährlich viele dieser vom Aussterben bedrohten Tiere ein. Sie können dank guter Sichtweiten und ihrer großen Zutraulichkeit sehr gut beobachtet werden.

Eine Begegnung anderer Art ist im Silver River möglich. In einem Teil des Flusses leben Alligatoren, die der Taucher, wenn er den nötigen Mut aufbringt, auch unter Wasser beobachten kann. Es ist jedoch Vorsicht geboten, denn ein Angriff oder zumindest eine deutliche Abwehrreaktion der Echsen muß jederzeit erwartet werden.

Meerwassertauchgänge unternimmt man am besten von der Inselkette der Florida-Keys aus. Sie sind für ihre exzellenten Tauchgründe bekannt. Einige Tauchplätze lassen sich bequem mit dem Auto erreichen, die Mehrzahl jedoch nur mit dem Boot. Das rund 100 Kilometer von Miami entfernte Key Largo ist der Ausgangspunkt für das Tauchen im John Pennekamp Coral Reef State Park, einem großen Unterwasserschutzgebiet.

Tauch Info AUF EINEN BLICK

FISCHAUFKOMMEN	✓	✓	✓	✓	
GROSSFISCHE	✓	✓	✓		
WRACKS	✓	✓	✓	✓	
STEILWANDTAUCHEN	✓				
HÖHLEN/ÜBERHÄNGE	✓	✓			
SICHTWEITEN	✓	✓	✓		
STRÖMUNGSAUFKOMMEN	✓	✓			
TAUCHBOOTE	✓	✓	✓	✓	

9 FLORIDA

	Beste Reisezeit	Ø Tagestemperatur	Ø Nachttemperatur	Sonnenstunden	Regentage	Wassertemperatur
JAN	●	24°	15°	8	5	21°
FEB	●	25°	15°	8	5	22°
MÄR	●	26°	17°	9	7	23°
APR	●	28°	19°	10	6	25°
MAI		30°	21°	10	9	27°
JUN		31°	23°	10	12	29°
JUL		32°	24°	10	14	30°
AUG		32°	24°	10	15	30°
SEP		32°	24°	9	14	29°
OKT	●	29°	22°	9	11	27°
NOV	●	27°	18°	8	9	24°
DEZ	●	25°	16°	7	7	22°

Ungewöhnliche Begegnung in acht Metern Tiefe: eine bronzene Christusstatue

Nur selten liegen die Riffe tiefer als 15 Meter. Aber wegen des totalen Schutzes, den sie seit vielen Jahren genießen, wirken sie weitgehend unberührt und intakt. Man kann hier an Wracks oder der eindrucksvollen, drei Meter hohen, bronzenen Christusstatue, die dort vor der Küste in acht Meter Tiefe versenkt worden ist, tauchen.

Auffällig sind die großen Stöcke der Elchhorn- und Hirnkorallen. Außerdem lebt hier die ganze farbenprächtige Palette der karibischen Fischarten. Bei fast allen Tauchgängen trifft man auf Barrakudas, Marmorrochen und andere Raubfische, mit etwas Glück sogar auf Ammenhaie. Sie kann man bei einem Rundflug über die Keys auch vom Flugzeug aus sehr gut beobachten.

Key West ist der südlichste Punkt Floridas. Hier bietet sich dem Taucher ein ganz besonderes Erlebnis: die Begegnung mit Delphinen. Mit etwas Glück lassen sich die Meeressäuger sogar aus nächster Nähe beobachten und manchmal kann man mit ihnen spielen. Allerdings ist die Möglichkeit als Freitaucher, also ohne Geräte und Neoprenanzug, wesentlich größer, denn Delphine mögen den direkten Hautkontakt.

Über Wasser

Einen Floridaurlaub sollte man auf keinen Fall ohne einen Abstecher nach Disney World in Orlando planen. Nirgendwo liegen Kitsch, Kommerz und strahlende Kindergesichter so nahe beieinander wie in der größten Touristenattraktion Amerikas. Hier können kleine und große Kinder nicht nur Mickey Maus die Hand schütteln, sondern auch spannende Weltraum-, U-Boot- und Urwaldrundfahrten unternehmen oder Abenteuer in einer Piraten- und Westernstadt bestehen. Genauso spektakulär sind die Delphin- und Killerwaldressuren in Sea World, ebenfalls in Orlando.

Eine Attraktion ganz besonderer Art ist das J. F. Kennedy Space Center. Dort sind bei freiem Eintritt neben der aktuellen Spaceshuttle-Abschußrampe auch eine Ausstellung aller Raketentypen, mit denen die Amerikaner in den letzten 40 Jahren den Weltraum erobert haben, zu besichtigen. Das Nasa-Gelände ist zudem ein bedeutendes Naturschutzgebiet. Hier kann das Wappentier der Vereinigten Staaten, der Weißkopfseeadler, beim Brüten beobachtet werden. Mit etwas Glück schaut man Meeresschildkröten bei der Eiablage zu.

Ein beliebtes Ziel für Naturliebhaber ist der Everglades Nationalpark: Neugierige Waschbären lassen sich hier aus nächster Nähe betrachten und sogar anfassen. Selbstorganisierte Kanutouren werden angesichts der zahlreichen Alligatoren und der seltenen Krokodile zur reinen Nervensache. Sehr eindrucksvoll ist auch die Fahrt auf einem der Propellerboote, die aber aus Lärmschutzgründen nur außerhalb der Everglades gechartert werden.

Raketenausstellung im Kennedy Space Center

REISE Info

Anreise
LTU

Linien- oder Chartermaschinen fliegen täglich von diversen deutschen Flughäfen Florida an.

Einreisebestimmungen
Reisepaß. Bei mehr als 90 Tagen Aufenthalt wird ein Visum benötigt.

Impfungen und Gesundheit
Impfungen sind nicht vorgeschrieben. Eventuell den Hausarzt befragen. Arztrechnungen sind in der Regel sehr hoch und müssen sofort bezahlt werden. Eine Auslandskrankenversicherung ist sinnvoll.

Geld/Devisen
1 US-Dollar = 1,52 DM. Vorsicht: Die Dollarnoten unterscheiden sich nicht in Größe und Farbe, sondern nur durch den abgebildeten Staatsmann und den Wertaufdruck. Kreditkarten und Reiseschecks werden überall akzeptiert.

Saison
Oktober - März. Der Sommer ist oft sehr schwül.

Zeitverschiebung
MEZ - 6 Stunden

Telefon
In die USA: 001 + Vorwahl ohne Null + Rufnummer

Übernachtung
Hotels und Motels gibt es in großer Zahl. Die Preise bewegen sich zwischen 20 und 100 Dollar für das Doppelzimmer. Campingplätze, auch in den Nationalparks, sind vorhanden. Vor allem in der Hochsaison sind Reservierungen sinnvoll.

Essen
Restaurants mit internationaler und amerikanischer Küche aber auch mit mexikanischen und kubanischen Gerichten. Sehr preiswert sind die Fast-Food-Ketten, die durch die große Konkurrenz zu unglaublichen Tiefpreisen gezwungen sind.

Straßenverkehr
Mindestalter für Mietwagen 21 Jahre, der nationale Führerschein reicht aus. Mietwagen sind äußerst günstig. Manche Interstate Freeways sind gebührenpflichtig. Die Höchstgeschwindigkeit beträgt 65 Meilen/Stunde (105 km/h).

Informationen
Florida Division of Tourism
Schillerstr. 10, 60313 Frankfurt a.M.
Tel. 069-1310732, Fax 069-1310647

Literaturtips
Pickett, Terry Hill „Florida" (Polyglott Verlag)
Chevron, Doris „Marco Polo Florida" (Mairs Geographischer Verlag)

CARIBBEAN CLOSE-UP

Baja Mar – flaches Meer – diesen Namen gab Kolumbus den seichten, weit verzweigten Gewässern rund um die bahamesische Inselwelt. Daraus entstand später das Wort Bahamas. Nicht nur die großen mondänen Inseln mit ihrem pulsierenden Leben ermöglichen traumhafte Ferientage. Kleinere Eilande gestatten auch heute noch einen Robinson-Urlaub und vor allem unvergessliche Tauchgänge.

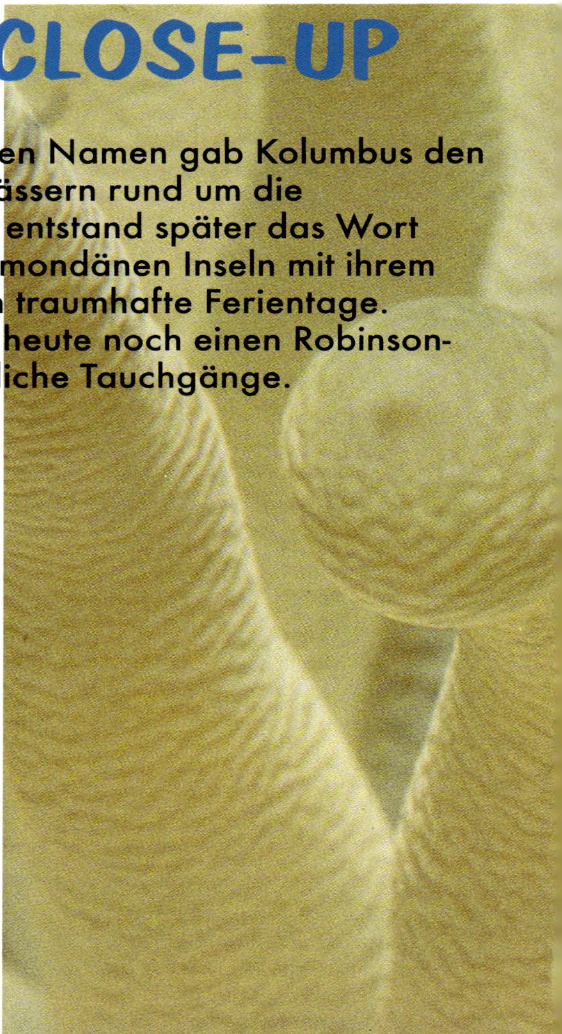

Zahlreiche Riffe und steile Drop Offs mit einer vielfältigen Vegetation und unterschiedlichsten Korallenarten bestimmen die Unterwasserwelt der Bahamas. Der Fischreichtum ist unbeschreiblich, von Großfisch über verschiedenste Haiarten und kapitale Barrakudas bis hin zu riesigen Fischschwärmen. Auch die kleineren Riffbewohner sind in unüberschaubarer Vielfalt vertreten. Zahllose Wracks aus allen Jahrhunderten, einige noch beladen mit Gold- und Silberschätzen, warten auf ihre Entdecker.

Die Erdgeschichte machte die Bahamas zu einem Eldorado für Höhlentaucher. Neben dem berühmten „Blue Hole“ bei Andros gibt es überall auf dem Meeresgrund oder verborgen im Innern der Inseln Kavernen, Höhlen und kleine Blue Holes zu entdecken, wie bei-

TAUCH Info AUF EINEN BLICK

FISCHAUFKOMMEN	✓	✓	✓	✓	
GROSSFISCHE	✓	✓	✓	✓	
WRACKS	✓	✓	✓	✓	
STEILWANDTAUCHEN	✓	✓	✓	✓	✓
HÖHLEN/ÜBERHÄNGE	✓	✓	✓	✓	✓
SICHTWEITEN	✓	✓	✓	✓	✓
STRÖMUNGSAUFKOMMEN	✓	✓			
TAUCHBOOTE	✓	✓	✓	✓	✓

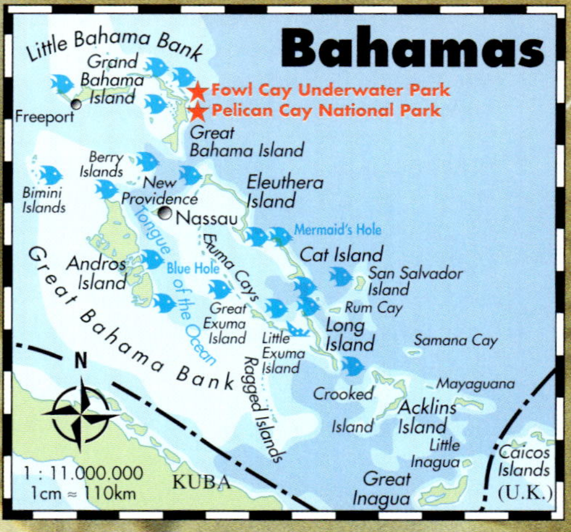

Einige Garnelenarten leben in Symbiose mit Anemonen.

	Beste Reisezeit	Ø Tagestemperatur	Ø Nachttemperatur	Sonnenstunden	Regentage	Wassertemperatur
JAN	●	25°	17°	7,5	6	23°
FEB	●	25°	17°	8,1	5	23°
MÄR	●	27°	18°	8,5	4	23°
APR		28°	20°	8,6	4	24°
MAI		29°	22°	8,5	8	25°
JUN		31°	24°	7,8	13	27°
JUL		32°	24°	8,7	14	28°
AUG		32°	24°	8,3	15	28°
SEP		31°	24°	7,2	14	28°
OKT		30°	23°	6,8	13	27°
NOV	●	28°	21°	7,5	7	26°
DEZ	●	28°	18°	7,0	6	24°

Sie suchen zwischen den Tieren Schutz vor Freßfeinden. Als Gegenleistung befreien sie ihre Wirte von Parasiten

spielsweise das noch weitgehend unerforschte Mermaid's Hole auf Cat Island oder die Blue Holes bei Bimini und Grand Bahama.

Die Atlantikseite im Osten ist rauher, bietet aber mehr Groß- und Schwarmfisch. Dagegen ist die Karibikseite flacher und ruhiger, die Sichtverhältnisse sind besser (über 50 m), und es ist ein üppiges Wachstum an Hartkorallen zu beobachten. Die Passagen in Ost-West Richtung zwischen den Inseln weisen die meisten Wracks auf.

Fast alle Tauchschulen verfügen vor ihrer Haustür über Spitzenplätze. Orte wie die Conception Wall, der Shark Point vor Long Island oder die Turtle Rocks bei Bimini sind spektakulär. Das Tauchangebot rund um das Archipel ist so groß, daß selbst die 60 besten Plätze, die vom bahamesischen Tourist Board in seiner aktuellen Infobroschüre genannt werden, nur einen kleinen Teil der Möglichkeiten darstellen, die den Besucher unter Wasser erwarten.

Über Wasser

Mehr als 700 Inseln und 1.700 Cays (flache Sandbänke und Riffe) bilden das bahamesische Archipel. Sie reichen im Norden bis auf 70 Kilometer an die Küste Floridas. Im 17. und 18. Jahrhundert galten diese unübersichtlichen Gewässer als ideales Versteck für Piraten.

Um 1650 begann eine nachhaltige Besiedlung der Inseln durch englische Puritaner und amerikanische Südstaatler mit ihren Sklaven. Später folgten koloniale Zeiten unter britischer Hoheit, bis die Bahamas als Teil des Commonwealth 1973 unabhängig wurden.

In vergangenen Jahrzehnten galten die Inseln als Anziehungspunkt für Schriftsteller, Maler, Individualisten, Weltenbummler und Snobs. Paradiesvögel kommen auch heute noch, das große Geschäft wird jedoch mit dem Tourismus gemacht.

Das Hotelangebot hat mit der stürmischen Entwicklung des Reisebooms mitgehalten. Es reicht von Luxushotels und Nobelvillen über Ferienhäuser und Appartements bis hin zu Standardhotels und preiswerten Pensionen. Massentourismus ist auf die großen Inseln wie Grand Bahama, New Providence mit der Hauptstadt Nassau oder auf Andros beschränkt. Die äußeren Inseln, die „Out- oder Family Islands", atmen noch immer Ruhe und Beschaulichkeit. Einsame Strände, verträumte Badebuchten und tropischer Busch mit üppiger Vegetation prägen diesen Teil der Inselwelt.

Die Bahamas bieten viel Lokalkolorit auf der einen und sportliche Aktivitäten auf der anderen Seite. Ideale Wasser- und Klimabedingungen erlauben es, fast jede Sportart bis zum Überschwang zu betreiben.

Alle Wege führen nach nirgendwo

Nur selten überwinden die neugierigen Delphine ihre Scheu und nähern sich den Tauchern

REISE Info

Anreise
LTU
Von Deutschland direkt oder über Miami nach Nassau. Von dort Transfer mit kleineren Maschinen zu den gebuchten Inseln. Zu einigen Inseln gibt es auch Direktflüge ab Miami und Fort Lauderdale. Details über Veranstalter und Reisebüros.

Einreisebestimmungen
Reisepaß, mindestens noch 6 Monate gültig.

Impfungen
Besondere Impfungen oder Prophylaxen sind für Bahamas-Reisende nicht notwendig.

Geld / Devisen
Landeswährung ist der Bahama-Dollar, als Hauptzahlungsmittel gilt aber der US-Dollar. Verhältnis US-Dollar zum Bahama-Dollar 1:1. Internationale Kreditkarten werden fast überall akzeptiert.

Saison
Ganzjährig. Hauptsaison Mitte Dezember bis Mitte April. Im November ist mit täglichen Gewittern zu rechnen. Hurrikan-Saison Juni bis August.

Zeitverschiebung
MEZ - 6 Stunden

Telefon
zu den Bahamas: 001809 + Rufnummer
(ab 1.1.1997 neue Landesvorwahl: 001242)

Übernachtung
Hotels, Ferienhäuser und Appartements gibt es in allen Standards und Preislagen.

Essen
Küche mit karibischen und amerikanischen Einflüssen. Fangfrische Meeresfrüchte sind zu empfehlen. Bevorzugtes Fleisch stammt von der Conch, einer Riesenmuschel, die in allen Variationen, von der Suppe über fritiertes Fleisch bis hin zum Salat, zubereitet wird. Die Schalen der Muscheln werden zum Häuserbau weiter verwendet.

Straßenverkehr
Es herrscht Linksverkehr.

Informationen
Bahamas Tourist Office
Leipziger Str. 67, 60482 Frankfurt a.M.
Tel. 069-9708340, Fax 069-97083434

Sonstiges
Für Taucher reicht ein dünner Tauchanzug ganzjährig aus. Mückenschutz ist wichtig, da witterungsbedingt die sogenannten Sandflöhe auftreten können. Die Stromspannung beträgt 120 V; Adapter (US-Norm) und Spannungswandler mitnehmen. Deutschsprachige Tauchschulen gibt es z.Zt. auf Long Island (Stella Maris Island Resort) und auf Cat Island (Greenwood Beach Resort).

Literaturtips
Cohen, Shlomo „Bahamas Diver's Guide" (Seapen Books)
Bohlender, Sylvia „Bahamas", (Polyglott)
Bahamas Tourist Office Infobroschüre „Dive Guide" und „Tauchen auf den Bahamas"

Die Bucht von Port Antonio: Kleine Fischerdörfer prägen die jamaikanische Küstenlandschaft. Lediglich in

IT'S COOL MAN

Nicht nur Reggae, Easy Living und gute Laune sind charakteristisch für die drittgrößte Antilleninsel, sondern ebenso kristallklare Lagunen, feinsandige Strände sowie die herrliche Landschaft. Taucher finden vor Jamaika ein Kaleidoskop karibischer Artenvielfalt und faszinierender Riffstrukturen.

Kingston und Montego Bay pulsiert das Leben

Das bunte Treiben an Land scheint sich an den Riffen um Jamaika unter Wasser fortzusetzen. Flach abfallende Korallengärten und Drop Offs mit farbenprächtigen, meterhohen Schwämmen und nicht weniger großen Fächerkorallen prägen das Bild. Schiffswracks wie die „Reggae Queen" oder das „Banana Boat" und ein versunkenes Flugzeug, die „Ganja Planes", zählen neben den herrlichen Rifflandschaften zu den Höhepunkten des Tauchgebietes. Sie sind bereits herrlich bewachsen und bieten eine eindrucksvolle Szenerie.

An vielen Tauchplätzen wie beispielsweise Peters Point oder Nursery sind wunderschöne Korallenlabyrinthe und Grotten zu erkunden. Beeindruckend sind vor allem die Korallenformationen an den Tauchplätzen „Blow Nose" und den „Canyons". Oft begleiten Delphine die Tauchausfahrten und bleiben manchmal sogar so lange am Boot, bis die Taucher ins Wasser steigen. Um die anmutigen Meeressäuger unter Wasser zu sehen, bedarf es allerdings einer großen Portion Glück – meistens können Taucher nur durch die hohen Töne die Anwesenheit der Tiere wahrnehmen.

Selten, aber höchst interessant sind Begegnungen mit dem „Hogfisch", einem typisch karibischen Meeresfisch. Aufgrund seiner Größe und seines schmackhaften Fleisches wird er jedoch leider immer seltener.

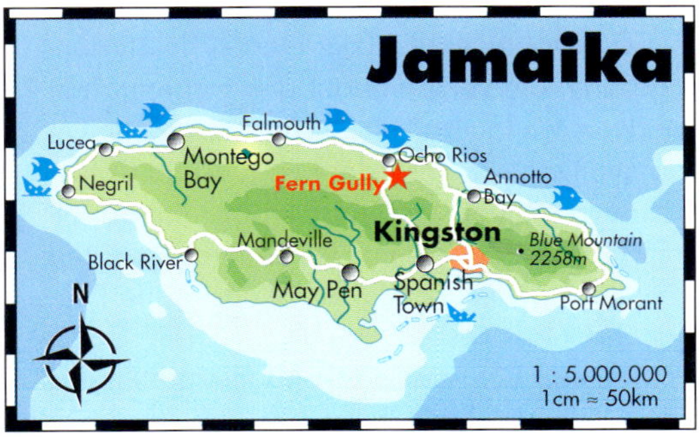

TAUCH Info AUF EINEN BLICK

FISCHAUFKOMMEN	✓	✓	✓		
GROSSFISCHE	✓	✓			
WRACKS	✓	✓			
STEILWANDTAUCHEN	✓	✓	✓	✓	
HÖHLEN/ÜBERHÄNGE	✓	✓			
SICHTWEITEN	✓	✓	✓	✓	
STRÖMUNGSAUFKOMMEN	✓	✓	✓		
TAUCHBOOTE	✓	✓	✓		

In den Weltmeeren gibt es ca. 5.000 verschiedene Schwammarten

	Beste Reise-zeit	Ø Tagestemperatur	Ø Nachttemperatur	Sonnenstunden	Regentage	Wassertemperatur
JAN	●	30°	22°	8	4	26°
FEB	●	29°	22°	9	3	26°
MÄR	●	30°	23°	9	3	26°
APR	●	30°	24°	9	5	27°
MAI		30°	25°	8	7	27°
JUN		31°	25°	8	7	28°
JUL		32°	26°	9	5	29°
AUG		32°	26°	9	6	29°
SEP		32°	25°	8	9	28°
OKT		31°	25°	8	11	28°
NOV	●	31°	24°	8	5	27°
DEZ	●	30°	23°	8	4	27°

Über Wasser

Die Namensgebung Jamaikas geht auf die Ureinwohner, die Arwak-Indianer zurück. Sie nannten die saftig grüne Insel „Xaymaca", das Land der Berge und Flüsse. Der höchste Gipfel der unterseeischen Bergkette (Blue Mountain) erhebt sich immerhin 2.256 Meter hoch aus der karibischen See. Der beeindruckendste und schönste Teil der Insel liegt im Nordosten; die üppig tropische Vegetation mit bunt blühenden Pflanzen läßt die angereisten Europäer den hektischen Alltag schnell vergessen.

Der Regenwald ist mit vielen Flüssen und schönen Wasserfällen durchzogen. Abenteuerlustige können in der Nähe von Ocho Rios bei Fackelschein und Trommelbegleitung nächtliche Kanufahrten auf dem White River unternehmen. Unvergeßlich bleibt auch eine Fahrt durch die „Fern Gully", eine etwa 5 km lange Schlucht, in der über die Hälfte der 500 auf der Insel beheimateten Farnarten wächst. An der Südküste herrscht ein trockenes, subtropisches Klima. Der 11 km lange, weiße Traumstrand machte Negril zu einem der beliebtesten Touristenorte Jamaikas. Negril konnte sich jedoch seine Ursprünglichkeit bewahren, weil Neubauten sich ins traditionelle Stadtbild einfügen müssen.

Die größte Stadt an der Nordküste ist Montego Bay. Sie versprüht auf den farbenfrohen Märkten, wo lautstark in der Landessprache Patois gefeilscht wird und der Reggae- und Calypso-Sound allgegenwärtig ist, typisch jamaikanisches Flair. Zu einem der interessantesten Erlebnisse gehört ohne Zweifel das große Reggae Sunsplash Festival, das alljährlich im August in Montego Bay stattfindet und Interpreten aus aller Welt anlockt.

Obwohl sie Tiere sind, können sich die am Boden festgewachsenen Schwämme nicht selbst bewegen

Anreise

Mit diversen Fluggesellschaften ab Deutschland nach Montego Bay oder Kingston. Durchschnittliche Flugzeit Deutschland - Kingston etwa 11 Stunden.

Einreisebestimmungen

Der Reisepaß muß 6 Monate über den geplanten Aufenthalt hinaus gültig sein.

Geld / Devisen

Landeswährung ist der Jamaika-Dollar. 100 J$ = 5 DM. Die Ein- und Ausfuhr von Fremdwährungen ist unbegrenzt, muß aber deklariert werden. Ein- und Ausfuhr von Landeswährung ist verboten.
Beste Zahlungsmittel sind US$-Travellerschecks. Große Kreditkartenakzeptanz. Bargeld nur für den täglichen Gebrauch.

Saison

Ganzjährig

Zeitverschiebung

MEZ - 6 Stunden

Telefon

Nach Jamaika: 001809 + Vorwahl ohne Null + Rufnummer

Übernachtung

Die Hotels auf Jamaika haben einen guten Standard. Sie werden staatlich überprüft und in vier Kategorien eingeteilt. Neben Hotels werden auch über 800 Ferienhäuser auf Jamaika vermietet.
Empfehlung:
Swept Away, Negril, luxuriöses Hotel
Bravo Village Resort, Nordküste, 4 Sterne Hotel
Seascape Dive Resort, Nordküste, einfaches Taucherhotel
In den meisten großen Hotels an der Küste gibt es Tauchschulen.
Tauchschulempfehlung:
Seascape Dive Resort, Priory, deutsche Tauchschule

Essen

Die einheimische Küche auf Jamaika ist scharf gewürzt. Der Jamaikanische Rum hat Weltruhm erlangt. „Rumona" ist ein schmackhafter Rumlikör, den man unbedingt probieren muß.

Straßenverkehr

Linksverkehr. Nationaler Führerschein ist ausreichend. Fahrten in überfüllten Bussen sind sicherlich ein nettes Erlebnis, mit Reisegepäck aber nicht jedermanns Sache. Nicht alle Taxen verfügen über ein funktionierendes Taxameter. Vor der Fahrt daher unbedingt den Preis aushandeln, um unliebsamen Überraschungen vorzubeugen.

Informationen

Jamaica Tourist Board
Postfach 900437, 60444 Frankfurt a.M.
Tel. 06184-990044, Fax 06184-990046

Literaturtip

Zach, Paul „Jamaika" (APA Guide, Nelles Verlag, 1993)
Berlitz Reiseführer „Jamaika", 1993/94
Mair, O. „Jamaika – Reisen mit Insidertips" (Marco Polo, 1995)

Von den Röhrenwürmern („Tannenbäume") sieht man nur die Tentakeln, mit denen sie Nahrung haschen

TAUCHER DES VERLORENEN SCHATZES

Auf der Suche nach versunkenen Goldschätzen kamen vor Jahrzehnten die ersten Taucher in die Dominikanische Republik. Einige von ihnen wurden steinreich. Heute findet man einen ganz anderen Schatz: eine üppige, unverfälschte Unterwasserlandschaft von unvergleichbarem Reiz.

Die bewegte Geschichte der Insel Hispaniola und somit auch der Dominikanischen Republik hat auch unter Wasser ihre Spuren hinterlassen. Von hier starteten zahllose Gold- und Silbertransporte ins ferne Europa. Piraterie und heftige Stürme schickten unzählige Schiffe auf den Meeresgrund, die noch heute Schatztaucher aus allen Ländern anlocken.

Besonders hervorzuheben ist eine Gruppe amerikanischer Taucher, die in den siebziger Jahren nach Schätzen und der Quecksilberladung der Galeonen „Guadadelope" und „Tolosa" suchten. Die „Hickory" diente ihnen dabei als Arbeits- und Bergungsschiff. Später, nachdem die Expeditionen abgeschlossen und immense Schätze an die Oberfläche gebracht worden waren, gab es für die „Hickory" keine Verwendung mehr. Ihr Eigner Tracy Bowden ließ sie als künstliches Riff im Unterwasserpark von Punta Goleta nahe Boca Chica versenken. Aufrecht steht sie nun in 18 Metern Tiefe.

Die ebenso farbenfrohe wie üppige karibische Unterwasserwelt hat schon lange von dem Wrack Besitz ergriffen. Ein Schwarm roter Großaugenbarsche steht an der Brücke in der sanften Strömung. Öffnungen und Spalten werden von Muränen als Unterschlupf dankbar angenommen. Nachts kommen Garnelen und Krebse aus ihren Verstecken und gehen auf Nahrungssuche. Das Wrack ist zudem eine Attraktion für vielerlei Schwarmfische.

Eine weitere Besonderheit der Insel sind die Süßwasserhöhlen mit ihren einmaligen Tropfstein-

TAUCH Info AUF EINEN BLICK

FISCHAUFKOMMEN	✓	✓	✓	✓	
GROSSFISCHE	✓	✓	✓	✓	
WRACKS	✓	✓	✓	✓	
STEILWANDTAUCHEN	✓	✓			
HÖHLEN/ÜBERHÄNGE	✓	✓	✓		
SICHTWEITEN	✓	✓	✓	✓	✓
STRÖMUNGSAUFKOMMEN	✓	✓			
TAUCHBOOTE	✓	✓	✓	✓	✓

DOMINIKANISCHE REPUBLIK

Grüne Ebenen und sanft ansteigende Berge prägen das Bild im Süden der Karibik-Insel

Anreise

LTU

Von diversen deutschen Flughäfen in die Dominikanische Republik. Zielflughäfen: Las Americas, Puerto Plata, Punta Cana, Barahoa. Bei der Ausreise ist eine „Airport Tax" von 10 US$ zu zahlen.

Einreisebestimmungen

Für deutsche Touristen reicht bei einem Aufenthalt bis zu 60 Tagen der Personalausweis aus, allerdings wird ein Reisepaß empfohlen. Für Österreicher und Schweizer ist z.Zt. der Reisepaß vorgeschrieben. Ein Visum ist nur für Geschäftsreisende erforderlich.

Impfungen

Besondere Impfungen sind nicht notwendig. Sicherheitshalber beim Hausarzt erkundigen.

Geld / Devisen

Landeswährung ist der Dominikanische Peso. 100 Pesos = 12 DM. Kreditkarten und Travellerschecks werden fast überall akzeptiert.

Saison

Hauptsaison: Dezember bis April, Nebensaison (Regenzeit) Mai - Juni und September - Oktober
Wirbelsturmzeit: September bis November und Juli bis August.

Zeitverschiebung

MEZ - 5 Stunden

Telefon

Zur Dominikanischen Republik: 001809 + Rufnummer

Übernachtung

Hotels, Appartements und Pensionen gibt es in allen Standards und Preislagen.

Essen

Die Küche ist von karibischen, europäischen und amerikanischen Einflüssen geprägt. Fangfrische Meeresfrüchte sind zu empfehlen. Man sollte jedoch einheimische Restaurants aufsuchen, da die Hotellerie sich mehr auf die internationale Küche spezialisiert hat.

Straßenverkehr

Es herrscht Rechtsverkehr.

Informationen

Honorarkonsulat der Dominikanischen Republik
Fuchshohl 59, 60431 Frankfurt a.M.
Tel. 069-521035, Fax 069-517792

Sonstiges

Trinkgelder von 5 bis 10% sind üblich. 110 V Wechselstrom, die Stecker sind für das amerikanische System ausgelegt (Spannungswandler und Adapter nicht vergessen!). Mit einem Mietwagen lassen sich Land und Leute am besten kennenlernen. Die Hotel-organisierten Touren sind zwar beeindruckend, vermitteln aber nur wenig Kontakt zur Bevölkerung. Der Abschluß einer Auslands-Krankenversicherung ist zu empfehlen, da z.Zt. mit Deutschland, Österreich und der Schweiz kein Gesundheitsabkommen besteht.

Literaturtips

Wild, Thomas „Dominikanische Republik, Reisehandbuch" (Unterwegs Verlag, 1995)
Schwalbach, Ch./Krüger, R. „Dominikanische Republik entdecken und erleben" (Main Geographischer Verlag, 1995)
Baedekers Allianz Reiseführer „Dominikanische Republik" (Main Geographischer Verlag, 1995)

	Beste Reiszeit	Ø Tagestemperatur	Ø Nachttemperatur	Sonnenstunden	Regentage	Wassertemperatur
JAN	●	27°	22°	8,7	6	27°
FEB	●	27°	22°	9,1	4	26°
MÄR	●	28°	23°	9,3	4	27°
APR	●	28°	23°	8,4	4	27°
MAI		29°	24°	8,3	7	27°
JUN		29°	25°	8,5	7	28°
JUL		29°	25°	9,4	6	28°
AUG		30°	25°	9,2	6	28°
SEP		30°	26°	8,0	6	28°
OKT		29°	25°	7,4	8	29°
NOV	●	28°	24°	7,6	8	29°
DEZ	●	28°	23°	7,8	7	27°

gebilden: Exkursionen dieser Art werden von den „Treasure Divers" angeboten. Sie unternehmen auch Ausfahrten zu entlegeneren Tauchplätzen wie Los Frailles, den Silver Banks und zu den Turks and Caicos.

Fast allen großen Hotels ist heute eine moderne Tauchbasis angegliedert. Besonders empfehlenswert sind die Tauchplätze um Boca Chica im Naturpark Punta Goleta, um die Insel Catalina, in der Nähe von Bayahibe, Sosua an der Atlantikküste mit seiner beeindrukkenden Unterwasserlandschaft und Barahona im Südwesten der Insel. Hier besteht die Möglichkeit, Seekühen und vielen Arten von Großfischen zu begegnen.

Über Wasser

Am Nikolaustag 1492 entdeckte Christoph Columbus die mit über 76.000 km² zweitgrößte Insel der Großen Antillen. Er nannte sie „La Espagnola". Später erhielt sie den Namen Hispaniola. Sie besteht aus den Staaten Haiti und Dominikanische Republik. Columbus beschrieb die Insel als „das schönste Land, das menschliche Augen je sahen".

Nach der Entdeckung begann eine rücksichtslose Ausbeutung der Insel. Gold war lange die wichtigste Einnahmequelle. Mitte der achtziger Jahre begann eine neue Devisenquelle zu sprudeln, der Tourismus. Besucher finden ein riesiges Freizeit- und Sportangebot vor – an Land, zu Wasser und in der Luft.

Zum einzigartigen Inselbild gehört nicht nur die überwältigende Landschaft des Hochlandes. Auffallend sind auch die freundlichen Menschen. Das Nationalgetränk, der Rum, wird überall angeboten und zählt schon fast zu den „Grundnahrungsmitteln".

Foto: Dietmar Reimer

An den karibischen Riffs zerschellte so manches Schiff. Einige sind sogar für Schnorchler erreichbar

EASY DIVING – EASY GOING

Kenner behaupten, St. Lucia sei den populären Tauchplätzen rund um den Globus in vielerlei Punkten ebenbürtig. Tatsächlich ist die Unterwasserwelt spektakulär. Und auch über Wasser hat St. Lucia eine Menge zu bieten.

Easy Diving“ heißt das Motto auf der kleinen, nordwestlich von Barbados gelegenen Insel St. Lucia. Nur ein paar Schritte und man kann mit einem Strandtauchgang beginnen, die Unterwasserwelt zu erkunden. Ideale Bedingungen hierfür bietet eines der bekanntesten Hotels auf der Insel, das Anse Chastanet mit seinem berühmten Hausriff. Es eignet sich besonders für Anfänger, Filmer und Fotografen sowie für alle, die sich dem Nachttauchen verschrieben haben. Bereits in acht bis zehn Metern Tiefe finden sich vor einer großen Höhle stattliche

TAUCH Info AUF EINEN BLICK

FISCHAUFKOMMEN	✓	✓	✓	✓	
GROSSFISCHE	✓	✓	✓	✓	
WRACKS	✓	✓			
STEILWANDTAUCHEN	✓	✓	✓	✓	
HÖHLEN/ÜBERHÄNGE	✓	✓			
SICHTWEITEN	✓	✓	✓	✓	
STRÖMUNGSAUFKOMMEN	✓	✓			
TAUCHBOOTE	✓	✓	✓	✓	✓

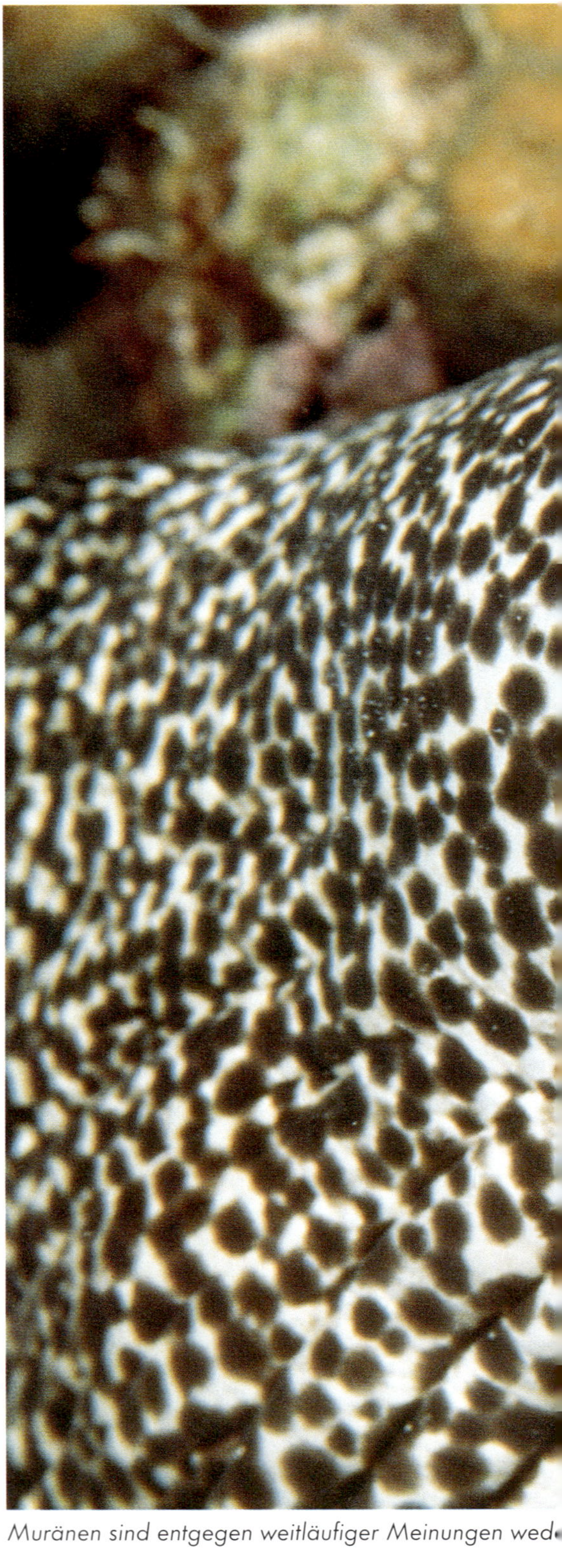

Muränen sind entgegen weitläufiger Meinungen wed

giftig noch angriffslustig. Sie gehen nachts auf Beutefang und ziehen sich tagsüber ins Riff zurück

Finger-, Hirn- und Hirschhornkorallen und die farbenprächtigsten Schwämme, die den Riffbewohnern einen sicheren Unterschlupf bieten.

Makrofotografen werden vor allem von den verschiedenen Krustentieren begeistert sein, die in der Dunkelheit auf Wanderschaft gehen. Der Fischreichtum, einschließlich der Barrakudas, ist an diesem Hausriff immens groß. Die Fische sind zutraulich, und dank der Umsichtigkeit der Taucher zeigt das Riff so gut wie keine Beschädigungen.

	Beste Reisezeit	Ø Tagestemperatur	Ø Nachttemperatur	Sonnenstunden	Regentage	Wassertemperatur
JAN	●	28°	20°	8	18	26°
FEB	●	28°	20°	9	13	25°
MÄR	●	28°	21°	9	13	25°
APR	●	29°	22°	9	10	26°
MAI		29°	23°	9	9	27°
JUN		28°	24°	8	14	28°
JUL		28°	24°	8	18	28°
AUG		29°	24°	8	16	28°
SEP		29°	23°	7	15	28°
OKT		29°	22°	7	15	28°
NOV	●	29°	21°	8	20	28°
DEZ	●	28°	20°	8	19	27°

Gleiches umsichtiges Tauchen wird am Hotel Sandals praktiziert. Die Tauchplätze liegen auch hier an der Leeseite der Insel und sind schnell mit einem Speedboot zu erreichen.

Bei den Bootstauchgängen ist ebenfalls „easy diving" angesagt. Als Beispiel für die vielen attraktiven Tauchplätze auf St. Lucia sei nur das „Turtle Reef" angeführt, das von einem zwölf Meter tiefen Plateau steil bis auf über 40 Meter abfällt. Hier trifft der Taucher auf übergroße Säulenkorallen, riesige Faßschwämme im seichteren Wasser und auf große schwarze und orangenfarbene Gorgonien. In tieferem Wasser finden sich immer wieder Schildkröten ein.

Unweit vom Turtle Reef bietet sich der Platz „Fairy Land" als das Erlebnis für das Strömungstauchen an, denn hier erheben sich vom Meeresgrund vier unterseeische Berge, die auf das Üppigste bewachsen sind. Meeresbewohner aller Art, vor allem aber Sepien, Trompetenfische und Seepferdchen sind hier in großer Zahl zu beobachten.

Auch Freunde des Wracktauchens kommen in St. Lucia auf ihre Kosten. Das 50 Meter lange Wrack der „Lesleen M" ist leicht zu betauchen und beherbergt Schwärme von unzähligen jungen Nassau Groupern sowie Engelsfische. Das Schiff wurde 1988 eigens als Tauchattraktion an dieser Stelle versenkt. Das Deck des Wracks erreicht etwa zehn Meter Wassertiefe, das Heck mit dem herrlich bewachsenen Propeller liegt etwa 25 Meter tief.

Über Wasser

Ein Blick auf die Karte zeigt: St. Lucia befindet sich in bester Gesellschaft so bekannter Inseln wie Martinique, St. Vincent, Bequia, Mustique, Grenada oder Barbados. Eine Region, die zahllose Kreuzfahrtschiffe und Skipper aus aller Welt anlockt. St. Lucia steht diesen Inseln in nichts nach und es wäre schade, hier nur die Unterwasserwelt erleben zu wollen.

Neben erstklassigen Tauchgebieten verfügt die kleine Grenadineninsel über eine beeindruckende, intakte Natur: Einsame Buchten mit türkisfarbenem Wasser, tropische Regenwälder, Wasserfälle und Vulkane laden zu Exkursionen ein. Zum Entspannen reicht ein Glas Rum und die Klänge von Reggae-Musik. Wem St. Lucia zu klein ist, kann per Schiff oder Flugzeug bequem und preiswert die zahlreichen Nachbarinseln besuchen.

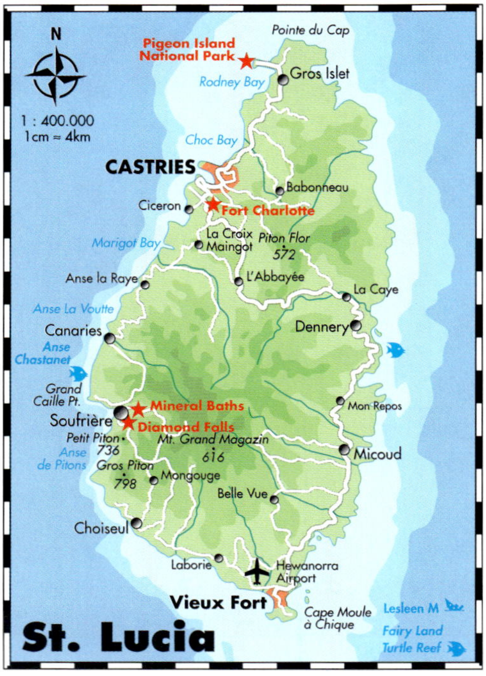

Die spinnenartige Gespensterkrabbe lebt in Höhlen und Nischen und läßt sich nur selten blicken

REISE Info

Anreise
Von Frankfurt und Zürich direkt nach St. Lucia mit der BWIA oder anderen Gesellschaften.

Einreisebestimmungen
Für deutsche Touristen reicht der Reisepaß aus.

Impfungen
Besondere Impfungen oder andere Prophylaxen sind für St. Lucia nicht notwendig. Am besten den Hausarzt oder ein Tropeninstitut befragen.

Geld / Devisen
Landeswährung ist der Eastern Caribean Dollar (EC). 100 EC = 54,50 DM. Mit internationalen Kreditkarten kann fast überall gezahlt werden.

Saison
Ganzjährig, Hauptsaison November bis April.

Zeitverschiebung
MEZ - 6 Stunden

Telefon
nach St. Lucia: 001809 + Rufnummer

Übernachtung
Hotels gibt es in allen Standards und Preislagen.

Essen
Die Küche auf St. Lucia ist von karibischen, kreolischen, europäischen und amerikanischen Einflüssen geprägt, so daß jeder sein Gericht findet. Vor allem Fisch, Hummer und andere Meeresfrüchte sind zu empfehlen.

Straßenverkehr
Es herrscht Linksverkehr.

Informationen
St. Lucia Tourist Board
Postfach 2304, 61293 Bad Homburg
Tel. 06172-304431, Fax 06172-305072

Sonstiges
Für Taucher reicht ganzjährig ein dünner Tauchanzug aus, da es selbst in großen Tiefen noch angenehm warm ist. Es wird an den Basen nach amerikanischen Richtlinien getaucht, d.h. stets in Begleitung, keine großen Tiefen, limitierte Zeit und keine Dekotauchgänge. St. Lucia bietet eine Fülle von Freizeitmöglichkeiten (Tennis, Wasserski, Parasailing etc.), die meist in den entsprechenden Hotels ausgewiesen sind. Das Stromnetz hat 220 Volt. Als Relikt aus britischer Kolonialzeit gibt es in den meisten Hotels dreipolige Steckdosen (Adapter nicht vergessen).

Literaturtip
Polster, Bernd „ Karibik 2, Kleine Antillen – Der Süden" (Vista Point Verlag, Köln, 1995)

Wahrzeichen der kleinen Karibikinsel St. Lucia sind die bewaldeten Pitons-Vulkankegel

Schnapperschwärme von teilweise enormer Größe begegnen den Tauchern häufig in der Karibik

VERTRÄUMTES KLEINOD DER KARIBIK

Zu den beliebtesten Inseln der „Kleinen Grenadinen" gehört Bequia. Obwohl der Tourismus das Leben vieler karibischer Inseln in den vergangenen Jahren stark geprägt und verändert hat, konnte sich das kleine Eiland südlich von St. Vincent seinen alten, eigenen Charme bewahren.

Schlangensterne leben in fast allen Meeren. Die Armlänge beträgt bis zum Fünffachen des Körperdurchmessers

In der Friendship Bay, unmittelbar vor der Haustür der unter deutscher Leitung stehenden Tauchbasis „Karibik Dive Paradise", liegen einige vorgelagerte Inseln. Sie sind ideal zu betauchen. Die Unterwasserlandschaft ist geprägt vom Artenreichtum der Fische, riesigen Gorgoniengärten an haushohen Felswänden, Drop Offs und sanft abfallenden Riffhängen mit phantastischen Schwammformationen. Hier pulsiert das karibische Unterwasserleben. Meistens wird in ruhigem, strömungsarmem Wasser getaucht (easy diving). An allen Stellen bieten sich beeindruckende Motive für Fotografen und Filmer.

Da die Insel an der Grenze zwischen der Karibik und dem Atlantik liegt, sind natürlich auch Tauchgänge in strömungsreichen Gebieten möglich. West Cay beispielsweise zählt zu den rauheren Plätzen. Bis zu einer Tiefe von 40 Metern weist die Steilwand unzählige Versteckmöglichkeiten für die Riffbewohner auf. Begegnungen mit Jacks (große Makrelenart), Riff- und Ammenhaien, aber auch mit einsamen Barrakudas und Schildkröten sind hier keine Seltenheit.

Die Insel „Pidgeon Island" bietet mit ihren abwechslungsreichen Tauchplätzen „Swimmingpool", „Oxhead", „Turtle Reef" und „Fish Head" ideale Voraussetzungen für die Beobachtung der Artenvielfalt in der Karibik. Sanft abfallende Riffhänge bei ruhigem und strömungsfreiem Wasser ermöglichen auf „Pidgeon Island" die bei Tauchern beliebten Nachttauchgänge. Auf eine Entfernung von etwa 200 Me-

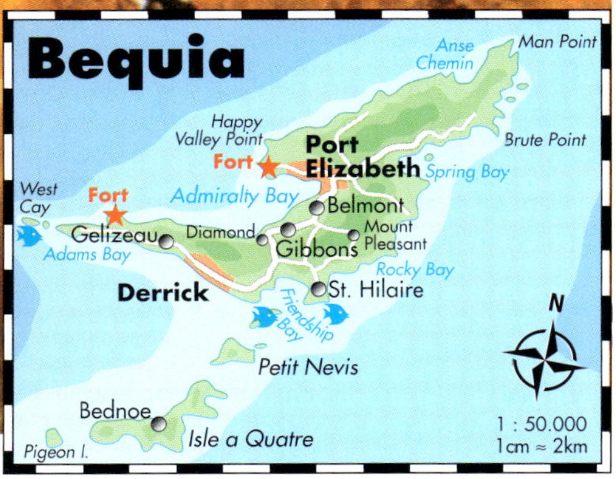

TAUCH Info AUF EINEN BLICK

FISCHAUFKOMMEN	✓	✓	✓	✓	
GROSSFISCHE	✓	✓	✓		
WRACKS	✓	✓			
STEILWANDTAUCHEN	✓	✓	✓	✓	
HÖHLEN/ÜBERHÄNGE	✓				
SICHTWEITEN	✓	✓	✓	✓	
STRÖMUNGSAUFKOMMEN	✓				
TAUCHBOOTE	✓	✓	✓	✓	✓

REISE Info

Anreise

LTU

Mit diversen Fluggesellschaften nach Barbados oder St. Lucia. Anschlußflüge mit Mustique Airways direkt nach Bequia.

Einreisebestimmungen

Reisepaß ist notwendig.

Impfungen

Besondere Impfungen oder Prophylaxen sind für Bequia nicht notwendig. Tetanusschutzimpfung ist immer empfehlenswert. Am besten den Hausarzt befragen.

Geld / Devisen

Landeswährung ist der Eastern Caribean Dollar. 100 EC = 54,50 DM. Mit internationalen Kreditkarten (nur Master/Eurocard) kann fast überall gezahlt werden.

Saison

Ganzjährig. Tropisches Klima mit einer Regenzeit von Mai bis November. Diese Regenzeit gilt allgemein als gute Reisezeit, da es meist nur nachts regnet. Während dieser Zeit ist Bequia am grünsten. Als Trockenzeit gelten die Monate Dezember bis April.

Zeitverschiebung

MEZ - 5 Stunden

Telefon

Nach Bequia: 001809 + Rufnummer

Übernachtung

Hotels und Pensionen gibt es in allen Standards und Preislagen.

Essen

Die gute kreolische Küche ist fast sprichwörtlich und seit vielen Jahren von Weltumseglern als Geheimtip gehandelt.

Straßenverkehr

Es herrscht Linksverkehr. Zum Mieten von Leihwagen ist ein internationaler Führerschein notwendig.

Informationen

Karibik Dive Paradise, Guni Berg-Steinmeier
Waisenhausdamm 8, 38100 Braunschweig
Tel. 0531-44086, Fax 0531-40447
Tauchreisen Hübner, Sabine Hübner
Mainstraße 59, 63897 Miltenberg
Tel. 09371-3321, Fax 09371-67954

Sonstiges

Die Stromspannung beträgt 220 V. In den meisten Hotels gibt es dreipolige Steckdosen – Relikte aus britischer Kolonialzeit. (Adapter nicht vergessen).

Literaturtips

Schlosser, Susanne „Karibische Inseln" (Verlag B. Rausch)
Nelles-Guide „Karibik" (Nelles Verlag München)

Der Eidechsenfisch hat sehr scharfe Zähne und kann

tern ändert sich die Unterwassertopografie aber vollständig. Ein Drop off bis zu einer Tiefe von knapp 30 Metern endet in einer Sandfläche mit riesigen Korallentürmen. Sie liegen in einem Strömungskanal, in dem sich Riff- und Ammenhaie nach ihrer Jagd ausruhen. Meist findet man sie in kleinen Grotten zwischen Sand und Fels.

Auch zwei sehr interessante Wracks größerer Frachtschiffe gehören zu den Tauchattraktionen Bequias. Bei einer Tauchtiefe von maximal 25 Metern kann das Wracktauchen ohne großen Zeitdruck genossen werden.

Bequia zählt nicht nur wegen seiner abwechslungsreichen Tauchplätze zu den schönsten Revieren der Karibik. Wer einmal das Pfeifen von Delphinen unter Wasser gehört und den melodischen Gesang eines Buckelwals vernom-

	Beste Reisezeit	Ø Tagestemperatur	Ø Nachttemperatur	Sonnenstunden	Regentage	Wassertemperatur
JAN	●	28°	20°	7,7	18	26°
FEB	●	28°	20°	9,1	13	25°
MÄR	●	28°	21°	9,2	13	25°
APR		29°	22°	8,8	10	26°
MAI		29°	23°	8,7	9	27°
JUN		28°	24°	8,3	14	28°
JUL		28°	24°	8,2	18	28°
AUG		29°	24°	7,9	16	28°
SEP		29°	23°	7,2	15	28°
OKT	●	29°	22°	6,8	15	28°
NOV	●	29°	21°	7,5	20	28°
DEZ	●	28°	20°	7,9	19	27°

bis zu 30 Zentimeter groß werden. Er lebt auf dem Sandboden oder gut getarnt zwischen Korallen

men hat, muß einfach von der Natürlichkeit dieser Plätze überwältigt sein.

Über Wasser

Das nur 18 Quadratkilometer kleine, immergrüne Bequia war über 100 Jahre lang eine Insel des Walfangs, der den Fängern einen bescheidenen Erlös einbrachte. Diese Zeiten sind aber lange vorbei. Heute gilt das Eiland als Treffpunkt für Touristen, die das Individuelle suchen. Als eine der Inseln „unter dem Wind" ist sie bei Seglern schon lange bekannt. Taucher hingegen haben ihre Schätze erst in jüngerer Zeit entdeckt. Aber auch auf der Insel mit ihren Zimtwäldern gibt es einiges zu erkunden, z.B. die alten Zuckermühlen – Zeugen längst vergangener, britischer Kolonialtage. Für Blumen- und Pflanzenfreunde empfiehlt sich unbedingt ein Tagesausflug in den Botanischen Garten der Nachbarinsel St. Vincent.

In Port Elizabeth spielt sich das eigentliche Leben ab. Es handelt sich hierbei um einen typisch karibischen Ort, dessen Straßen mit kleinen Bars, Restaurants und kunstgewerblichen Geschäften gesäumt sind. Der Hafen ist der Marktplatz der „Rastamen", die hier zwischen dröhnender Reggae-Musik ihre Waren anbieten. Abends sollte man auf jeden Fall einen typisch karibischen Jump up (Discoabend) miterleben und sich von den heißen Soca-Rhythmen der Steel- und Stringbands mitreißen lassen.

DAS „ROTE MEER" DER SÜDLICHEN KARIBIK

Traumhafte Tauchgebiete, eine intakte und sorgfältig gehegte Flora und Fauna unter Wasser, Tauchen auf seine bequemste Art, Sonnenschein das ganze Jahr. Die kleine Karibikinsel Bonaire besitzt einen unverwechselbaren Charme, eine Mischung aus karibischem Flair und europäischer Lebensart.

Die Unterwasserwelt Bonaires mit dem Roten Meer zu vergleichen, hat durchaus seine Berechtigung. Die über 80 offiziell ausgewiesenen Tauchplätze entlang der Küste der etwa 200 Quadratkilometer großen Insel erinnern den Taucher an das Tauchparadies zwischen Afrika und Asien. Es ist zum einen die Artenvielfalt, die hier so typisch karibisch ist wie andernorts kaum noch. Es sind zum andern aber auch das intakte Biotop unter Wasser, die Unberührtheit der Tauchreviere, das klare Wasser, der fehlende Zivilisationsmüll und die Zutraulichkeit der Fische.

Dies verdankt Bonaire einer für die Region einmaligen, vorbildlichen Einrichtung, dem Bonaire Marine Park. Schon seit den frühen siebziger Jahren ist das Harpunieren in den Gewässern um die Insel verboten, und es wurden feste Ankerplätze für die zunehmende Anzahl von Tauchbooten geschaffen.

Der 1979 eingerichtete Park umfaßt die gesamte Küste von Bonaire und Klein-Bonaire von der Hochwassermarke bis auf 60 Meter Tiefe. Obwohl nicht alle Abschnitte zum Tauchen freigegeben sind, bietet Bonaire soviel Abwechslung, daß ein 14tägiger Tauchurlaub gar nicht ausreicht, alle ausgewiesenen Plätze zu betauchen.

Das unbestreitbare Plus der Tauchplätze, die sich vorzugsweise im Westen der Insel und um das unbewohnte Klein-Bonaire konzentrieren, ist ihr bequemer Zugang vom Strand aus. Man nehme einen Pick-Up, der bei Buchung der Reise schon mitgemietet werden sollte, packe sein

TAUCH Info AUF EINEN BLICK

FISCHAUFKOMMEN	✓	✓	✓	✓	
GROSSFISCHE	✓	✓	✓		
WRACKS	✓	✓			
STEILWANDTAUCHEN	✓	✓	✓	✓	
HÖHLEN/ÜBERHÄNGE	✓				
SICHTWEITEN	✓	✓	✓	✓	✓
STRÖMUNGSAUFKOMMEN	✓	✓			
TAUCHBOOTE	✓	✓	✓		

	Beste Reisezeit	Ø Tagestemperatur	Ø Nachttemperatur	Sonnenstunden	Regentage	Wassertemperatur
JAN	●	29°	24°	8,2	8	26°
FEB	●	29°	24°	8,6	5	26°
MÄR	●	29°	24°	8,6	3	26°
APR	●	30°	25°	7,9	3	26°
MAI		30°	25°	7,8	3	27°
JUN		31°	26°	8,5	3	27°
JUL		31°	25°	9,1	6	28°
AUG		31°	25°	9,3	5	28°
SEP		32°	26°	8,5	5	28°
OKT		31°	25°	7,9	8	28°
NOV	●	30°	25°	7,6	10	27°
DEZ	●	29°	24°	7,5	12	27°

Der Schwarze Engelsfisch wird bis zu 40 Zentimeter groß und ist in der gesamten Karibik anzutreffen

Equipment auf die Ladefläche und fahre die Küstenstraße entlang. Überall stehen gut sichtbar gelbe Steine mit dem Namen des jeweiligen Tauchplatzes. Meistens kann man gleich neben der Straße parken, die Ausrüstung anlegen und die wenigen Meter über den Strand ins Wasser laufen. Bis zum nächsten Riffabfall sind es meist weniger als 200 Meter, die schnorchelnd überbrückt werden können.

Charakteristisch für die Tauchplätze um die Karibikinsel ist der üppige Bewuchs mit den vielfältigsten Hart- und Weichkorallen, die die Rifflandschaft bilden und schon im Flachwasser beginnen. Sie locken unzählige Fische aller Arten und Größen an, ein Eldorado für Unterwasseraufnahmen. An einigen Plätzen (La Dania's Leap, Rappel, 1000 Steps) fällt das Riff steil in die Tiefe ab.

Bizarre Kulisse am Tauchplatz „Salzpier" – hier wird Salz verladen

Über Wasser

Neben seinen traumhaft schönen Tauchgründen bietet Bonaire eine Fülle von weiteren Sport- und Freizeitmöglichkeiten wie Segeln, Bootsverleih, Hochseeangeln, Wasserski, Parasailing, Surfen, Tennis, Biking.

Ein Museumsbesuch in der Inselhauptstadt Kralendijk (Kultur, Geschichte, Archäologie, Folklore) lohnt sich ebenso wie ein Ausflug in den Washington Nationalpark im Norden der Insel. Einen Abstecher in das kleine Städtchen Rincón im Norden sollte man ebenfalls fest einplanen. Im Südwesten sind neben den Salzgewinnungsanlagen die kleinen Steinhütten der ehemaligen Sklaven sehenswert. Im Süden liegen auch die schönsten Strände der Insel. Wem Bonaire nicht reicht, sollte einen preiswerten Flug-Trip zu den Nachbarinseln Aruba und Curaçao unternehmen.

Dank des gemäßigten Klimas ist Bonaire als ganzjähriges Reiseziel äußerst beliebt. Der ständige Passatwind aus Nordost sorgt für angenehme Kühle und macht die Insel zudem zu einem Paradies für Surfer und Segler. Selbst die größte Hitze im Sommer ist dank der Winde angenehm zu ertragen. Die Wassertemperaturen schwanken zwischen 26° und 28° Celsius.

Die Bucht von Slagbaai ist eine der bekanntesten und ideal zum Schnorcheln und Baden

REISE Info

Anreise
Ab Amsterdam mit KLM zweimal wöchentlich über Caracas nach Bonaire. Samstags Direktflug Amsterdam – Bonaire. Wichtig: Bei der Buchung auf das Tauchgepäck verweisen, KLM räumt dann 30 kg Freigepäck pro Person ein.

Einreisebestimmungen
Personalausweis reicht zwar aus, Reisepaß wird aber empfohlen. Ein Visum ist nicht erforderlich.

Impfungen
Impfungen oder Prophylaxen sind nicht notwendig, bei Bedenken den Hausarzt befragen.

Geld / Devisen
Landeswährung ist der Niederländische Antillengulden (NAF), 100 NAF = 85 DM. Es kann mit US-Dollar oder NAF bezahlt werden, günstiger ist die Landeswährung. Eurocheques werden selten akzeptiert, mit Kreditkarten kann fast überall gezahlt werden.

Saison
Ganzjährig, Hauptsaison November bis April.

Zeitverschiebung
MEZ - 6 Stunden

Telefon
nach Bonaire: 00599-7 + Rufnummer

Übernachtung
Hotels, Appartements und Pensionen gibt es in allen Standards und Preislagen.

Essen
Küche mit karibischen und internationalen Einflüssen. Bei Selbstverpflegung ist das deutsche Preisniveau zu Grunde zu legen. Alkohol ist teuer.

Straßenverkehr
Verkehrsregeln wie in Deutschland. Die Höchstgeschwindigkeit beträgt 60 km/h außerhalb von Ortschaften, 40 km/h innerorts.

Informationen
Bonaire Tourist Office
Visseringlaan 24, NL-2288 ER Rijswijk, Holland
Tel. 0031-70-3954444, Fax 0031-70-3368333
Tauchbasis Joop Rauwers, Bonaire
Tel. 00599-7-5080, Fax 00599-7-8647

Sonstiges
Ein dünner Tauchanzug reicht ganzjährig aus. Sonnenbaden „oben ohne" ist nur an den Hotel-Pools möglich. Flughafensteuer: für internationale Flüge US $ 10,–, für Inlandflüge (Island Hopping) nach Curaçao/Aruba US $ 5,75.

Literaturtips
Jung, Michael „Tauchreiseführer Bonaire"
Reiseführer „Niederländische Antillen" (Dumont)

MITTELMEER

Mönchsfisch

Die Edelkoralle, auch Rote Koralle genannt, lebt im westlichen Mittelmeer in Tiefen von 10 bis 100 Meter

HÖHLENTAUCHEN

Die Balearen sind ein interessantes, abwechslungsreiches – und vor allem nahes – Taucherparadies. Auf der beliebtesten deutschen Urlauberinsel läßt sich ein Familienurlaub wunderbar mit außergewöhnlichen Unterwasserabenteuern verbinden.

Der Osten Mallorcas ist bekannt für seine imposanten Tropfsteinhöhlen: Nach Arta, Puerto Christo und Campanet fahren täglich Dutzende von Urlauberbussen zur Höhlenbesichtigung. Nur wenige wissen, daß sich diese Höhlensysteme unter Wasser fortsetzen. Eindrucksvoll ist ein Tauchgang in der Höhlenbucht bei Cala Ratjada. Man gleitet in etwa 14 Meter Tiefe in eine überwältigend große Kathedrale hinein, schwimmt weiter zur Wasserfallgrotte und taucht dort wieder auf.

Eine weitere Tropfsteinhöhle ist die Löwenkopfgrotte. Sie läßt sich durch einen vier Meter tiefen Tunnel betauchen. Eindrucksvolle Tauchgänge versprechen auch der „Kleine Käse" und der „Große Käse". Sie stellen, wie ihre Namen schon verraten, ein verzweigtes Höhlensystem dar, in dem viele geheimnisvolle Gänge, unterschiedlich große Grotten und imposante Stalagtitenformationen für abwechslungsreiche Tauchabstiege sorgen.

Wem die bizarre Welt schönster Tropfsteinhöhlen nicht so geheuer erscheint, kann an der Ost- und Südküste der Insel von einigen Tauchbasen aus die mediterrane Unterwasserwelt auch ohne Höhlenbesuch erforschen. Selbst verwöhnte Taucher beeindruckt die Farben- und Formenvielfalt mit abwechslungsreichen Felsstrukturen und buntem Fischbestand. Ab zehn Metern Tiefe wachsen vor Mallorcas Küste sogar die seltenen Roten Korallen. Das Wasser rund um die Baleareninsel gilt als sehr sauber, deshalb sind die Sichtweiten hervorragend.

Vor der felsigen Westküste ist in der Vergangenheit manches Schiff an den Klippen untergegangen. Wer ein Wrack betauchen möchte, kommt vor allem bei Puerto de Andraitx auf seine Kosten.

Auf Mallorca liegen alle Tauchplätze nicht weit von der Küste entfernt. Bei Illetas, einem noblen Vorort der Inselhauptstadt Palma, taucht man sogar direkt vorm Strand. So bleibt stets genügend Zeit zum Entspannen, zur Inselerkundung oder zur Pflege des Familienlebens.

TAUCH Info AUF EINEN BLICK

FISCHAUFKOMMEN	✓	✓			
GROSSFISCHE	✓				
WRACKS	✓				
STEILWANDTAUCHEN	✓	✓	✓	✓	
HÖHLEN/ÜBERHÄNGE	✓	✓	✓	✓	✓
SICHTWEITEN	✓	✓	✓	✓	
STRÖMUNGSAUFKOMMEN	✓	✓	✓		
TAUCHBOOTE	✓	✓	✓		

Der Kalkröhrenwurm lebt auf festem Untergrund und ist im gesamten Mittelmeerraum verbreitet

REISE Info

Anreise
LTU
Mehrere Flugverbindungen täglich nach Palma de Mallorca.

Einreisebestimmungen
Personalausweis.

Impfungen
Es sind keine Prophylaxen vorgeschrieben.

Geld / Devisen
Landeswährung ist die spanische Pesete. 100 Ptas = 1,20 DM. Große Kreditkarten- und Eurocheque-Akzeptanz. Überall Geldautomaten.

Saison
Ganzjährig. Für Taucher von Anfang April bis Oktober. Die Wassertemperaturen sind zwar an der Oberfläche recht angenehm. Da es aber mit zunehmender Tiefe schnell kühler wird, empfiehlt sich je nach individuellem Kälteempfinden ein entsprechend warmer Tauchanzug mit Kopfhaube.

Telefon
Nach Mallorca: 0034-71 + Rufnummer

Übernachtung
Hotels, Pensionen und Appartements aller Kategorien. Trotz des großen Hotelangebots ist eine frühzeitige Buchung empfehlenswert.

Essen
Die Küche ist international. Frische Meeresfrüchte und typisch spanische Gerichte wie zum Beispiel Paella. Auch Insel-Spezialitäten wie Sopa mallorquina und Arroz brut sind zu empfehlen.

Straßenverkehr
Rechtsverkehr. Für Mietwagen reicht der nationale Führerschein.

Informationen
Spanisches Fremdenverkehrsamt
Myliusstr. 14, 60323 Frankfurt a.M.
Tel. 069-725033/38, Fax 069-725313
Federación Balear de Actividades Subacuaticas
c/o Luis Martí, 167 bj, Palma de Mallorca

Sonstiges
Ärztliches Tauchzeugnis (nicht älter als sechs Monate) und zwei Paßbilder mitbringen!

Literaturtips
Stiller, R. „Mallorca" (Bruckmann, 1996)
Nelles Guide „Spanien" (Nelles Verlag, 1995)

Über Wasser

Mallorca überrascht seine Besucher mit vielen gegensätzlichen Gesichtern. Auf der einen Seite bietet es die erwartet weißen, aber überfüllten Traumstrände mit Trubel und bekannten Touristenklischees. Andererseits bewahrte sich Spaniens Mittelmeerziel Nr. 1 viel ursprünglichen Charme. In den vergangenen Jahren wurde heftig am Image der Insel poliert. Etliche Touristensilos wurden abgerissen, die alten Windmühlen restauriert und manche alte Finca beherbergt heute ein Nobelhotel. Die Insel wurde zudem zu einem Eldorado für Golfer.

Neben den bekannten Touristenstränden (El Arenal, Alcudia, Can Picafort) gibt es überall versteckte Buchten und sogar einen kilometerlangen Naturstrand mit Bauverbot (Es Trenc). Neben einem Besuch der Hauptstadt Palma (Kathedrale, Altstadt und abends ein Drink im „Abaco") sollte man sich eine Rundfahrt um die Insel gönnen. Der Westen ist waldreiches Felsgebirge (Künstlerort Deia, Kloster Valdemossa), der Norden eine eindrucksvoll zerklüftete Landschaft, im Osten und Süden reihen sich die Touristenorte aneinander. Im Innern der Insel scheint dagegen vielerorts die Zeit stehengeblieben zu sein.

Wer kein Auto mietet: Schon eine Fahrt mit der alten Bahn (seit 1912) von Palma nach Sóller zeigt viele unverhoffte Schönheiten der Insel.

	Beste Reisezeit	Ø Tagestemperatur	Ø Nachttemperatur	Sonnenstunden	Regentage	Wassertemperatur
JAN		14°	6°	5	6	14°
FEB		15°	6°	6	6	13°
MÄR		17°	7°	6	6	14°
APR	●	19°	9°	7	4	15°
MAI	●	23°	13°	10	4	17°
JUN	●	27°	16°	10	2	21°
JUL	●	29°	19°	11	1	24°
AUG	●	30°	19°	11	2	25°
SEP	●	27°	18°	8	5	24°
OKT	●	23°	14°	6	6	21°
NOV		21°	10°	5	7	18°
DEZ		17°	7°	5	7	15°

KARGE SCHÖNHEIT

Malta gehört zu den schönsten Tauchreisezielen im Mittelmeer. Die exponierte Lage der Inselgruppe mit ihren Steilküsten verspricht Tauchgänge in klarem Wasser, zu Wracks und in unbekannte Höhlen. Wer mag, kann sich vom Treiben in den großen Städten mitreißen lassen oder der Unrast in einsame Buchten und beschauliche Dörfer entfliehen.

Hausbesetzer Einsiedlerkrebs – dieser kleine Krabbelmeister sucht sich stets neue Schneckengehäus

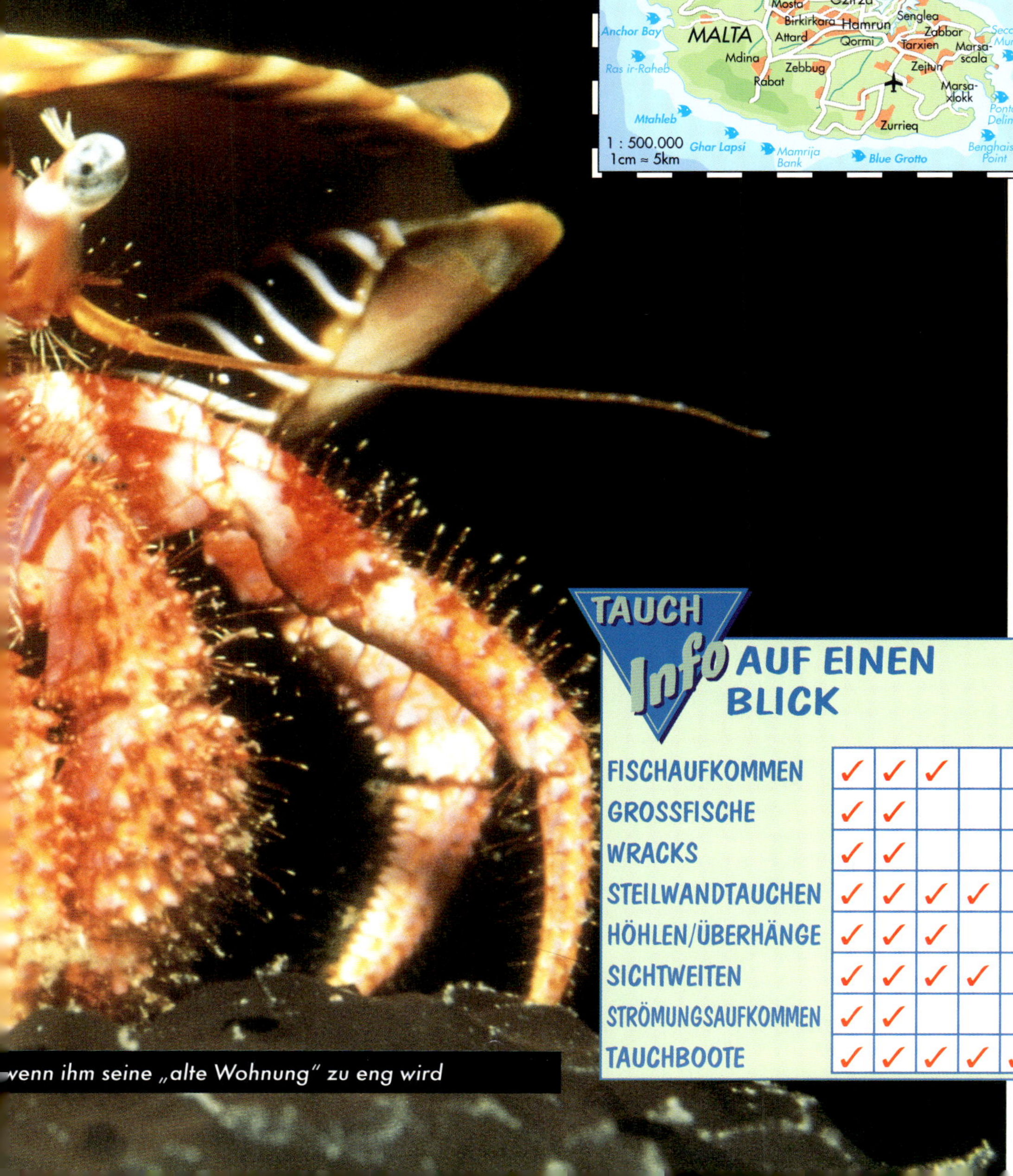

wenn ihm seine „alte Wohnung" zu eng wird

TAUCH Info AUF EINEN BLICK

FISCHAUFKOMMEN	✓	✓	✓		
GROSSFISCHE	✓	✓			
WRACKS	✓	✓			
STEILWANDTAUCHEN	✓	✓	✓	✓	
HÖHLEN/ÜBERHÄNGE	✓	✓	✓		
SICHTWEITEN	✓	✓	✓	✓	
STRÖMUNGSAUFKOMMEN	✓	✓			
TAUCHBOOTE	✓	✓	✓	✓	✓

Auf Malta gibt es mittlerweile über 20 Tauchschulen. Die Unterwasserwelt bietet viel Abwechslung, sehr gute Sicht und die verschiedensten Arten maritimen Lebens. Die Plätze an der Küste werden, mit Ausnahme der Insel Comino bzw. Cominetto, von den maltesischen Tauchbasen vorzugsweise mit dem Auto angesteuert. Tauchgänge vom Boot sind auf Malta seltener, da es an den senkrechten Steilküsten sofort auf große Tiefen geht. Bisweilen muß der Taucher auch einige Treppen wie z.B. am Mtahlleb hinabsteigen.

Betauchbare Höhlen gibt es überall. Die große Höhle bei Anchor Bay, die im Berg bis ins Flachwasser aufsteigt, ist auch für Anfänger geeignet, während der etwa 30 Meter lange Stollen bei Ghar Lapsi in der Brandungszone taucherische Routine erfordert. Auch Wracks sind zu betauchen. Sei es die noch verbliebene Hälfte des britischen Zerstörers HMS Maori im Hafen von Valletta, oder das Wrack des Fischkutters am Marfa Point in 30 Metern Tiefe in der Nähe des Fähranlegers nach Gozo, der auch als herkömmlicher Tauchplatz attraktiv ist.

Die Südspitze von Comino sollte man ebenfalls fest einplanen. Leichte Steilwände, Felsen

Typisch Malta - Steilabfälle und klares Wasser

	Beste Reisezeit	Ø Tagestemperatur	Ø Nachttemperatur	Sonnenstunden	Regentage	Wassertemperatur
JAN		15°	11°	6	13	15°
FEB		15°	11°	7	8	14°
MÄR		17°	11°	8	6	15°
APR	●	19°	13°	9	3	15°
MAI	●	22°	16°	10	2	18°
JUN	●	26°	19°	12	0	21°
JUL	●	29°	22°	12	0	24°
AUG	●	29°	23°	12	1	25°
SEP	●	27°	22°	10	3	24°
OKT	●	24°	19°	7	6	22°
NOV	●	20°	15°	6	9	19°
DEZ		17°	12°	6	13	17°

Das Wahrzeichen der Insel Gozo – das imposante Felsentor „Window" an der Westküste

und Höhlen sowie zahlreiche Fischarten gestalten diesen Bereich äußerst abwechslungsreich. Wer auf Gozo taucht, sollte auf keinen Fall den Dwejra Inland Lake auslassen. An diesem Tauchplatz führt ein langer Tunnel von einem Inlandsee durch die Felsen ins offene Meer. Empfehlenswert ist auch die große Höhle am Qbajjar Point in etwa 35 Metern Tiefe mit interessanter Fauna und dem nahegelegenen Drop Off.

Über Wasser

Das maltesische Archipel besteht aus den Inseln Malta, Gozo, Comino und Cominetto. Die Hauptinsel Malta ist im Osten dicht bevölkert, die Städte Valletta, Floriana, Sliema, Hamrun und Gzira zählen zusammen über 200.000 Einwohner. Business und Industrie prägen das Gesicht dieser Region. Nachtleben und Kommerz locken Gäste.

Der Süden und Westen Maltas sind weniger dicht besiedelt. Hier dominieren Landwirtschaft und Fischfang. Malerisch sind die kleinen maltesischen Fischerdörfer wie Marsascala, Marsaxlokk und die ehemalige Inselhauptstadt Mdima im Landesinneren. Im touristischen Norden befinden sich einige Sandstrände, sonst prägt im Sommer karge Landschaft Maltas Bild.

In der Geschichte wurde Malta von den verschiedensten Einflüssen und Kulturen geprägt. Überall finden sich Kirchen, Tempel, Ausgrabungsstätten und Festungen aus allen Epochen. Eine Fülle von Museen ermöglicht einen tiefen Einblick in die Historie des Landes. Der beste Weg, Maltas Geschichte zu erfahren, ist ein Besuch der einstündigen Audiovision-Diashow, der „Malta Experience" in Valletta.

Das kleinere Gozo liegt 30 Fährminuten von Malta entfernt. Die Insel ist wesentlich beschaulicher. Farbenfrohe Bepflanzungen vor den Häusern und an Wegen fallen ins Auge. Gozo lebt von der Landwirtschaft, die meisten Agrarprodukte des Landes stammen aus dieser Gegend.

Malta sollte mit dem Mietwagen oder per Bus erkundet werden. Eine andere Variante sind die vielen Bootstörns, die von Reedereien, aber auch von kleineren Bootseignern angeboten werden.

REISE Info

Anreise

LTU

Direktflüge nach Valletta (Flugzeit ca. 2,5 bis 3 Std.) oder alternativ mit dem Pkw über Italien. Davon ist aber wegen der langen Fahrtzeit und der Kosten (Autobahnmaut, Fähre) abzuraten.

Einreisebestimmungen

Reisepaß, mindestens 6 Monate gültig. Visum wird bei Einreise automatisch ausgestellt.

Impfungen

Zur Sicherheit den Hausarzt befragen. Prophylaxe Tetanus, Diphtherie.

Geld / Devisen

Landeswährung ist das maltesische Pfund. 1 £M = 4,20 DM. Euro- und Travellerschecks können fast überall gewechselt werden, Kreditkarten werden akzeptiert.

Saison

April - November, danach Nebensaison. Regenzeit von Ende Dezember bis Februar.

Zeitverschiebung

keine

Telefon

nach Malta: 00356 + Rufnummer

Übernachtung

Viele Hotels, Appartementwohnungen, Pensionen in allen Preislagen und Qualitätsniveaus.

Essen

Ausgezeichnete einheimische Gerichte wie Timpana (Nudelauflauf), maltesisches Kaninchen sowie alle Arten von Pasta, Früchten, Fisch und Fleisch. Beliebteste Fische sind Lampuki und Schwertfisch. Maltesische Landweine und das einheimische Bier sind zu empfehlen. Probieren sollte man Kinnie, eine typisch maltesische Limonade auf Cola- und Chinin-Basis.

Straßenverkehr

Linksverkehr. Zur Ausleihe von Fahrzeugen reicht der nationale Führerschein.

Informationen

Fremdenverkehrsamt Malta
Schillerstr. 30 - 40, 60313 Frankfurt
Tel. 069-285890, Fax 069-285479

Sonstiges

Tauchgenehmigungen sind für alle Individualtaucher erforderlich. Sie werden von den Basen gegen eine Gebühr ausgestellt. Ein-Stern-Taucher dürfen nur in Begleitung eines Tauchlehrers ins Wasser. Taucher ab **-Qualifikation können auf eigene Faust die UW-Welt erobern und sich individuell Gerätschaften ausleihen.
Paßbilder, Logbuch und ärztliches Attest nicht vergessen!

Literaturtips

Rödiger, Arndt „Tauchreiseführer Malta", (Verlag Stephanie Nagelschmidt, Stuttgart 1996)

PERLE IM IONISCHEN MEER

Skorpionsfische sind vorzügliche Tarnfische und im Riff nur schwer zu erkennen. Dies wird ihrer Beute -

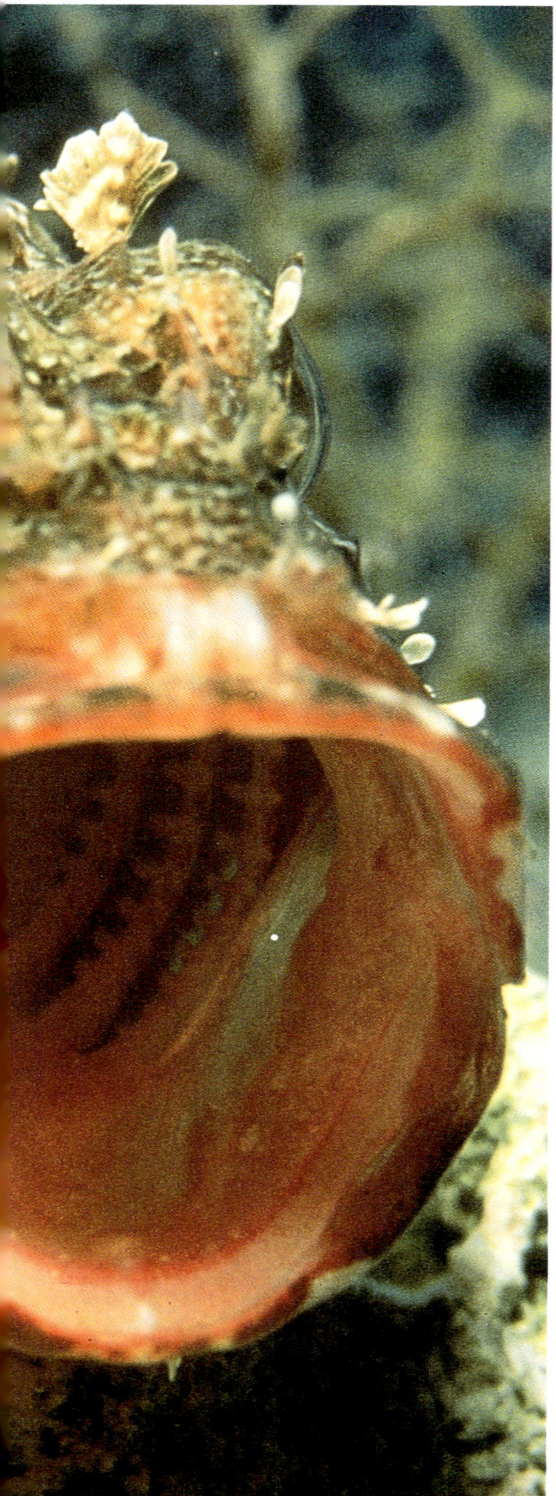

leineren Fischen – meist zum Verhängnis.

Zakynthos, „die Blume des Ostens", präsentiert sich als ideales Familienurlaubsziel. Die kleine Insel im Ionischen Meer, nur einen Steinwurf vom griechischen Festland entfernt, bietet das gesamte Spektrum der mediterranen Unterwasserwelt.

Gewaltige Felsen, riesige Höhlensysteme, dunkle Kavernen und lichtdurchflutete, steinerne Torbögen prägen die überwältigende Unterwasserwelt von Zakynthos. Die Tauchplätze mit einer intakten Fauna und Flora garantieren eine große Artenvielfalt. Beeindruckend sind Tauchabstiege in die vielen Höhlen entlang der Küstenlinie. Doch Vorsicht: Einige Höhlen erfordern spezielle Vorkenntnisse oder eignen sich nur für „Höhlenprofis".

In der Regel bedecken sandige Areale mit interessanten Felsformationen den Meeresgrund. Übereinandergehäuft bildet das Gestein Nischen und Spalten, ideale Zufluchtsorte für Muränen, Conger, Oktopusse und Fahnenbarsche. Im Licht der Lampen huschen kleine Drachenköpfe in ihre Verstecke. Einsiedlerkrebse, Krabben, kleine Bärenkrebse und Langusten besiedeln die Tauchplätze um Zakynthos. Unter den Vorsprüngen stehen

TAUCH Info AUF EINEN BLICK

FISCHAUFKOMMEN	✓	✓	✓	✓	
GROSSFISCHE	✓	✓			
WRACKS	✓				
STEILWANDTAUCHEN	✓	✓	✓	✓	
HÖHLEN/ÜBERHÄNGE	✓	✓	✓	✓	✓
SICHTWEITEN	✓	✓	✓	✓	
STRÖMUNGSAUFKOMMEN	✓				
TAUCHBOOTE	✓	✓	✓	✓	

REISE Info

Anreise
LTU

Mit dem Flugzeug direkt nach Zakynthos. Oder über Athen und weiter per Bus. Dritte Alternative: Mit dem Auto über Italien. Fährhäfen Triest, Ancona, Brindisi, Bari.

Einreisebestimmungen
Personalausweis oder Reisepaß. Für PKW grüne Versicherungskarte.

Impfungen
Prophylaxe gegen Tetanus und Diphtherie, eventuell Hausarzt befragen.

Geld / Devisen
Griechische Drachme. 100 Dr = 0,67 DM. Bargeld kann in Banken und Hotels gewechselt werden. Kreditkarten und Eurocheques werden weitestgehend akzeptiert.

Saison
April bis Oktober

Zeitverschiebung
MEZ + 1 Stunde

Telefon
Nach Zakynthos: 0030-95 + Rufnummer

Übernachtung
Hotels, Apartments und Pensionen gibt es in allen Standards und Preislagen.

Essen
Die griechische Küche kann in vollen Zügen genossen werden. Fleisch und frische Meeresfrüchte aller Art sind – ebenso wie die einheimischen Weine – sehr zu empfehlen.

Straßenverkehr
Rechtsverkehr. Es empfiehlt sich, die Insel per Mietwagen oder Mietmotorrad zu erschließen. Preise vergleichen und Handeln kann sich lohnen. Vorsicht für Biker: Straßen und Wege sind häufig nicht im allerbesten Zustand, teilweise gibt es nur Schotterpisten.

Informationen
Griechische Zentrale für Fremdenverkehr
Neue Mainzer Str. 22, 60311 Frankfurt
Tel. 069-236561, Fax 069-236576

Sonstiges
Gerätetauchen auf eigene Faust ist auf Zakynthos nicht gestattet, sondern nur über eine zugelassene Basis möglich. Es drohen Konfiszierung der Ausrüstung und hohe Geldstrafen.

Literaturtips
Polyglott „Korfu & Ionische Inseln" (Dumont)
„Korfu & Ionische Inseln" (Michael Müller Verlag)
Hayit Urlaubsberater „Korfu & Ionische Inseln"

Kleine Fischerboote im Hafen der Inselhauptstadt Zakynthos prägen das Bild der Mittelmeeridylle

Die Höhlen um Zakynthos ermöglichen hervorragende Tauchgänge

große Zackenbarsche, die auf Beute aus den riesigen Seriolaschwärmen lauern.

Zu den ständigen Tauchbegleitern zählen viele Lippfischarten wie die bunten Meeresjunker. Röhrenwürmer und Schraubensabellen recken ihr filigranes Geäst ins Meer, Anemonen und Seescheiden besiedeln die Steilabfälle neben Borstenwürmern und kleinen Zylinderrosen. Des weiteren begegnen den Tauchern Schwärme von Mönchsfischen und Goldstriemen. Neptunsschleier, Hundskorallen und das Gewimmel kleinster Meeresfische ergänzen dieses Szenario.

Alle Attraktionen liegen durchweg in Tiefen, die sicher zu erreichen sind (bis 40 Meter) und Sichtweiten von 30 bis 40 Metern garantieren. Fast alle Spots befinden sich nur maximal 40 Bootsminuten von der Insel entfernt, so daß bequem zwei Ausfahrten pro Tag durchgeführt werden können.

	Beste Reisezeit	Ø Tagestemperatur	Ø Nachttemperatur	Sonnenstunden	Regentage	Wassertemperatur
JAN		14°	5°	4	13	14°
FEB		14°	5°	5	11	14°
MÄR		16°	7°	5	9	14°
APR	●	19°	9°	7	8	16°
MAI	●	24°	12°	9	4	18°
JUN	●	28°	16°	10	2	21°
JUL	●	31°	18°	12	1	23°
AUG	●	32°	18°	11	1	24°
SEP	●	28°	16°	8	5	23°
OKT	●	23°	13°	7	9	21°
NOV		19°	10°	4	13	18°
DEZ		16°	7°	3	15	16°

Über Wasser

Abseits der großen Touristenströme findet der Besucher Kultur, Geschichte und unverfälschtes Lokalkolorit. Kirchen, Bildstöcke oder Klöster aus mehreren Jahrhunderten prägen das Bild. Die urwüchsige Landschaft wird unterbrochen von Olivenhainen und kleinen Dörfern.

Markenzeichen im Norden und Westen von Zakynthos sind die senkrecht ins Meer abfallenden Klippen. Rund um die Insel gibt es einsame, windgeschützte Buchten für den, der den großen Massenandrang weniger mag, z.B. Limni Kerion mit deutschsprachiger Tauchbasis. An den langen Sandstränden im Osten und Süden spielt sich das touristische Leben ab.

Hoch über der Stadt Zakynthos liegt die ehemalige Festung mit Resten von Gebäuden, Kirchen und gewaltigen Außenmauern. Nach Osten hin breitet sich das Meer aus, bei guter Sicht ist das griechische Festland, der Peloponnes, zu erkennen. Insgesamt überzeugt Zakynthos mit seinem guten Preis-Leistungs-Verhältnis und abwechslungsreichem Urlaubsangebot.

EINTAUCHEN IN DIE ANTIKE

Im südtürkischen Städtchen Kas können Sie Natur und Kultur genießen. Lernen Sie die Zeugnisse der Antike und die Vielseitigkeit des Mittelmeeres in eindrucksvollen Tauchgängen kennen.

Reichhaltig präsentiert sich die Artenvielfalt in den Gewässern. Nicht nur kleinere Arten wie Nacktschnecken, Bärenkrebse, Krustenanemonen, Tritonschnecken und Einsiedlerkrebse sind hier angesiedelt. Große Steckmuschelfelder, aber auch Rochen und Oktopusse bevölkern die Unterwasserwelt. Selbst Schwarmfische wie Brassen und Goldstriemen scheinen sich nach Kas zurückgezogen zu haben. Denn erfreulicherweise werden hier keine schädlichen Abwässer ins Meer geleitet.

TAUCH Info AUF EINEN BLICK

FISCHAUFKOMMEN	✓	✓	✓	✓	
GROSSFISCHE	✓	✓	✓		
WRACKS	✓	✓			
STEILWANDTAUCHEN	✓	✓	✓	✓	
HÖHLEN/ÜBERHÄNGE	✓				
SICHTWEITEN	✓	✓	✓	✓	✓
STRÖMUNGSAUFKOMMEN	✓	✓			
TAUCHBOOTE	✓	✓	✓		

Die violette Fadenschnecke, im Mittelmeer weit verbreitet,

m häufigsten auf Eudendrium-Kolonien anzutreffen

Gewaltige Steilabfälle und Felsformationen sind für die Tauchplätze rund um die kleine Hafenstadt charakteristisch. In kathedralenartige Höhlen mit Süßwasserquellen kann man gefahrlos eindringen, darin auftauchen und sich von Größe, Form und Farben der Stalagtiten verzaubern lassen.

Die Tauchplätze um Kas beherbergen unzählige Relikte aus der Antike. Amphorenfelder mit teilweise noch intakten Gefäßen, Scherben unterschiedlichster Formen und die Bleianker versunkener Galeeren können gezielt betaucht werden. Und selbst Spuren aus jüngerer Vergangenheit versprechen spannende Tauchgänge, wie z.B. das Wrack eines dreimotorigen, italienischen Bombers. Am „Flying Fish" zeigt sich dem Taucher rund um das Flugzeugwrack eine wilde, von Felsen zerklüftete Unterwasserlandschaft, die sich erst ab 40 Meter in einen schräg abfallenden Sandgrund wandelt und sich in unendlicher Bläue verliert. Hier findet man Zackenbarsche, große Rochen und Seriolaschwärme. Aber auch flachere Plätze wie das „Riff der Toten Hand" sind ein Muß für jeden Kas-Taucher. Begegnungen mit großen Soldatenfischen und den selten gewordenen Schildkröten sind hier ebenso möglich wie mit kapitalen Muränen, die in den Spalten dieses terrassenartigen Riffs ihren Unterschlupf haben.

Über Wasser

Kas ist ein idyllischer Hafenort inmitten eines Talkessels, an der Küste zwischen Antalya und Fethiye gelegen. Auf drei Seiten wird er von gewaltigen Bergmassen umgeben, die sich zum Meer hin öffnen. Das 5.000-Seelen-Städtchen hat seine typisch türkischen Eigenarten behalten. Das Leben spielt sich wie überall im Süden auf den Straßen und am Hafen ab. Der hektische Markt verbreitet orientalische Atmosphäre.

Kas atmet Historie. Die Lykier, die zu den ältesten Zivilisationen in der Region gehörten, haben hier ihre Spuren hinterlassen. Am Ortsrand befinden sich noch heute in den Fels gehauene Gräber aus lykischer Zeit. Ein steinerner Sarkophag steht oberhalb des Ortes. Das Amphitheater aus hellenistischer Zeit zählt ebenfalls zum kulturellen Erbe der Stadt. Nicht weit von Kas entfernt liegen auf der Insel Kekova unter Wasser die Überreste der gleichnamigen, versunkenen byzantinischen Stadt, zu der täglich Boote fahren. Wer auf weitere Entdeckungen gehen will, kann von Kas aus die gesamte Südküste der Türkei mit ihrem reichen Kulturgut und ihrer atemberaubenden Landschaft erkunden.

Der Hafen von Kas. Die typisch türkischen Boote stehen auch zur Charter zur Verfügung

	Beste Reisezeit	Ø Tagestemperatur	Ø Nachttemperatur	Sonnenstunden	Regentage	Wassertemperatur
JAN		16°	7°	4	16	17°
FEB		17°	7°	5	11	16°
MÄR		18°	8°	6	9	17°
APR	●	23°	11°	8	5	19°
MAI	●	27°	15°	10	4	22°
JUN	●	32°	19°	11	1	25°
JUL	●	35°	21°	12	0	27°
AUG	●	35°	22°	12	0	28°
SEP	●	32°	19°	10	1	27°
OKT	●	27°	14°	8	6	24°
NOV	●	22°	11°	5	9	21°
DEZ		18°	8°	4	15	19°

In großer Tiefe liegt das Wrack eines dreimotorigen italienischen Bombers aus dem II. Weltkrieg

REISE Info

Anreise

LTU

Ab fast allen deutschen Flughäfen nach Antalya oder Dalaman. Von dort Transfer per PKW nach Kas (ca. 170 Kilometer/3-4 Std.).

Einreisebestimmungen

Personalausweis reicht aus.

Impfungen

Impfungen oder Prophylaxen sind nicht notwendig. Bei Bedenken den Hausarzt befragen.

Geld / Devisen

Landeswährung ist die türkische Lira. 1.000 Lire = 0,02 DM. Eurocheques werden nicht überall akzeptiert, hohe Kreditkartenakzeptanz.

Saison

Von April bis November

Zeitverschiebung

MEZ + 1 Stunde

Telefon

Nach Kas: 0090-242 + Rufnummer

Übernachtung

Hotels und Pensionen gibt es in allen Klassen und Preislagen.

Essen

Typisch türkische Küche in allen Variationen. Zu empfehlen sind Meeresfrüchte aller Art und der türkische Landwein.

Straßenverkehr

Die Verkehrsregeln in der Türkei gleichen denen in Deutschland. Vorsicht bei unübersichtlichen Gebirgsstraßen. Vor Kurven sicherheitshalber hupen.

Informationen

Türkisches Fremdenverkehrsamt
Taunusstr. 52-60, 60329 Frankfurt a.M.
Tel. 069-233081/82, Fax 069-232751
Barrakuda Diving Center, Kas
Tel. 0090-242-8362987
Fax 0090-242-8362997

Sonstiges

Für Taucher empfiehlt sich auch im Sommer ein dicker (7 mm) Neoprenanzug, denn in großen Tiefen ist es recht kühl.

Literaturtips

Reiseführer „Türkische Südküste" (Dumont)
Reiseführer „Türkei" (Polyglott)

ROTES MEER

Wrack der „SS Carnatic“

Weichkorallen gehören zu den Blumentieren. Sie sind nachts aktiv und filtern Plankton aus dem Wasser

AUF MOSES SPUREN

Die ersten Tauchpioniere erkundeten die Sinai-Halbinsel mit Jeeps, Schlauchbooten und Zelten. Ihre Strapazen wurden während der Tauchgänge durch unerforschte Korallenriffe von einzigartiger Schönheit belohnt.

Das Blue Hole, die Riffe von Tiran, das Ras Um Sid und das weltberühmte Ras Mohammed gehören heute ins Programm eines jeden Tauchanbieters. Die Küste des Sinais ist sehr lang, deshalb beschränken wir uns auf den ägyptischen Teil. Doch auch in der Umgebung des israelischen Eilat und weiter südlich davon liegen attraktive Tauchplätze und Wracks.

Nuweiba und Dahab sind die nördlichen ägyptischen Regionen, an denen sich kurze Abstiege wie auch längere Unterwasserexkursionen lohnen. Das Divers Camp Nuweiba (unter deutscher Leitung) liegt in der Nähe der bekannten Plätze Canyon, Lighthouse oder Ras Sheita. Vor allem das Blue Hole, ein riesiger Einbruch in der Riffplatte, reicht fast bis ans Ufer. Die gelotete Tiefe dieses spektakulären Tauchplatzes fällt bis auf 800 Meter ab. Die Exkursionen per Jeep, Kamel oder Boot erstrecken sich bis Dahab.

Weiter südlich wartet Sharm el Sheikh auf seine Gäste. Die Basis Sinai Divers, ebenfalls unter deutscher Leitung, kann behaupten, zu den Tauchpionieren auf dem Sinai zu gehören. Plätze wie das Paradise, Ras Nasrani, Pinky's Wall, das Ras Um Sid, der Temple, die Sharkfish Alley und das berühmte Ras Mohammed an der Südspitze der Halbinsel haben Tauchergeschichte geschrieben. Am Sha'ab Mohammed liegt das wunderbar bewachsene Wrack der „Dunraven". Alle Ausfahrten können als Tages- oder Halbtagestörns abgewickelt werden.

In unmittelbarer Nähe zu Sharm el Sheikh liegen die traumhaften Riffe des Gorden-, Thomas-, Woodhouse- und Jackson-Reefs. Auch der Far, Middle und Near Garden und viele andere Plätze haben trotz drei Jahrzehnten Tauchtourismus nichts von ihrem Charme eingebüßt.

TAUCH Info – AUF EINEN BLICK

FISCHAUFKOMMEN	✓	✓	✓	✓	✓
GROSSFISCHE	✓	✓	✓	✓	
WRACKS	✓	✓			
STEILWANDTAUCHEN	✓	✓	✓	✓	✓
HÖHLEN/ÜBERHÄNGE	✓	✓	✓	✓	
SICHTWEITEN	✓	✓	✓	✓	✓
STRÖMUNGSAUFKOMMEN	✓	✓	✓	✓	
TAUCHBOOTE	✓	✓	✓	✓	✓

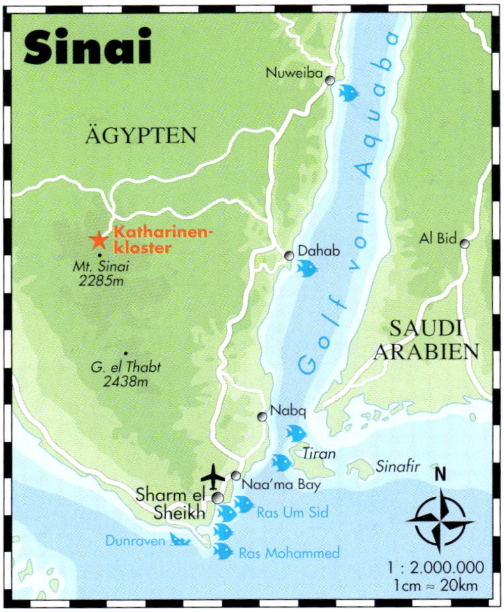

Krokodilfische werden bis zu einem Meter groß. Sie graben sich gern in den sandigen Grund ein

	Beste Reisezeit	Ø Tagestemperatur	Ø Nachttemperatur	Sonnenstunden	Regentage	Wassertemperatur
JAN	●	21°	9°	8	0	21°
FEB	●	22°	10°	8	0	20°
MÄR	●	25°	13°	9	0	21°
APR	●	29°	17°	10	0	22°
MAI	●	34°	21°	10	0	24°
JUN	●	34°	24°	12	0	25°
JUL	●	34°	25°	12	0	26°
AUG	●	38°	26°	12	0	27°
SEP	●	35°	23°	11	0	26°
OKT	●	32°	20°	10	0	26°
NOV	●	27°	16°	9	0	24°
DEZ	●	23°	12°	8	0	23°

Der „Moses-Berg" lockt wegen seiner herrlichen Fernsicht jedes Jahr Tausende von Touristen an

Über Wasser

Die gebirgige Halbinsel des Sinai schiebt sich wie ein großer Keil zwischen die arabische Halbinsel im Osten und den afrikanischen Kontinent im Westen. Hier findet das Rote Meer mit dem östlich gelegenen Golf von Aquaba und dem westlichen Golf von Suez seine nördliche Begrenzung. Mit der Rückgabe des Sinais durch Israel an Ägypten begann der planmäßige Ausbau der Infrastruktur und eine gezielte Tourismusbewerbung.

Sharm el Sheikh mit einem modernen Flughafen und Fünf-Sterne-Hotels entwickelte sich rasch zum Tauchsportzentrum der Halbinsel. Sogar kleine Fischerdörfer an der Ostküste wie Naa'ma Bay, Dahab oder Nuweiba mauserten sich zu respektablen Touristenorten.

Wer heute den Sinai bereist, ist nicht nur an die komfortablen Hotelanlagen gebunden, denn hinter den modernen Fassaden beginnt die steinige und staubige Wüste mit ihrer kargen Faszination, steigen mächtige Berge steil in die Höhe. Wüstenexkursionen, sei es mit dem klimatisierten Minibus, dem Jeep oder auf Kamelen sind jederzeit möglich. Es werden sogar mehrtägige Tauch-Trekkingtouren auf den „Wüstenschiffen" angeboten. Mit dem Mietwagen kann man andere Küstenorte erkunden und sich hier oder dort auch Tagestauchtörns anschließen.

Das berühmte Katharinenkloster sollte unbedingt besucht werden. Lohnenswert ist auch die Besteigung des Moses-Berges, dem sogenannten „Mount Sinai". Es empfiehlt sich ein mehrstündiger nächtlicher Aufstieg unter kundiger Führung, um den Sonnenaufgang über der grandiosen Bergkulisse und dem weit entfernten Roten Meer erleben zu können.

REISE Info

Anreise

Mit dem Flugzeug bis Sharm el Sheikh – ansonsten gelten die gleichen Hinweise wie für Hurghada auf dem ägyptischen Festland (Seite 112 bis 116).

Der standorttreue Große Soldatenfisch verteidigt sein Territorium gegen Eindringlinge

KLASSIKER ROTES MEER

Kaum ein Name ist so eng mit dem Tauchen am Roten Meer verbunden wie der von Hurghada, etwa 120 km südlich von Suez. Die Tauchplätze des Badeortes zählen zu den schönsten am Roten Meer. Gleiches gilt für die etwa 80 Kilometer weiter südlich gelegene Hafenstadt Safaga. Die traumhaften Tauchspots sind eine echte Alternative zum mittlerweile stark frequentierten Hurghada.

Hurghada

Nur 10 bis 30 Kilometer sind die meisten Tauchplätze von der Küste entfernt. Um die Vielfalt und Schönheit unter Wasser zu erfahren, bedarf es keiner tiefen Abstiege. Schon auf den Riffdächern beginnt das Reich der Hartkorallen. Sie bieten mit ihren Spalten und Ritzen unzähligen kleinen Fischen Zuflucht. Hier dringt das Sonnenlicht noch mit Macht ein, und zwischen den bunten Korallenspitzen und Schwämmen ist alles in ständiger Bewegung: Wimpel-, Soldaten-, Doktorfische und Schwärme Kleiner Drückerfische.

Typisch für den Tauchbetrieb in Hurghada sind die Tagestörns mit geräumigen Schiffen. Zwei Tauchgänge pro Tag sind auf diesen Booten, die abends wieder den heimatlichen Hafen anlaufen, die Regel. Viele Tauchschulen bieten auch Mehrtagestouren und Wochentörns zu entfernteren Plätzen an.

Hurghada weist in seiner Umgebung eine Fülle von unterschiedlichen Tauchplätzen auf: Nordwestlich der Insel Shadwan liegen neun Wracks, von denen vier betauchbare am Riff des Sha'ab Abu Nuhas sanken. Interessant auch Bluff Point mit seinen imposanten Korallenstöcken und einer schräg abfallenden Wand, die mit großen Weich- und Steinkorallen besetzt ist. Gubal Kebira, ein Riff im Süden der Insel Gubal, ist bekannt für riesige Gorgonien und Fischschwärme in größeren Tiefen.

Näher liegen die Tauchplätze zwischen den Inseln Shadwan und Giftun Island. Am Sha'ab el Erg lassen sich im Winter vorbeiziehende Mantas beobachten. Der Platz von Umm Kamar ist wegen seiner ausgeprägten Flora und Fauna einen Besuch wert, soweit die Strömung und der Wind günstig stehen. Diese Stelle bietet in allen Tiefenbereichen Besonderheiten, von einer Höhle über kleinere Korallenblöcke bis hin zu vielen Spalten und Nischen im flacheren Bereich.

Ein weiteres Muß ist ein Tauchgang am berühmten Carless Riff. Hierbei handelt es sich um zwei Felsblöcke, die einen Durchmesser von etwa 20 Metern haben und bis drei Meter unter die Wasseroberfläche reichen. An seiner Ostseite fällt das Plateau, auf dem diese Felsen stehen, an einem Steilabhang in große Tiefen ab. Hier tummeln sich Barrakudas, Riffhaie und andere Großfische. Auch das Sha'ab Abu Ramada mit dem Beinamen „Aquarium" sollte betaucht werden. Hier stehen Fische aller

TAUCH Info AUF EINEN BLICK

FISCHAUFKOMMEN	✓	✓	✓	✓	✓
GROSSFISCHE	✓	✓	✓	✓	
WRACKS	✓	✓	✓	✓	✓
STEILWANDTAUCHEN	✓	✓	✓	✓	✓
HÖHLEN/ÜBERHÄNGE	✓	✓	✓	✓	
SICHTWEITEN	✓	✓	✓	✓	✓
STRÖMUNGSAUFKOMMEN	✓	✓	✓		
TAUCHBOOTE	✓	✓	✓	✓	✓

Arten, Farben und Größen ohne Scheu friedvoll nebeneinander. Ein ideales Gebiet für alle, die filmen, fotografieren oder nur beobachten wollen. Alles in allem lassen sich um Hurghada 35 bis 40 Tauchplätze benennen, für die ein einziger Urlaub kaum ausreicht.

Safaga

Die Tauchplätze, die in einer Fahrzeit zwischen 15 und 80 Minuten erreicht werden können, konzentrieren sich auf die Bereiche nordöstlich und südöstlich der Hafenstadt, seewärts hinter den vorgelagerten Inseln „Safaga Island" und „Sandy Island". Die nordöstlichen Plätze werden besonders dann angelaufen, wenn weiter draußen die See zu hoch geht. Spektakulärer sind die südöstlich gelegenen Tauchplätze, deren exponierte Lage in offener See weit mehr Abwechslung und Artenvielfalt versprechen.

Wie in Hurghada liegen die schönen und abwechslungsreichen Stellen nahe beim Festland in geringen Tiefen. Alles, was Unterwasserfilmer und Fotografen lieben, ist auf bequemen Tagesausflügen zu erreichen. Diese Art der Tauchtörns macht auch den Hauptanteil der Tauchaktivitäten um Safaga aus. Rund 30 Riffe mit über 40 unterschiedlichen Tauchplätzen können betaucht werden. Sie werden von ca. 25 Tauchbooten angelaufen. Gemäß interner Absprachen fahren nur drei Schiffe pro Tag den gleichen Tauchplatz an. Zudem kümmern sich die Tauchbasen von Safaga und Hurghada verstärkt um das Ausbringen von Ankerbojen, um die Riffe vor unkontrolliertem Ankern zu schonen.

Highlights sind im Norden von Safaga Plätze wie Tobia Arbar, der Platz der sieben Korallensäulen. Es ist ein recht flacher Tauchgrund mit vielen bewachsenen Korallenblöcken und einer Fülle bunter Korallenfische. Gleiches gilt auch für Tobia Kebir oder Tobia Soraya. Diese Plätze sind sehr anfängerfreundlich. Besonders beliebt sind die südöstlichen Tauchspots, wie zum Beispiel das Panoramariff, das je nach Witterung aufregende Strömungstauchgänge mit Haien und Barrakudas bietet. An seiner Leeseite sind beschauliche Abstiege zwischen mächtigen Gorgonienfächern und großen Weichkorallen möglich.

Ebenso interessant und abwechslungsreich ist es am Middle Reef mit seinen Steilabfällen oder am Sha'ab Sheer, einer der vielseitigsten Tauchstellen. Hier finden sich an der Riffnordkante farbenprächtige Gorgonien und große Peitschenkorallen, während Schildkröten, Haie und andere Großfische längs der Steilwand patrouillieren. Phantastische Formationen von Hart- und Weichkorallen stellen ideale Fotomotive dar. Fahnenbarsche, Wimpelfische und Muränen, aber auch Skorpionsfische, Rotfeuerfische und große

Zu den farbenprächtigsten Riffbewohnern des Roten Meeres zählen die Pfauenkaiserfische

	Beste Reisezeit	Ø Tagestemperatur	Ø Nachttemperatur	Sonnenstunden	Regentage	Wassertemperatur
JAN	●	21°	10°	8	0	22°
FEB	●	21°	10°	9	0	21°
MÄR	●	23°	12°	10	0	22°
APR	●	26°	16°	11	0	23°
MAI	●	30°	21°	11	0	25°
JUN	●	31°	24°	14	0	26°
JUL	●	33°	25°	13	0	27°
AUG	●	33°	25°	13	0	28°
SEP	●	31°	23°	12	0	27°
OKT	●	28°	20°	10	0	27°
NOV	●	21°	16°	9	0	25°
DEZ	●	17°	12°	8	0	24°

Pittoreske Marktszene in Safaga – bis spät in die Nacht bieten die Händler ihre Waren an

Drücker leben hier. Ähnlich verhält es sich am Riff von Abu Kafan, das ebenfalls in mehreren Abstiegen erkundet werden sollte. Wem das noch nicht reicht, der kann Mehrtagestörns zu weiteren Traumtauchplätzen unternehmen: Brother Islands, Rocky Islands, Daedalus Riff, Eliphistone Riff oder nach Zabargad.

Über Wasser

Einkaufsbummel durch die Basare von Hurghada sollte man fest einplanen. Wichtig ist es, beim Kauf zu feilschen, nur so erfährt man auch die Achtung des Händlers. Preiswert ist Gold- und Silberschmuck, der in speziellen Geschäften in großer Auswahl zu recht fairen Konditionen angeboten wird.

Ein Nachtleben im europäischen Sinn gibt es in dieser moslemisch geprägten Stadt nicht. Laute Musik ertönt daher nur in den Bars und Diskotheken der großen Hotels, wo man die Abende „europäisch" bei vertrauten kulinarischen Leckereien und Drinks verbringen kann. Wer sich außer für die Altstadt Hurghadas und dem Hafen noch für die jahrtausendealte Kultur Ägyptens interessiert, sollte mit einem Taxi Ausflüge nach Luxor oder zu den 16 Gräbern im Tal der Könige unternehmen, bzw. sich organisierten Touren anschließen. Kamel- und Geländewagensafaris in die Wüste sind weitere Attraktionen. Spezialisierte Reiseveranstalter bieten die unterschiedlichsten Kombinationen und Möglichkeiten an.

Safaga ist im Gegensatz zu Hurghada etwas verschlafener und von großen Touristenströmen noch nicht überrollt worden. Die Einkaufsmöglichkeiten sind bei weitem nicht so umfangreich und beschränken sich auf die Boutiquen der Hotels. Die ersten Veränderungen sind in Safaga jedoch schon erkennbar, und es ist nur eine Frage der Zeit, daß aus der verträumten Hafenstadt ein Touristenmekka ähnlich wie Hurghada wird.

REISE Info

Anreise

LTU

Von diversen deutschen Flughäfen nach Hurghada oder nach Kairo mit Transfer nach Hurghada bzw. Safaga.

Einreisebestimmungen

Reisepaß, mindestens 6 Monate gültig. Visumausstellung erfolgt am Flughafen in Hurghada oder Kairo.

Impfungen

Besondere Impfungen sind nicht notwendig. Prophylaxen sollten nach Absprache mit dem Hausarzt oder einem Tropeninstitut erfolgen.

Geld / Devisen

Landeswährung ist das ägyptische Pfund. 100 EG£ = 45 DM. Reiseschecks oder Bargeld vor Ort tauschen. Eurocheques und Kreditkarten werden nicht überall akzeptiert.

Saison

Ganzjährig, wobei im Winter mit rauher See und niedrigeren Temperaturen zu rechnen ist (Luft 20-25°C, Wasser 20-22°C). Die Sommer sind sehr heiß, aber die trockene Wüstenluft macht das Klima erträglich.

Zeitverschiebung

MEZ + 1 Stunde

Telefon

Nach Hurghada: 0020-65 + Rufnummer;
nach Safaga: 0020-65 + Rufnummer

Übernachtung

Hotels gibt es in allen Standards und Preislagen. Zu Hause gebuchte Pauschalarrangements sind meist am günstigsten.

Essen

Typisch ägyptische Küche wird in den Hotels mit europäischen Variationen auf dem Buffet gereicht. Gute Restaurants mit europäischer Küche gibt es ebenfalls in einigen Hotels.

Straßenverkehr

Die Verkehrsregeln in Ägypten sind für den Touristen genauso schwer zu durchschauen wie die Schriftzeichen. Vorsicht bei unübersichtlichen Straßen; vor Kurven sicherheitshalber hupen. Am besten vertraut man sich einem Verkehrskundigen an.

Informationen

Ägyptisches Fremdenverkehrsamt
Kaiserstr. 64a, 60329 Frankfurt
Tel. 069-252153, Fax 069-239876

Sonstiges

In der warmen Jahreszeit reicht ein dünner (3-5 mm) Neoprenanzug, im Winter ist ein 7 mm starker Anzug einschließlich Kopfhaube zu empfehlen. FKK und Oben-Ohne-Baden ist in Ägypten aus religiösen Gründen verboten.

Literaturtips

Debelius, Helmut „Unterwasserführer Rotes Meer" (Verlag S. Nagelschmidt, Stuttgart 1990)

Das Vorschiff mit seinen Ankerwinden befindet sich auch heute noch in einem recht guten Zustand

ABENTEUER WRACKTAUCHEN

Das Rote Meer ist einer der größten Schiffsfriedhöfe der Welt. Zu den zahlreichen Havaristen, die das Ziel von Wracktauchern vor der ägyptischen Küste sind, zählt die „SS Thistlegorm". Das englische Schiff sollte 1941 Kriegsmaterial und zwei Lokomotiven von Schottland nach Nordafrika bringen. Es wurde bei einem deutschen Luftangriff am Sha'ab Ali versenkt. Die „Thistlegorm" steht hier als Beispiel für das Abenteuer Wracktauchen.

In etwa 30 Metern Tiefe läßt sich der Ablauf des Untergangs am Wrack noch gut nachvollziehen. Der vordere Bereich der „Thistlegorm" sowie Teile des Mittschiffs bilden in der Kiellinie eine zusammenhängende Einheit und liegen wie geparkt auf dem Meeresgrund. Sie wurden bei dem Angriff nicht unmittelbar betroffen. Weiter achtern aber ist das Schiff durch die gewaltige Explosion der gegnerischen Bomben und der mitgeführten Munition völlig zerstört.

Neben dieser, zum Teil großkalibrigen Munition, die nicht völlig explodierte, finden sich einige Kleinpanzer des Typs „Universal Carrier", die ebenfalls mit über Bord geschleudert wurden. In diesem Inferno der Vernichtung wurde das Heck abgerissen. Es liegt leicht verdreht unmittelbar hinter dem Zentrum der Verwüstungen und befindet sich in einem akzeptablen Zustand. Es ist mit farbenprächtigen Weichkorallen übersät. Besonders auffällig ragen die beiden hinteren Bordkanonen heraus, deren lange Rohre auf den Meeresgrund weisen. Die minimale Tiefe am Wrack der „Thistlegorm" beträgt etwa 17 Meter, die maximale Tiefe wird mit 30 Metern an der Schraube bzw. am Bugsteven erreicht. Somit ermöglicht das Schiff auch weniger geübten Tauchern ein einmaliges Wrackerlebnis.

Um die „Thistlegorm" zu betauchen, bedarf es wenigstens zweier Tauchgänge. Es empfiehlt sich, das Schiff vom Bug aus zu erkunden. Wer vor dem Wrack am Vordersteven abtaucht, erhält unweigerlich den Eindruck, als fahre das Schiff auf ihn zu. Auf Deck sieht alles immer noch sehr aufgeräumt aus. Ein Anker wurde heruntergelassen, seine Kette ist zwischenzeitlich wunderbar bewachsen. Der zweite Anker befindet sich noch an seinem ursprünglichen

TAUCH Info AUF EINEN BLICK

FISCHAUFKOMMEN	✓	✓	✓	✓	
GROSSFISCHE	✓	✓	✓		
WRACKS	✓	✓	✓	✓	✓
STEILWANDTAUCHEN					
HÖHLEN/ÜBERHÄNGE					
SICHTWEITEN	✓	✓	✓		
STRÖMUNGSAUFKOMMEN	✓	✓	✓		
TAUCHBOOTE	✓	✓	✓	✓	✓

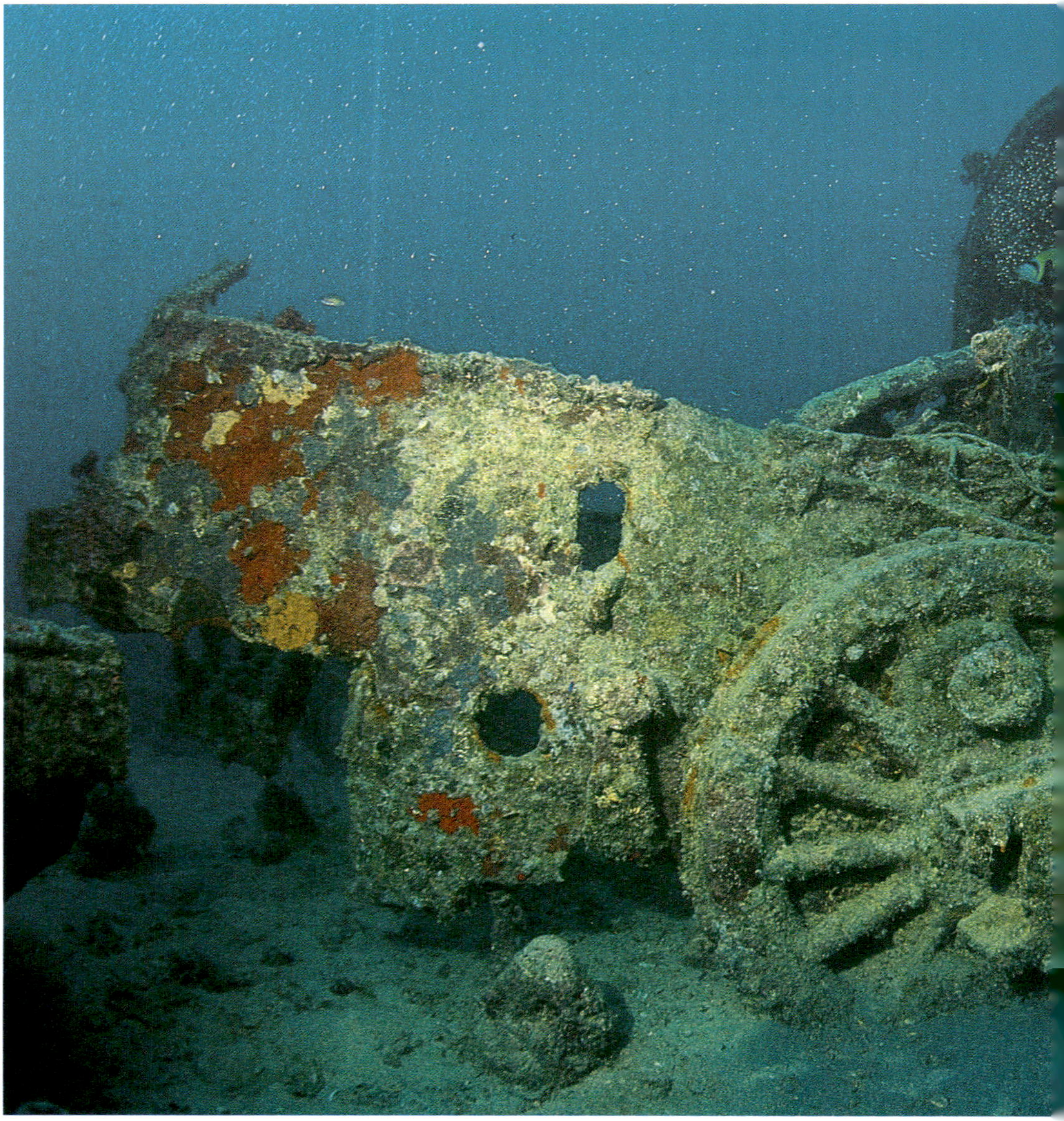

Querab vom Wrack liegen an der Backbordseite die Überreste einer der beiden Lokomotiven, die bei

Platz, ebenso Poller, Winden und Kettenglieder sowie dickes Tauwerk.

Am Oberdeck befinden sich auf beiden Seiten zwei Kesselwaggons und in Höhe des zweiten Laderaums zwei Schlepptender der Dampflokomotiven. In den beiden ersten Laderäumen stehen, wie einst in Glasgow verladen, verschiedene LKW und Motorräder, die problemlos betaucht werden können. Geübte Taucher können in den tieferen Etagen der Laderäume weitere Fahrzeuge, Anhänger und Generatoren entdecken. Außerdem stapeln sich Flugzeugtragflächen, Munitions- und Gewehrkisten mit verkrusteten Karabinern neben Bergen von Gummistiefeln, Ersatzreifen und Kriegsgerät. Weiterhin liegen an Deck bei einem abgeknickten Lademast zwei Simulatoren für akustische Torpedos, die früher hinter den Schiffen hergezogen wurden, um Torpedos des Gegners zu irritieren und vom eigentlichen Ziel abzulenken.

Wer seinen Blick etwas weiter rechts und links des Explosionszentrums über den Meeres-

der Explosion über Bord geschleudert wurden

grund schweifen läßt und ein wenig ins offene Wasser schwimmt, der kann etwa 50 Meter vom Schiff entfernt die Überreste der beiden zu den Waggons und Tendern gehörenden Lokomotiven ausmachen, die ursprünglich an Deck des Achterschiffs verzurrt gewesen waren. Die Wucht der Explosionen hatte sie von Bord geschleudert. Die vorderen Teile und die Rauchkammern sind noch gut zu erkennen, der Rest wurde völlig zerstört und ist nur noch in Bruchstücken in der weiteren Umgebung durch Zufall zu entdecken.

REISE Info

Anreise

Die Reise- und Klimainformationen sind mit denen von Hurghada identisch (Seite 112 - 116).

SS Thistlegorm

GPS Position:
N 27° 48,850', E 33° 55,200'
Untergang: 6. Oktober 1941, gegen 02:00 Uhr von einer Heinkel He 111 des Kampfgeschwaders KG 26 (Löwengeschwader) versenkt.
Ort: Sha'ab Ali, Ägypten
Verluste: 9 Mann, darunter 5 Marinesoldaten

Technische Daten

Länge über alles: 126,50 m
Breite: 17,70 m
Tiefgang: 7,45 m
Stapellauf: 9. April 1940
Land: Großbritannien

Schiffstyp

Frachtschiff

Antrieb

Dampfmaschine
Leistung: 1.850 PS
Geschwindigkeit: 10,5 Knoten

Ladung

Waffen, Munition, Panzer, Fahrzeuge, Motorräder, Flugzeugteile, Versorgungsgüter, Ersatzteile, Lokomotiven
Besatzung: 49

Das Wrack heute

Minimale Tiefe: 17 Meter
Maximale Tiefe: 30 Meter
Beste Tauchzeit ist in den frühen Morgenstunden.

Informationen

Ägyptisches Fremdenverkehrsamt
Kaiserstr. 64a, 60329 Frankfurt a.M.
Tel. 069-252153, Fax 069-239876

Sonstiges

Taucher können bei Mehrtagestörns mit den unterschiedlichsten Schiffen von Hurghada oder Sharm el Sheikh zur Thistlegorm fahren. Informationen erteilen die örtlichen Tauchschulen bzw. die Reiseveranstalter in Deutschland.

Literaturtip

Stoll, Kefrig „Versunken, Verschollen & Verloren, Wracks im Roten Meer" (erscheint 1997)

VON KLEINEN UND GROSSEN BRÜDERN

Wenn eingefleischte Rotmeertaucher von den Brother Islands reden, dann strahlen ihre Augen. Denn diese Inseln weit draußen vor der ägyptischen Küste sind Synonym für einen der weltweit spektakulärsten Tauchplätze.

TAUCH Info AUF EINEN BLICK

FISCHAUFKOMMEN	✓	✓	✓	✓	✓
GROSSFISCHE	✓	✓	✓	✓	
WRACKS	✓	✓	✓	✓	✓
STEILWANDTAUCHEN	✓	✓	✓	✓	✓
HÖHLEN/ÜBERHÄNGE	✓	✓	✓	✓	
SICHTWEITEN	✓	✓	✓	✓	✓
STRÖMUNGSAUFKOMMEN	✓	✓	✓	✓	
TAUCHBOOTE	✓	✓	✓		

Big Brother

Tauchen an den Brothers setzt voraus, daß das Meer und die Strömungen mitspielen. Denn nur bei ruhiger See kann der Besucher alle Schönheiten unter Wasser erfahren, die diese exponierten Inseln bieten. Daher steuern die Tauchboote die Inseln in der Regel nur zwischen Mai und September an. Angesagt sind Strömungs- und Steilwandtauchgänge oder Abstiege zu den beiden Wracks. Bei ruhiger See sollte unbedingt das sogenannte „Eisenbahnwrack" an der Nordseite des Big Brothers betaucht werden, das in Tiefen zwischen 10 und 70 Metern liegt und wunderbar bewachsen ist. Seinen Namen erhielt dieses Schiff, das vermutlich um die Jahrhundertwende sank, durch einige Eisenbahnräder und Achsen, die Bestandteil der Ladung waren. Vorsicht: Man muß sich stets der Tiefe dieses Tauchplatzes bewußt sein.

Wer der steilen Schräge weiter nach Südwesten folgt, wird eine spektakuläre Unterwasserlandschaft erfahren. Weichkorallen und Gorgonien, Schwarze Korallen, Fischschwärme in ungeahnten Ausmaßen und Großfische begegnen dem Taucher. Auf jeden Fall sollte man immer einen Blick ins Freiwasser werfen, wo die ganz großen Fische ihr Revier haben.

Ein zweites Wrack befindet sich nordwestlich vor Big Brother, kurz vor der Spitze des Saumriffs. Es ist die „Aida", ein Truppentransporter der ägyptischen Marine, der 1956 das Riff rammte und sank. Auch die Aida ist ein Muß für jeden „Brother-Taucher", allerdings auch eines, das im Bereich der Schraube in Tiefen von über 60 Meter führt. Der Bewuchs an den verbliebenen Aufbauten sucht seinesgleichen. Hinzu kommen die Spanten- und Deckstrukturen, die diesem Wrack im Zusammenspiel mit dem einfallenden Sonnenlicht eine einmalige Atmosphäre verleihen.

Gewaltige Steilwände mit üppigem Bewuchs erwarten den Taucher auf den Brother Islands

REISE Info

LTU

Anreise
Entweder direkt nach Sharm el Sheikh auf dem Sinai oder nach Hurghada. Alternative: Kairo (mit entsprechendem Transfer nach Hurghada) und ggf. weiter nach Safaga. Ab hier Einschiffung auf die Tauchboote.

Einreisebestimmungen
Reisepaß, mindestens 6 Monate gültig.

Impfungen
Besondere Impfungen sind nicht notwendig. Prophylaxen sollten nach Absprache mit dem Hausarzt oder einem Tropeninstitut erfolgen.

Geld / Devisen
Landeswährung ist das ägyptische Pfund. 1 EG£ = 0,45 DM. Eurocheques werden nur in großen Hotels und einigen wenigen Geschäften akzeptiert. Mit internationalen Kreditkarten kann fast überall gezahlt werden.

Saison
Von Mai bis September. Die Brothers werden in der übrigen Zeit wegen der rauhen See und widriger Witterungsbedingungen nicht angelaufen.

Zeitverschiebung
MEZ + 1 Stunde

Telefon
Nach Ägypten: 0020 + Vorwahl ohne Null + Rufnummer

Übernachtung
Hotels gibt es in allen Standards und Preislagen, Pauschalangebote sind meist am günstigsten.

Essen
Typisch ägyptische Küche wird in den Hotels mit europäischen Variationen auf dem Buffet gereicht. Gute Restaurants mit abendländischer Küche gibt es ebenfalls in einigen Hotels.

Straßenverkehr
Für Mietwagen ist ein internationaler Führerschein notwendig. Die Verkehrsregeln in Ägypten sind für Touristen genauso schwer zu durchschauen wie die Schriftzeichen. Vorsicht bei unübersichtlichen Straßen, vor Kurven sicherheitshalber hupen.

Informationen
Ägyptisches Fremdenverkehrsamt
Kaiserstr. 64a, 60311 Frankfurt a.M.
Tel. 069-252153, Fax 069-239876

Sonstiges
Für Taucher empfiehlt sich in der warmen Jahreszeit ein dünner (3-5 mm) Neoprenanzug. Im Winter wird ein 7 mm starker Anzug mit Kopfhaube empfohlen.

Literaturtips
Mietz, Stoll, Kefrig „Tauchreiseführer Rotes Meer" (Naturbuch Verlag, Augsburg 1996)

Little Brother

Genauso attraktiv und voller Überraschungen ist der „Kleine Bruder", auch wenn es hier keine Wracks zu betauchen gibt. Ankerplatz ist der Süden der Insel, wo auch übernachtet wird. Little Brother besticht ebenfalls durch seine einmaligen Steilwände, die sich im blauen Nichts verlieren. Riesige Gorgonien und Schwarze Korallen bedecken neben bunten Schwämmen und den verschiedensten Hartkorallen die spektakulären Drop Offs. Schildkröten, Haie und Makrelenschwärme sind hier zu Hause.

Noch üppiger, farbenprächtiger und vielseitiger zeigt sich die Ostseite der Insel. Hier dominiert in der Regel eine kräftige Strömung, die den Bewuchs besonders gut gedeihen läßt. Wie beim „Großen Bruder", so sind auch am Little Brother mehrere Tauchgänge nötig, um alle wichtigen Tauchplätze kennenzulernen.

Federsterne sind nachts ein ideales Makromotiv

Ein Hinweis sei an dieser Stelle erlaubt: Die Brother Islands sind als Tauchplatz für Anfänger nicht geeignet. Nur wenige Tage im Jahr ist das Wasser um die Inseln ruhig, sonst herrschen hohe Wellen, kabbelige See, kräftige Strömungen und oft starke Winde vor. Sie können Taucher schnell an die Grenzen ihrer körperlichen Leistungsfähigkeit bringen.

Über Wasser

Die Brothers, im Ägyptischen Al Akawein, erheben sich wie Felsnadeln aus über 1.000 Metern Tiefe. Sie sind von einem schmalen, nur wenige Meter breiten Saumriff umgeben. Um diese traumhaften Plätze zu erreichen, sind per Boot zunächst 160 Kilometer vom nächstgelegenen ägyptischen Hafen in Safaga zu überwinden. Daher werden die Brothers nur in Mehrtagestörns angesteuert. Sie bieten sich auch lediglich im Sommer als Tauchdestination an, wenn die See ruhig ist und Wellen wie Strömungen einen Abstieg überhaupt erst zulassen.

Die größere Insel ist etwa 400 Meter lang und 90 Meter breit. Die einzigen Bewohner dieser kargen Insel sind eine Handvoll ägyptischer Soldaten, die hier auf einem tristen Außenposten ihren Dienst tun. Sie warten den Leuchtturm, der schon 1883 von den Engländern errichtet wurde. Noch bis vor wenigen Jahren besaß dieser Turm ein einmaliges Petroleumlicht, das mit sogenannten Fresnellinsen ausgestattet war und von einer uralten Mechanik betrieben wurde. Ein rostiger Steg, einige Wirtschaftsgebäude aus Stein und Beton und wenige Zelte sind die einzigen nenneswerten Behausungen auf der Insel. Es existiert nur ein Weg: der alte Sklavenpfad zum ehemaligen Steinbruch, wo einst das Baumaterial für Turm und Gebäude gebrochen wurde.

Der „Kleine Bruder" liegt etwa 1.000 Meter weiter südlich. Diese Insel ist gänzlich unbewohnt. Kein Baum und kein Strauch ist in dieser Gesteinswüste auszumachen. Die alleinigen Bewohner des Eilandes sind die Seevögel.

Tauchschiffe ankern vorzugsweise an der Leeseite des „Kleinen Bruders". Die Insel ist unbewohnt

UNBERÜHRTE NATUR

Die sudanesische Rotmeerküste zählt zu den faszinierendsten Tauchplätzen weltweit. Riesige Fischschwärme, zahlreiche Hairudel und üppige Korallenlandschaften haben sich bis heute, dank eines kaum vorhandenen Tourismus, unverfälscht erhalten.

Begeisterte Berichte von Hans Hass und Jacques Cousteau machten bereits in den sechziger Jahren die ersten Taucher neugierig, die Gewässer des Sudans zu erforschen. Doch es blieb bei einer kleinen Gruppe unerschrockener Abenteurer, denn aus politischen wie religiösen Gründen hat sich das Land bisher dem Tourismus verschlossen.

Bis heute gibt es in Port Sudan lediglich eine landgestützte Tauchbasis unter deutscher Leitung. Die Infrastruktur der Region ist noch recht dürftig. Daher wird die Erforschung der sudanesischen Küste vorzugsweise von großen, komfortablen Tauchbooten aus unternommen, die in ein- oder mehrwöchigen Kreuzfahrten die zahllosen Riffe und Wracks anlaufen. Die Boote sind unterschiedlich ausgerüstet und vermitteln ein Feeling von Seefahrerromantik. Die wenigen Taucher, die bisher das Abenteuer Sudan gewagt haben, konnten weder den Riffen schaden, noch die natürliche Zutraulichkeit wie Scheu der Fische beeinträchtigen.

Wen die schönen Hartkorallenlandschaften des Roten Meeres reizen, der sollte unbedingt Karai Berer, den South Point des Riffkomplexes von Teetai Aweeb aufsuchen und mindestens zwei Tauchgänge einplanen. Für Barrakudas und Großfischschwärme von Thunas und Makrelen in einem atemberaubenden Ausmaß empfehlen sich Plätze wie das Sha'ab Jibna, das Sha'ab Anbar oder das kleine Riff von Myridon.

Große Hochseehaie und kleinere Riffhaie kreuzen ohne Scheu durch die sudanesischen Gewässer. Die größte Haishow gibt es am Sanganeb South Point bei Angarosh, der „Mutter der Haie", außerdem am South Point von Sha'ab Rumi oder am Elba Reef. Diese Plätze sind zum größten Teil sandige Plateaus, die mit gewaltigen Korallenblöcken durchsetzt sind. Die Flächen erstrecken sich ins offene, strömungsreiche Was-

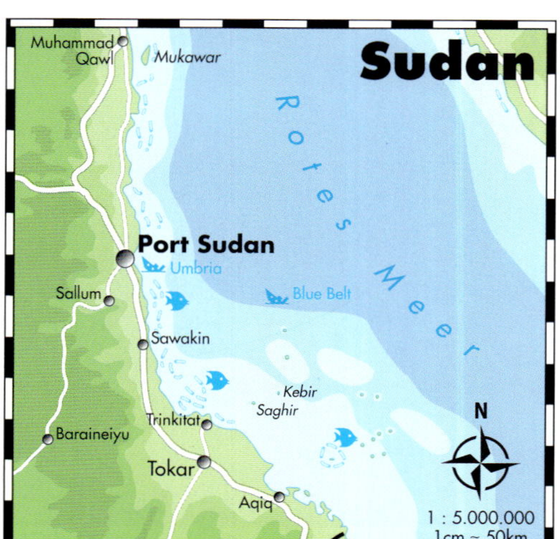

TAUCH Info AUF EINEN BLICK

FISCHAUFKOMMEN	✓	✓	✓	✓	✓
GROSSFISCHE	✓	✓	✓	✓	✓
WRACKS	✓	✓	✓	✓	✓
STEILWANDTAUCHEN	✓	✓	✓	✓	✓
HÖHLEN/ÜBERHÄNGE	✓	✓			
SICHTWEITEN	✓	✓	✓	✓	✓
STRÖMUNGSAUFKOMMEN	✓	✓	✓	✓	
TAUCHBOOTE	✓	✓	✓	✓	✓

Schwarztupfen-Süßlippe – charakteristisch für die Familie der Süßlippen ist ihr „Kußmund"

Das Tauchschiff MV Polar befährt die schönsten Tauchgebiete bis in den Süden des Sudans

ser und fallen an ihren Außenkanten senkrecht in die Tiefe. Filmer und Fotografen brauchen auf diesen Terrassen nur zur richtigen Tageszeit Platz zu nehmen und das Haispektakel beginnt, wobei sich zahllose Delphine, Schildkröten, Mantas und andere Rochen unter die Akteure mischen.

Freunde des Wracktauchens kommen bei den Kreuzfahrten ebenfalls auf ihre Kosten, denn vor der Küste des ostafrikanischen Landes scheiterten in der Vergangenheit viele Schiffe. Während eines vierzehntägigen Törns lassen sich vier Wracks ausgiebig betauchen. Zu empfehlen ist ein Abstecher zur „Umbria", jenem 155 Meter langen italienischen Frachter, der, vollbeladen mit Kriegsmaterial, am 10. Juni 1940 auf der Reede von Port Sudan von seiner Besatzung versenkt wurde, um die Fracht nicht in britische Hände fallen zu lassen.

Die „Blue Belt" sollte man ebenfalls betauchen. Der saudiarabische Frachter rammte am 6. Dezember 1977 etwa 50 Meilen vor Port Sudan das südliche Riff des Sha'ab Suadi und sank mit einer Ladung fabrikneuer Toyota-Fahrzeuge. Am Sha'ab Rumi befinden sich die Überreste von Jacques Cousteaus Unterwassersiedlung Precontinent II. Und am Elba Reef liegt in einer Tiefe zwischen 16 und 75 Metern das kaum bekannte Wrack der „Levanzo". Dieses große italienische Dampfschiff ist vielleicht das schönste z.Zt. bekannte Wrack im südlichen Roten Meer.

Über Wasser

Da der Sudan derzeit touristisch im gewohnten Maß nicht zu bereisen ist, beschränkt sich der Aufenthalt der Taucher meist auf ihr Schiff. An dieser Stelle sei stellvertretend die „MV Polar" beschrieben, ein Schwesterschiff der „Sirius" von Greenpeace. Das 45 Meter lange, ehemalige Bohrinselversorgungs- und Bergungsschiff dient als schwimmende Tauchbasis und Hotel zugleich. Es bietet mit seinen geräumigen und bis zu 18 qm großen Kabinen über 20 Tauchern und sieben Mann Besatzung viel Platz. Eine Bordküche mit großen Kühlräumen sowie großvolumige Wassertanks und eine Meerwasseraufbereitungsanlage machen das Schiff für Wochen unabhängig. Saubere, großzügige Sanitäreinrichtungen mit Heiß- und Kaltwasserduschen machen die Fahrt äußerst angenehm. Sogar eine Waschmaschine befindet sich an Bord. Die „Polar" verfügt zudem über modernste Navigations- und Sicherheitssysteme und eine umfangreiche medizinische Ausrüstung. Getaucht wird von zwei großen Schlauchbooten, die mit den Bordkränen zu Wasser gelassen werden. Nachts geht das Schiff in einer Lagune vor Anker.

	Beste Reisezeit	Ø Tagestemperatur	Ø Nachttemperatur	Sonnenstunden	Regentage	Wassertemperatur
JAN	●	27°	20°	6,2	1	26°
FEB	●	26°	19°	8,1	0	25°
MÄR	●	29°	20°	8,8	0	25°
APR	●	31°	21°	9,9	0	27°
MAI	●	35°	23°	10,5	0	29°
JUN		39°	25°	9,6	0	30°
JUL		41°	28°	8,9	0	30°
AUG		41°	29°	9,1	1	30°
SEP		36°	27°	9,2	0	30°
OKT		34°	25°	9,3	1	29°
NOV	●	31°	24°	7,9	2	27°
DEZ	●	29°	21°	6,6	1	28°

REISE Info

Anreise
Mit dem Schiff von Ägypten (El Qusier oder Marsa Alam) nach Port Sudan oder per Flugzeug über Kairo nach Port Sudan bzw. mit der Sudan Air ab Rom nach Port Sudan. Die Rückreise mit dem Flugzeug ist oft mit langen Verspätungen verbunden.

Einreisebestimmungen
Der Reisepaß ist zwingend vorgeschrieben (Mindestgültigkeit 6 Monate). Eine Fotokopie vom Paß sollte man zudem mit sich führen; es verkürzt den Verwaltungsaufwand beim Einklarieren in Port Sudan.

Wichtig: Touristen mit israelischem und/oder südafrikanischem Stempel/Visum im Paß wird die Einreise verweigert!

Impfungen
Eine Gelbfieberimpfung ist wichtig bei der Wiedereinreise nach Ägypten. Herkömmliche Impfungen oder andere Prophylaxen werden angeraten (Hausarzt befragen und internationalen Impfpass mitnehmen).

Geld / Devisen
Da die Bootspassagiere mit der Landeswährung nicht in Berührung kommen, sollten in jedem Fall US-Dollar mitgenommen werden. In Port Sudan muß die Tauchgrundgebühr von 50 US$ plus 5 US$ pro Tag und Person in bar bezahlt werden. Eurocheques, Travellerschecks und Kreditkarten werden genauso wenig akzeptiert wie andere Währungen.

Saison
Von November bis Mai.

Zeitverschiebung
MEZ + 1 Stunde

Telefon
Zur Zeit bestehen in den Sudan für Touristen keine benutzbaren Kommunikationsverbindungen; ggf. Satellitentelefon an Bord der Kreuzfahrtschiffe. Details bitte über das jeweilige Reisebüro erfragen.

Übernachtung
Nur an Bord der Tauchkreuzfahrtschiffe.

Essen
Je nach Schiff europäische Küche mit einem gewissen arabischen „Touch".

Informationen
Botschaft der Republik Sudan
Viktoriastraße 26a, 53177 Bonn
Tel. 0228-363074/75, Fax 0228-364464

Sonstiges
Für Taucher empfiehlt sich im Sommer ein leichter 1,5 - 3 mm Neoprenanzug. Das Klima ist in der Region sehr heiß und bisweilen schwül. Personen mit starken Herz- und Kreislaufproblemen sollten auf diese Tauchkreuzfahrten in jedem Fall verzichten. Die Tauchplätze sind oft sehr anspruchsvoll (Strömungen, Steilwände, Deko, Tiefe) und da eigenverantwortliches Tauchen erwartet wird, sind diese Touren für Anfänger nicht geeignet.

Literaturtip
Stoll, Claus Peter/Kefrig, Udo „Tauchen im Sudan" (Tauchmagazin „unterwasser" Heft 10/96)

	Beste Reisezeit	Ø Tagestemperatur	Ø Nachttemperatur	Sonnenstunden	Regentage	Wassertemperatur
JAN	●	28°	22°	7	1	25°
FEB	●	28°	23°	8	1	25°
MÄR	●	30°	24°	9	1	26°
APR	●	32°	25°	10	0	27°
MAI		34°	27°	11	0	27°
JUN		37°	29°	10	0	28°
JUL		36°	28°	11	1	29°
AUG		36°	28°	9	1	29°
SEP		36°	28°	9	1	29°
OKT	●	33°	24°	9	0	28°
NOV	●	30°	23°	8	0	27°
DEZ	●	28°	23°	7	0	26°

Rotfeuerfische haben giftige Rückenflossen, die sehr schmerzhafte Verletzungen verursachen können

Jemen

ARABISCHE TRÄUME

Der Jemen und das Arabische Meer sind ein Tauchziel für Individualisten und Abenteurer, die die Herausforderung lieben. Erst seit kurzem gibt es diese neue Destination, fern von ausgetretenen Touristenpfaden und kommerziellem Massenandrang.

Bei den Tauchplätzen längs der Küste des Arabischen Meeres handelt es sich um vollkommen neue und überwältigende Tauchgebiete. Die Rocky Banks, ein riesiges Riffplateau mit einer Ausdehnung von 3 km, steigt aus einer Tiefe von 1.000 Metern unweit der Küste bei Al Mukalla auf. Das Plateau, auf dem man unzählige Tauchgänge durchführen kann, ragt bis ca. 13 Meter unter dem Meeresspiegel hoch.

Beeindruckend ist es, wenn man in einen riesigen Schwarm von Makrelen gerät, die immer schneller werdend ihre Runden um die Taucher drehen und dann plötzlich verschwinden, um einem ebenso riesigen Schwarm von Fledermausfischen Platz zu machen. Hinter der Kante eines größeren Unterwasserberges setzt eine leichte Strömung ein, dort ziehen große, graue Riffhaie und Weißspitzenhaie langsam und bedächtig ihre Bahnen dicht um die Taucher. Riesige Rochen liegen still auf dem Meeresboden und lassen sich in aller Ruhe filmen und fotografieren. Nicht zu vegessen sind die großen Oktopusse, die hier ihre Stammplätze haben.

Mit dem Boot, aber auch mit dem Auto lassen sich Barum, Forest und Fishbad erreichen. Die Unterwasserlandschaft dieser Tauchplätze ist geprägt durch leichte Anhöhen, kleine Einschnitte, Hügel und flache Riffkanten. Sie ist sehr leicht zu betauchen, da das Wasser häufig ganz still steht. Man kann gegen Ende des Tauchganges bis ins flache Wasser schwimmen und dort dem vielfältigen Fischtreiben zusehen.

Bei der Ausfahrt entdeckt man häufig große, sehr zutrauliche Delphinschulen. Seit Ewigkeiten folgen ihnen die Fischer, denn sie zeigen die Thunfisch- und Makrelenschwärme an. Man sieht auch Mantas, Blue Marlins oder Segelfische springen. Muränen sind in den zahllosen Spalten und Höhlen zu beobachten, während Schnapper, Riffbarsche und gewaltige Fischschwärme die Taucher umkreisen.

Es empfiehlt sich, an einer Stelle zu verharren, um ein Schauspiel von besonderer Schönheit zu verfolgen: Fische aller Arten, Größen und Formen sowie Schildkröten kommen und schwimmen vollkommen ruhig und sehr beschaulich um

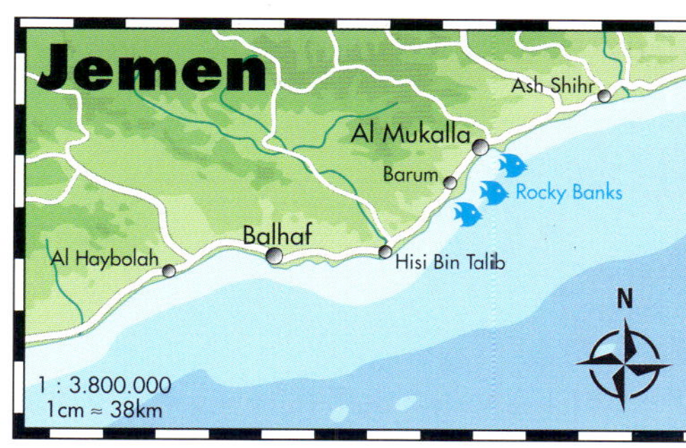

TAUCH Info AUF EINEN BLICK

FISCHAUFKOMMEN	✓	✓	✓	✓	✓
GROSSFISCHE	✓	✓	✓	✓	✓
WRACKS	✓	✓	✓		
STEILWANDTAUCHEN	✓	✓	✓	✓	✓
HÖHLEN/ÜBERHÄNGE	✓	✓	✓	✓	✓
SICHTWEITEN	✓	✓	✓	✓	
STRÖMUNGSAUFKOMMEN	✓	✓	✓	✓	
TAUCHBOOTE	✓	✓	✓	✓	✓

Der bis 45 cm große Juwelenbarsch, im Indo-Pazifik und Roten Meer beheimatet, bevorzugt Korallenriffe

REISE Info

Anreise
Mit Lufthansa, KLM oder Yemenia nach Sanaa; ggf. auch mit Egyptair über Kairo. Weiterflug von Sanaa (Flugzeit 1 Std.) nach Riyan am Arabischen Meer. Transfer zum Hotel ca. 30 Minuten. Man kann auch von Sanaa eine abenteuerliche Jeepfahrt durch das Landesinnere nach Riyan wählen, Fahrzeit 12 - 14 Std.

Einreisebestimmungen
Reisepaß, mindestens noch 6 Monate gültig. Das Visum (z.Zt. DM 50.–) wird von der jemenitischen Botschaft in Bonn ausgestellt.

Impfungen
Schutzimpfungen sind derzeit nicht vorgeschrieben. Im eigenen Interesse empfehlen sich Impfungen gegen Tetanus, Typhus, Parathypus, Polio, Hepatitis und Gelbfieber. Rechtzeitig sollte der Hausarzt oder ein Tropeninstitut befragt werden.

Geld / Devisen
Landeswährung ist der Rial. 100 Rial = 1,50 DM. Travellerschecks können problemlos gewechselt werden, in einigen Hotels kann auch mit Kreditkarte gezahlt werden.

Saison
Ganzjährig

Zeitverschiebung
MEZ + 2 Stunden

Telefon
In den Jemen: 00967 + Vorwahl + Rufnummer

Übernachtung
Das Taucherhotel „Hadhramaut" liegt bei der Basis und besitzt europäischen Standard (Air Condition, Telefon, TV etc.). Im Zentrum von Almukalla gibt es sehr günstige Zimmer und Hotels.

Essen
Jemenitische Gerichte sind sehr schmackhaft, in den Hotels dominiert die europäische Küche.

Informationen
Botschaft der Republik Jemen
Adenauerallee 77, 53113 Bonn
Tel. 0228-261490, Fax 0228-229364

Sonstiges
Der Jemen besitzt ein durch die UNESCO gefördertes Kulturerbe: Die Altstadt von Sanaa und die ersten Hochhäuser aus Lehm, das sogenannte „Manhattan der Wüste". Es empfiehlt sich, ein Rundreiseprogramm mitzubuchen, um die einmalige Schönheit der Region zu erleben.

Literaturtips
Reiseführer „Apa-Guide", „Reise-Know How", Dumont „richtig reisen"

die Taucher herum. Beim weiteren Abstieg tauchen plötzlich riesige Kegel, runde Bergrücken, Wände, Durchgänge und Überhänge auf. Traumhaft schön wirken in dieser einmaligen Unterwasserszenerie die weißen Sandflächen, auf denen riesige Rochen ruhen.

Über Wasser

Der Jemen, touristisch kaum erschlossen und wenig bereist, bietet viel Abwechslung. Der Golf von Aden hat eine malerische und sehr abwechslungsreiche Küste vorzuweisen. Kurz vor dem Oman erreicht man Al Mukalla, eine alte arabische Stadt mit einem wunderschönen Flair, das an 1001 Nacht erinnert. Wechselnde Landschaften, hohe Gebirge, Canyons, Wüsten und alte Siedlungen beeindrucken den Besucher. Die Menschen im Jemen sind sehr gastfreundlich, jedoch sollte man die Landessitten akzeptieren und beachten.

Die Gebänderte Nacktschnecke, eine von 4.500 Arten, lebt von Seegras und organischen Sedimenten

INDISCHER OZEAN

Blaustreifenschnapper

INSEL DER VIELFALT

Schon vom Flugzeug aus zeigt sich, daß Mauritius fast gänzlich von einem Korallenriff umgeben ist. In den Lagunen wird der Indische Ozean zum natürlichen Schwimmbad. Das ganzjährig 23 bis 27 Grad warme Wasser leuchtet einladend in den faszinierendsten Grün- und Blautönen.

Die sogenannte „Mördermuschel" trägt ihren Namen völlig zu Unrecht - sie ernährt sich nur von Plankton

Es gibt fast 30 Tauchbasen rund um die Insel, die nach CMAS-Richtlinien arbeiten. Die meisten Plätze liegen im Bereich des Ringriffs, das zweimal am Tag angefahren wird. Viele der tropischen Fisch- und Korallenarten wie beispielsweise der Blaue Mauritius-Kaiserfisch oder der Mauritius-Anemonenfisch kommen nirgendwo anders auf der Welt vor. Begegnungen mit Weißspitzen-Riffhaien sind nicht nur am Shark Point und Pigeon Rock an der Tagesordnung. Der Lobster Canyon vor Belle Mare macht seinem Namen alle Ehre. Tagsüber sitzen die Langusten meist in ihren Höhlen, doch bei Nachttauchgängen begegnen dem Taucher oft ganze Karawanen.

Im Süden sind Strömungstauchgänge möglich. Dabei sind Begegnungen mit Bonitos und Thunfischen nichts Ungewöhnliches. Einer der spektakulärsten Tauchplätze liegt vor Flic en Flac und heißt Kathedrale. Man fühlt sich wie unter einem riesigen Torbogen. Vor allem im Norden haben nährstoffreiche Strömungen zu üppigem Korallenwachstum geführt. Am berühmten Whale Rock vor Trou aux Biches findet man sogar schöne Exemplare von Schwarzen Korallen. In über 50 Schiffswracks kann man nach versunkenen Schätzen forschen.

Von Pointe aux Cannonniers aus machen sich Fußgängergruppen mit Taucherhelmen zum Unterwasserspaziergang für Nichttaucher auf – ein Kulturschock für jeden ernsthaften Taucher.

TAUCH Info AUF EINEN BLICK

FISCHAUFKOMMEN	✓	✓	✓	✓	
GROSSFISCHE	✓	✓	✓		
WRACKS	✓	✓	✓		
STEILWANDTAUCHEN	✓	✓	✓		
HÖHLEN/ÜBERHÄNGE	✓	✓	✓		
SICHTWEITEN	✓	✓	✓		
STRÖMUNGSAUFKOMMEN	✓	✓	✓		
TAUCHBOOTE	✓	✓	✓	✓	

Über Wasser

Auf kaum einer Landkarte ist der winzige Fleck im Indischen Ozean größer eingezeichnet als die berühmte blaue Briefmarke. Auf einer Fläche, die gerade mal der Hälfte Mallorcas entspricht, drängen sich über eine Million Einwohner.

Touristenziel Nummer 1 ist der weltbekannte botanische Garten von Pamplemousses. Einzigartige Palmen und zwei Meter große Seerosenblätter lassen den Foto- und Filmverbrauch enorm ansteigen. Bei Souillac am südlichsten Punkt der Insel trotzen hohe Steilklippen dem hier wild heranstürzenden Meer. Eindrucksvoller kann der Kontrast zu den sonst so verträumten, einsamen Sandstränden nicht sein. Die schönsten Buchten findet man im Osten auf der kleinen Insel Ile aux Cerfs.

Ein beliebtes Ausflugsziel ist die Gegend um Chamarel mit ihren vielfarbigen Gesteinsarten und traumhaften Wasserfällen. Im naturgeschichtlichen Museum der Hauptstadt Port Louis kann man Rekonstruktionen und Originalskelette des Nationalvogels Dodo bestaunen. Diesem flugunfähigen Ungetüm wurde seine Plumpheit und sein wohlschmeckendes Fleisch zum Verhängnis. 1690 schmorte das letzte Exemplar in den Kochtöpfen der holländischen Eroberer.

Mauritius ist auch ein bekanntes Revier für Hochseeangler. In internationalen Wettbewerben wird vor allem dem bis zu 500 kg schweren Blauen Marlin nachgestellt. Das Unterwasser-Harpunieren ist jedoch streng verboten.

REISE Info

Anreise
Per Linienflug (British Airways, Air France, Air Mauritius) oder einer Chartergesellschaft. (Flugzeit 11 Std.)

Einreisebestimmungen
Reisepaß, mindestens 6 Monate gültig sowie ein Rückflugticket.

Impfungen
Keine Impfvorschriften. Impfbescheinigungen benötigt nur, wer aus Cholera- oder Gelbfiebergebieten einreist. Touristen werden in staatlichen Krankenhäusern kostenlos behandelt.

Geld/Devisen
Landeswährung ist die Mauritius Rupie. 100 Rs = 7,61 DM. Die Mitnahme von Reiseschecks ist empfehlenswert, Kreditkarten werden akzeptiert.

Saison
Hauptsaison von November bis April, im Dezember und Januar sind Reservierungen wichtig. Beste Reisezeiten von April bis Juni und September bis Dezember. Zwischen Januar und März können Wirbelstürme (Zyklone) auftreten.

Zeitverschiebung
MEZ + 3 Stunden

Telefon
Nach Mauritius: 00230 + Rufnummer

Übernachtung
Über 80 Hotels und über 70 Bungalowanlagen in allen Preiskategorien stehen zur Auswahl. Campingplätze gibt es nicht.

Essen
Abwechslungsreiche kulinarische Palette an französischen, chinesischen und indischen Gerichten, meist eher scharf zubereitet. Fisch und andere Meeresfrüchte sind zu empfehlen. Vorsicht vor „Carri No. 2", dahinter verbirgt sich geschnetzelter Affe. Getrunken wird neben Rum-Cocktails vor allem das gute einheimische Bier.

Straßenverkehr
Das Mindestalter zum Ausleihen von Mietwagen beträgt 21 Jahre. An den Linksverkehr gewöhnt man sich schneller als an die teilweise sehr schlechten Straßenverhältnisse. Nachtfahrten sind wegen unbeleuchteter Verkehrsteilnehmer ein Risiko. Einheimische Autovermietungen nehmen für einen Kleinwagen ca. 550 DM/Woche (Empfehlenswert: Kevtrav Ltd, Tel. 00230-465-4458 Fax 00230-464-3777), die bekannten internationalen Anbieter verlangen das Doppelte.

Informationen
Mauritius Informationsbüro
Postfach 101846, 60018 Frankfurt a.M.
Tel. 06171-980354
Fax 06171-980652

Sonstiges
Fast alle Hotels stellen ihren Gästen die Ausrüstungen fürs Surfen, Segeln, Schnorcheln und Wasserskifahren gratis zur Verfügung. Air Mauritius transportiert Tauchgepäck kostenlos.
Empfehlenswerte Tauchbasen sind u.a.:
St. Geran Diving im gleichnamigen Hotel bei Belle Mare Tel. 4151825, Fax 4151983;
Islandive in Grand Baie
Tel. 2638621, Fax 2638146

Literaturtips
Därr, Wolfgang „Richtig reisen" (Dumont)
Geh-Spinelli, B. „Mauritius" (Ullstein)
Guderjahn, Malo „Mauritius" (Goldstadt)

Hindufrauen: Die Hälfte der Mauritianer sind indischer Abstammung

	Beste Reisezeit	Ø Tagestemperatur	Ø Nachttemperatur	Sonnenstunden	Regentage	Wassertemperatur
JAN		30°	22°	8	17	27°
FEB		30°	23°	8	16	27°
MÄR		29°	22°	7	17	27°
APR	●	29°	21°	7	17	26°
MAI	●	27°	19°	7	14	25°
JUN	●	25°	17°	6	15	24°
JUL		25°	17°	6	16	23°
AUG		24°	17°	7	16	23°
SEP	●	25°	17°	7	10	23°
OKT	●	27°	18°	8	28	23°
NOV	●	28°	20°	8	29	24°
DEZ		29°	21°	8	12	25°

Ein Zackenbarsch schaut lauernd aus seinem Felsversteck hervor - er wartet auf Beute

Die Gemeinen Tanzgarnelen ziehen sich mit Vorliebe in kleine Löcher und Höhlen zurück

1.000 MEILEN AUSSERHALB DER WELT

Ein britischer Gouverneur schrieb einmal: „Die Seychellen und das Paradies haben zwei Dinge gemeinsam – beide sind wunderschön, und jeder möchte dorthin – nur wie?" Verkehrstechnisch ist dieses Problem gelöst, wenngleich ein Urlaub auf den Seychellen immer noch recht kostspielig ist. Dafür erwarten den Besucher smaragdgrünes, kristallklares Wasser, paradiesische Korallengärten sowie schneeweiße, menschenleere Strände, die mit ihren kolossalen, von Wind, Meer und Regen geschliffenen Granitfelsen den Seychellen ihren einmaligen Charakter verleihen.

TAUCH Info AUF EINEN BLICK

FISCHAUFKOMMEN	✓	✓	✓	✓	
GROSSFISCHE	✓	✓			
WRACKS	✓	✓			
STEILWANDTAUCHEN	✓	✓	✓		
HÖHLEN/ÜBERHÄNGE	✓	✓			
SICHTWEITEN	✓	✓	✓	✓	
STRÖMUNGSAUFKOMMEN	✓	✓			
TAUCHBOOTE	✓	✓	✓	✓	

	Beste Reisezeit	Ø Tagestemperatur	Ø Nachttemperatur	Sonnenstunden	Regentage	Wassertemperatur
JAN		28°	24°	6	15	27°
FEB		29°	25°	6	10	28°
MÄR	●	29°	25°	7	11	28°
APR	●	30°	25°	8	10	29°
MAI		29°	25°	8	9	28°
JUN		28°	25°	7	9	27°
JUL		27°	24°	7	8	26°
AUG		27°	24°	7	7	26°
SEP		28°	24°	7	8	26°
OKT	●	28°	24°	7	9	26°
NOV	●	29°	24°	7	12	27°
DEZ		28°	24°	7	15	27°

Schulen von Süßlippen trifft man im gesamten Indischen Ozean und dem Roten Meer an

Ein beeindruckendes Korallenriff erstreckt sich im Norden der Beau Vallon Bay zwischen dem Mare Anglaise und dem Sunset Hotel. Diese Bucht ist zugleich Ausgangspunkt der meisten Tauchaktivitäten im Norden der Insel. Etwa eine Bootsstunde entfernt liegt bei Mamelles das Wrack der Ennerdale. Der zerbrochene Rumpf des Schiffes sorgt für eine gespenstische Unterwasserkulisse.

Wenngleich es in den Gewässern der zentralen Seychellenbank nicht so viele Korallenriffe gibt wie auf den Malediven, so erscheinen die unberührten Unterwasserlandschaften um die unterseeischen Granitfelsen abwechslungsreicher, und sie sind überaus artenreich an marinen Lebensformen.

Vor der Felseninsel L´Ilot oder am Ave Maria-Felsen der Insel La Digue finden sich riesige Thunfisch- und Makrelenschwärme gemeinsam mit Adlerrochen und Barrakudas ein. Zwischen der Insel Silhouette und der Beau Vallon Bay ziehen gelegentlich sogar Walhaie vorbei (Beste Monate: November, Dezember). Von der Insel Praslin aus werden Tauchausfahrten in Richtung La Digue, Frégate und Aride unternommen. Hier sind die Tauchgründe noch ursprünglicher und unberührter als um Mahé.

Über Wasser

Der beeindruckenden Natur wird dank eines Schutzprogramms der Regierung in Victoria, der kleinsten Hauptstadt der Welt, besondere Bedeutung beigemessen. Die einzigartigen Strände – allein auf der Hauptinsel gibt es 68 schneeweiße Sandbuchten – verzaubern jeden Seychellenbesucher.

Alle Inseln haben ihre landschaftlichen Reize. Sei es der 905 Meter hohe Morne Seychellois auf Mahé oder die wie von Designerhand geschaffenen Strände von La Digue. In dem zauberhaften Vallée de Mai stehen die Coco de Mer-Palmenwälder, deren eigenartige (erotisch anmutende) Kokosnussform Weltruhm erlangte. Oberhalb von 400 Metern trifft man auf eine fleischfressende Pflanze, die becherförmige Pitcher Plant. Auf Silhouette und Praslin können in den Bergen seltene Orchideenarten, z.B. die Fleur Paille-en-Queue, die wilde Vanille der Seychellen oder die Latanier-Palme entdeckt werden.

REISE Info

Anreise
Mehrere Airlines fliegen die Hauptinsel Mahé direkt an, darunter die Air Seychelles. Mit Air France über Paris und mit British Airways über London. Von Mahé geht es mit Inlandsflügen weiter. Hubschrauber-Transfers sind teuer.

Einreisebestimmungen
Reisepaß, mindestens 6 Monate gültig. Ein Touristenvisum wird bei Ankunft erteilt und ist einen Monat gültig.

Impfungen
Es sind keine Impfungen vorgeschrieben. Aktuelle Auskünfte erteilen die Tropeninstitute.

Geld / Devisen
100 Rupies = 33 DM. Beste Zahlungsmittel sind Travellerschecks (DM und US$) sowie Kreditkarten, die von fast allen Hotels akzeptiert werden. In den größeren Banken auf Mahé werden auch Eurocheques angenommen.

Saison
Ganzjährig.

Im März, April, Oktober und November wenig Wind und sehr heiß. Das ist gleichzeitig die beste Zeit für Taucher. In den „windigen" Monaten von Dezember bis März können die Sichtverhältnisse unter Wasser eingeschränkt sein. Die durchschnittliche Tagestemperatur liegt ganzjährig zwischen 28 und 31 °C, die Wassertemperatur etwa drei Grad darunter.

Zeitverschiebung
MEZ + 3 Stunden

Telefon
Zu den Seychellen: 00248 + Inselvorwahl ohne Null + Rufnummer

Übernachtung
Großes Angebot unterschiedlicher Kategorien. In folgenden Hotels befinden sich Tauchbasen:

Mahé: Beau Vallon Hotel (Marine Divers), Northolme Hotel, Coral Strand Hotel, Plantation Club, Blue Lagoon Chalets, Reef Hotel (Sub Aqua Tauchbasis)

Praslin: Praslin Beach Hotel

La Digue: La Digue Lodge Hotel

Essen
Typisch kreolisch: zur ursprünglich französischen Küche kamen chinesische, indische und sogar afrikanische Einflüsse. Wichtigstes Nahrungsmittel ist Fisch. Die meisten Hotels bieten auch eine europäische Speisekarte an.

Straßenverkehr
Linksverkehr. Leihfahrzeuge, die beliebten Mini Mokes, kosten etwa DM 100,– am Tag, größere Jeeps nur wenig mehr. Ein nationaler Führerschein reicht aus. Fahrräder gibt es bereits für ca. 5 Rupies pro Stunde.

Informationen
Fremdenverkehrsamt Seychellen
Hochstraße 15, 60313 Frankfurt
Tel. 069-292064 Fax 069-296230

Literaturtips
Seychellen „Richtig Reisen" (Dumont)
Seychellen „Nelles Jumbo Guides" (Nelles Verlag)

Urlaubsparadies Seychellen - an einsamen Stränden kann man die Seele baumeln lassen

IM REICH DER 1.000 ATOLLE

Waren es Mitte der 70er Jahre gerade fünf Inseln, die für Taucher erschlossen waren, so kann heute zwischen mehr als 70 Tauchbasen gewählt werden. Für Anfänger sind die seichten Lagunen ideale Ausbildungsplätze. Zusätzlich bieten Kreuzfahrtschiffe Tauchsafaris für geübte Taucher an.

Ein Südsee-Traum: die Malediven-Insel Angaga mit ihrer üppigen tropischen Vegetation

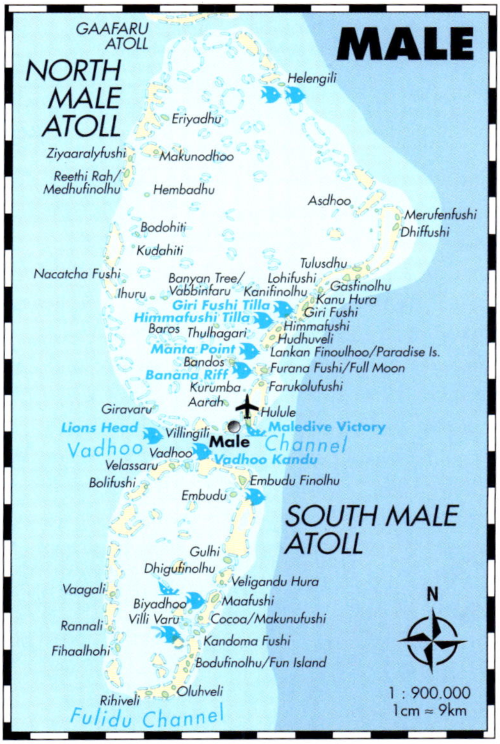

TAUCH Info AUF EINEN BLICK

FISCHAUFKOMMEN	✓	✓	✓	✓	✓
GROSSFISCHE	✓	✓	✓	✓	
WRACKS	✓	✓			
STEILWANDTAUCHEN	✓	✓	✓	✓	
HÖHLEN/ÜBERHÄNGE	✓	✓	✓	✓	
SICHTWEITEN	✓	✓	✓	✓	
STRÖMUNGSAUFKOMMEN	✓	✓	✓	✓	
TAUCHBOOTE	✓	✓	✓		

Wunderschön bewachsene Korallengärten und unzählige Fischarten findet man überall auf den Malediven. Dennoch seien ein paar Insidertips verraten: Im North-Male-Atoll sollte man auf keinen Fall einen Trip zum Himmafushi Tilla versäumen. Es fällt mit drei Plateaus von etwa 12 auf 60 Meter ab und hält das ganze Spektrum der Korallenvielfalt dieser Region bereit. Die Westseite des Riffs verzaubert mit eindrucksvollen Formationen - Höhlen, Steilabfällen und vielen vorgelagerten Felsen. Für den Aufstieg sollte ausreichend Luft für eine ausgiebige Exkursion über das Riffdach berücksichtigt werden. Die Fülle der dort lebenden Korallenfische ist unüberschaubar. Südlich des Riffsaumes, der die Insel Himmafushi einschließt, befindet sich bei Lankan Finoulhoo der legendäre Manta-Point, an dem sich zwischen Juni und November jedes Jahr mehrere dieser eleganten Tiere einfinden. Nördlich von Himmafushi liegt ein weiteres Juwel verborgen: zwischen Tamburudhoo und Kanu Hura warten mehrere Riffformationen im Kanal auf den

Taucher. In unmittelbarer Nähe befindet sich bei der Insel Giri Fushi ein kleines Tilla, dessen Weichkorallenbestand weltweit seinesgleichen sucht.

Wer Grotten und Höhlen erkunden möchte, findet im North-Male-Atoll mit dem Maagiri Tilla ein Riff der Superlative. Großfischfans wird geraten, vornehmlich am Außenriff oder in den strömungsreichen Kanälen zu tauchen. Dort gewährleistet fast jeder Tauchabstieg Haibegegnungen. Darüberhinaus hat jede Tauchbasis eigene, „haisichere" Plätze wie zum Beispiel die „Oper" oder das Banana Riff, nicht weit von Furana.

Im Norden zeichnet sich die Insel Helengeli durch ein großes Angebot an Tauchplätzen aus. Hier lassen sich Großfische beobachten.

Zwischen dem North-Male- und dem South-Male-Atoll erstreckt sich der Vadhoo Kanal. Dort kommen Wracktaucher auf ihre Kosten. Der 1981 gesunkene Frachter „Maldive Victory" ist auch heute noch gut erhalten. Im Vadhoo Kanal erfreut sich auch der Lions Head zunehmender Beliebtheit. Hier patrouillieren angefütterte Graue Riffhaie ohne Scheu nahe an den Tauchern entlang. Mittlerweile sind Haifütterungen von der maledivischen Regierung offiziell verboten worden!

Das South-Male-Atoll bietet am Nordrand mit dem Vadhoo Kandu spektakuläres Steilwandtauchen. Der Blick am Riff hinunter verliert sich im tiefen, unendlichen Blau. Mit den stets präsenten Haien segeln in diesem Gebiet häufig kleine Schulen Adlerrochen durchs Meer.

Der Goldstreifenschnapper kommt auf den Malediven in besonders großen Schwärmen vor

Über Wasser

Die meisten Malediveninseln können in einer Stunde bequem zu Fuß umrundet werden. Der Durchmesser beträgt oft nur wenige hundert Meter, Erhebungen oder Gebirge gibt es nicht. Naturkundlich Interessierte finden hier verschiedene Palmenarten (Kokos-, Betelnuß- und Schraubenpalmen) sowie Gummi-, Brotfrucht-, Mango-, Bananen- und Mandelbäume. In brakkigen und sumpfigen Gebieten wachsen Mangroven. Die Tierwelt beschränkt sich auf einige Vogelarten (Seeschwalben, Möwen, Reiher, Strandläufer und Fregattavögel).

Interessante Einblicke in die Lebensweise der maledivischen Bevölkerung ermöglichen Ausflüge zu Einheimischen-Inseln, auf denen jeweils eine Dorfgemeinschaft von rund 350 Bewohnern in einfachen, palmengedeckten Hütten oder in aus Korallenstein gebauten Häusern lebt.

Der kulturelle Höhepunkt eines Malediven-urlaubes fällt meist in die letzten Stunden, denn zwischen Transfer und Abflug vom Airport Hulule bleibt meist etwas Zeit für einen Ausflug zur Hauptinsel Male. Die nur 1,2 Quadratkilometer große Insel beheimatet etwa 60.000 Bewohner und darf als das wichtigste Tausch- und Handelszentrum der Malediven betrachtet werden. Sehenswert sind in der Hauptstadt Male die Hafenpromenade mit einem Fisch-, Brennholz- und Obstmarkt (hier wird teilweise noch Ware gegen Ware getauscht), die neue Moschee und der Sultanpark, in dem das Nationalmuseum steht. Reizvoll ist auch ein Spaziergang durch die kleinen Gassen der Stadt, in denen allerhand kuriose Souvenirs angeboten werden.

	Beste Reisezeit	Ø Tagestemperatur	Ø Nachttemperatur	Sonnenstunden	Regentage	Wassertemperatur
JAN	●	27°	25°	7,4	3	29°
FEB	●	28°	25°	7,3	2	29°
MÄR	●	28°	26°	7,1	2	30°
APR	●	28°	27°	6,6	5	31°
MAI		27°	27°	6,5	8	31°
JUN		27°	26°	6,5	15	30°
JUL		27°	26°	6,3	14	29°
AUG		27°	26°	6,3	12	29°
SEP		27°	26°	6,4	10	29°
OKT	●	27°	26°	6,5	12	29°
NOV	●	27°	25°	6,5	12	29°
DEZ	●	27°	25°	7,2	6	29°

Reise Info

Anreise

Mehrere Airlines fliegen wöchentlich nach Male (Airport-Insel Hulule). Von dort geht es per Dhoni, Schnellboot oder Hubschrauber weiter zur gewünschten Insel.

Einreisebestimmungen

Reisepaß, mindestens 6 Monaten gültig. Visum bei mehr als 30 Tagen Aufenthalt.

Impfungen

Aktuelle Auskünfte erteilen die Tropeninstitute.

Geld / Devisen

Landeswährung ist der Rupia, der jedoch nicht benötigt wird. Beste Zahlungsmittel sind Dollar und DM. Fast alle Ressorts akzeptieren Travellerschecks und Kreditkarten.

Saison

Ganzjährig, beste Reisezeit zwischen August und Mai. Im Juni und Juli können stärkere Winde auftreten.

Zeitverschiebung

MEZ + 4 Stunden. Viele Inseln haben eine eigene „Inselzeit" (+ 1 Std.), um das Tageslicht für die Gäste sinnvoller auszunutzen.

Telefon

Zu den Malediven: 00960 + Atollvorwahl + Rufnummer

Übernachtung

Die Malediven bieten von einfachen Unterkünften bis zu luxuriösen Bungalows für jeden Geschmack und Geldbeutel das Richtige.
Entscheidungskriterien für die richtige Wahl könnten lauten:

- Entfernung der Insel vom Airport
- Transfer mit Boot oder per Hubschrauber
- Größe der Insel
- Sport- und Freizeitangebot
- Art und Ausstattung der Bungalows
- hat die Insel eine Lagune
- Entfernung des Hausriffs von der Insel

Essen

Die meisten Inseln bieten reichhaltige Buffets an. Überwiegend asiatische Küche mit reichhaltigem Angebot an fangfrischen Meeresfrüchten. Einige Inseln verfügen über mehrere Restaurants.

Straßenverkehr

Autos gibt es nur auf der Hauptinsel Male.

Informationen

Orca Reisen, Air Aqua, Moxter, Sub Aqua.

Literaturtips

Schmidt, Norbert „Malediven, Richtig Reisen" (DuMont, 1995)
Mietz, Christian „Tauchreiseführer Malediven" (Naturbuchverlag, erscheint 1997)

Sepien verändern während der Paarung ihr Äußeres in ständig wechselnden, neonfarbenen Tönen

SÜDSEE - ATMOSPHÄRE

Das Ari-Atoll besteht aus vielen Sand- und Korallenbänken, die von Riffen umgeben sind und flache Lagunen einschließen. Diese Topographie garantiert erlebnisreiche Tauchgänge.

TAUCHKREUZFAHRTSCHIFFE

SCHIFF	INFOS BEI
ATOLL EXPLORER	SUB AQUA, TUI, JAHN
KEENA	MALDIVES SCUBA TOURS
SARAH 1	MANTA REISEN
GOMA	MANTA REISEN
VAAREDHUNI	SUB AQUA
NIRU	HANS HEIN TAUCHREISEN
NASRUVELI	SUB AQUA
BAARA BARU	SUBEX REISEN
HAMMERHEAD	LOBSTER
FLYING FISH	ORCA

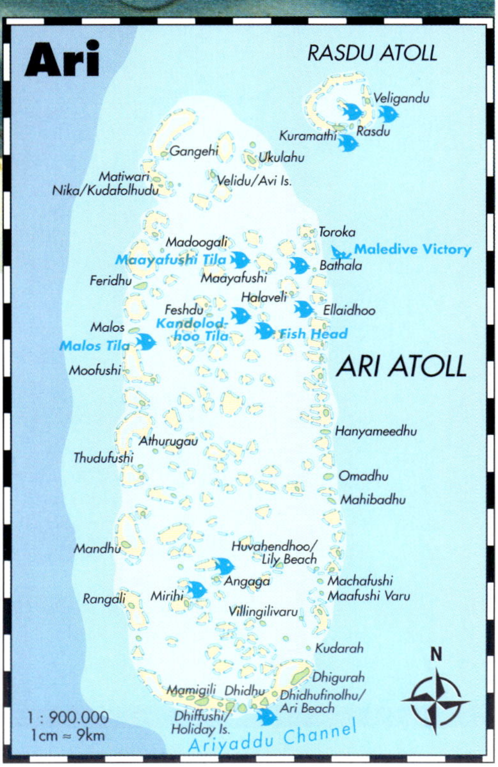

Mitte der 80er Jahre öffnete sich das Ari-Atoll dem Tourismus. Halaveli, Bathala, Maayafushi und Ellaidhoo (im Nordosten des Atolls) avancierten schnell zu festen Begriffen in der Tauchszene. Tauchplätze wie der Fish Head (Mushimas Mingili Tilla) oder das Maayafushi Tilla gelangten zu Weltruhm. An beiden Riffen ist der Fischreichtum spektakulär. Im Kanal zwischen Tilla und Faro ziehen sehr oft Schulen kleinerer Mantas entlang. Ein weiterer Höhepunkt im Ari-Atoll ist das Malos Tilla direkt neben der gleichnamigen Einheimischen-Insel. Mit Weichkorallen in allen Farben bedeckt, sucht das Riff selbst auf den Malediven seinesgleichen. Gigantische Überhänge sind mit hellblauen Weichkorallen übersät. Im 30-Meter-Bereich liegen vorgelagerte, große Korallenfelsen, an denen regelmäßig Großfisch beobachtet werden kann.

Im Norden des Ari-Atolls schließt sich das Rasdu-Atoll (Kuramathi, Rasdu, Veligandu) an. Einzigartige, unberührte Tauchplätze versprechen dort Begegnungen mit Hammerhaien, manchmal sogar mit größeren Schulen.

Weiter im Süden liegen die bekannten Taucherinseln Mirihi, Angaga und Ari Beach. Sie bieten noch unberührte, intakte Landschaften tropischer Unterwasserwelten und können mit sogenannten „Manta Points" aufwarten. Die Insel Mirihi unterhält eigens für Unterwasser-Fotografen ein spezielles E6-Labor, so daß die Fotoausbeute gleich nach dem Tauchgang bewundert werden kann.

Wer sich nur auf das Tauchen konzentrieren möchte, ist mit einer Tauchkreuzfahrt gut beraten. Die zahlreichen Kreuzfahrtschiffe laufen auch Plätze an, die von den Inseln nicht erreicht werden können. Mittlerweile kreuzen rund 30 Schiffe auf verschiedenen Routen durch die Atolle der Malediven. Besonders interessant sind Tauchkreuzfahrten in Atollen, in denen sich keine Touristeninseln befinden. Dazu gehören das Baa- und das Lhaviyani-Atoll im Norden sowie das Felidu- und das Faaf-Atoll im Süden. Dort gibt es ständig neue Riffe zu entdecken. Die Schiffe unterscheiden sich in Komfort und angebotenen Leistungen erheblich - die Veranstalter vorher befragen.

Hinweis

Die Reiseinformationen sind identisch mit der Destination Male-Atoll. Entnehmen Sie bitte dort die benötigten Angaben (S. 147).

Großaugenbarsche - die auffällig großen Augen ermöglichen ihnen nächtliche Beutezüge

Zum Träumen schön - tropische Abendstimmung am Strand von Ko Lanta

EINE INSEL FÜR ROBINSON

Wer der touristischen Hektik Phukets entfliehen möchte, findet anderthalb Bootstunden südlich von Ko Pee Pee die paradiesische Insel Ko Lanta. Direkt an den Weststränden befinden sich die kleinen Bungalowanlagen, von denen aus man wunderbare Sonnenuntergänge genießen kann.

Ganztagsfahrten mit je zwei Tauchgängen führen zu unberührten Korallengärten unterschiedlichster Formationen. Auf Ko Ha, einer kleinen Inselgruppe im Südwesten, befinden sich gleich mehrere Tauchplätze, an denen Steilwände mit unzähligen Weichkorallen, eindrucksvolle Überhänge und leicht zu betauchende Höhlen bewundert werden können. Ein lichtdurchfluteter „Kessel" sorgt acht Meter unter der Wasseroberfläche für bizarre Lichtspiegelungen, ein Schauspiel, das jeden Fotografen begeistern wird. In unmittelbarer Nähe können Taucher in einem Kamin von 17 Meter Tiefe bis auf fünf Meter direkt auf das Riffdach aufsteigen.

Der Hin Bida-Felsen, eineinhalb Stunden westlich von Ko Lanta gelegen, hat sich als „Shark Point" einen Namen gemacht. Dort treffen Taucher stets auf mehrere, fast handzahme Leopardenhaie. Zu den Highlights in der Andamanen See zählen zwei Tauchplätze in der Nähe der Nationalparkinseln Ko Rok: der Hin Daeng-Felsen und das etwa 150 Meter entfernt gelegene Hin Muang-Riff. Die Chance, Walhaie zu sichten, ist hier besonders groß. Beide Plätze fallen bis auf etwa 75 Meter Tiefe ab, während die anderen nur bis durchschnittlich 30 Meter herabreichen. Beste Voraussetzungen also für leichte und sichere Tauchabstiege.

TAUCH Info AUF EINEN BLICK

FISCHAUFKOMMEN	✓	✓	✓	✓	
GROSSFISCHE	✓	✓	✓		
WRACKS	✓				
STEILWANDTAUCHEN	✓	✓	✓		
HÖHLEN/ÜBERHÄNGE	✓	✓	✓	✓	
SICHTWEITEN	✓	✓	✓	✓	
STRÖMUNGSAUFKOMMEN	✓	✓	✓		
TAUCHBOOTE	✓	✓	✓		

Über Wasser

Ko Lanta wurde erst Anfang der 90er Jahre für den Tourismus erschlossen. Mittlerweile befahren einige „Pickup-Fahrzeuge" die rotsandigen Staubpisten der Insel, um die Gäste vom Landungssteg des kleinen Fischerortes Saladan zu den Bungalowanlagen der westlich gelegenen Strände zu befördern. Besucher können sich lediglich kleine Motorräder ausleihen. Eine etwas abenteuerlich anmutende Rundfahrt um die Insel (Vorsicht vor Holzbrücken und tiefen Schlaglöchern!) gewährt herrliche Einblicke in einsame und noch unverbaute Buchten sowie in die Lebensweise der gastfreundlichen Bevölkerung. Im Ort Lanta Peer kann eine buddhistische Tempelanlage besichtigt werden. In der Inselmitte wartet ein Höhlensystem auf Erkundung, und im Süden von Ko Lanta erstreckt sich der wildwüchsige Nationalpark mit versteinerten, uralten Baumresten und einem herrlichen Ausblick vom Leuchtturm.

Taucher und Schnorchler finden das Ko Lanta Diving Center im Ort Saladan, am Hauptstrand (Klong Dao Beach) und im Relax Bay Tropicana Resort. Zwei weitere Tauchschulen, Atlantis Diving und Dive Zone, haben sich ebenfalls in Saladan angesiedelt.

Anemonenfische schützen sich durch eine Schleimschicht vor den nesselnden Tentakeln

	Beste Reisezeit	Ø Tagestemperatur	Ø Nachttemperatur	Sonnenstunden	Regentage	Wassertemperatur
JAN	●	31°	23°	9,3	4	27°
FEB	●	32°	24°	9,8	3	28°
MÄR	●	33°	24°	9,0	5	28°
APR		33°	25°	8,3	9	29°
MAI		32°	24°	6,5	17	29°
JUN		31°	24°	5,3	15	29°
JUL		31°	24°	5,6	15	28°
AUG		31°	24°	5,7	15	28°
SEP		30°	24°	5,0	17	28°
OKT		30°	24°	5,8	18	28°
NOV	●	30°	24°	6,7	12	28°
DEZ	●	31°	24°	8,1	7	27°

Am Hin Bida-Felsen leben einige ortstreue Leopardenhaie - sie sind für Taucher ungefährlich

REISE Info

Anreise

Mit dem Flugzeug direkt oder über Bangkok, Singapur, Kuala Lumpur nach Phuket. Von dort a) mit dem Schiff über Ko Pee Pee nach Ko Lanta oder b) über Land nach Krabi und von dort per Boot zum Ziel.

Einreisebestimmungen

Reisepaß, mindestens 6 Monate gültig und Rückflugticket. Visum ab 30 Tagen Aufenthalt.

Impfungen

Aktuelle Auskünfte erteilen die Tropeninstitute.

Geld / Devisen

100 Thai Baht = 6,10 DM. Beste Zahlungsmittel sind DM-Travellerschecks und Bargeld. Euro-cheques können bei den Banken in Krabi und Phuket gewechselt werden.

Saison

Anfang November bis Ende April

Zeitverschiebung

MEZ + 6 Stunden

Telefon

Nach Thailand: 0066 + Vorwahl ohne Null + Rufnummer

Übernachtung

Alle Ressorts (kleine, aber schöne Bungalowanlagen) liegen an den westlichen Stränden.

Empfehlenswert:
Lanta Island Resort
Lanta Villa
Lanta Sea House Resort
Relax Bay Tropicana Resort

Essen

Ausgezeichnete thailändische Gerichte in allen Restaurants, fangfrische Meeresfrüchte, exzellente Curries und frische tropische Früchte wie Ananas, Papayas, kleine Bananen, Rambutan, Litschies oder Durian. Gerichte bis max. DM 10,-. Menüs selten über DM 15,–. Trinkgeld (max. 10 bis 20 Thai Baht) gibt man nur, wenn die Rechnung auf einem Tablett serviert wird.

Straßenverkehr

Linksverkehr. Zur Fahrzeugausleihe reichen der nationale Führerschein und der Reisepaß.

Informationen

Thailändisches Fremdenverkehrsamt
Bethmannstr. 58, 60311 Frankfurt a.M.
Tel. 069-295704
Fax 069-281468

Literaturtips

Quak, Ulrich „Reisehandbuch Thailand" (Iwanowski Verlag, 1993)
Mietz, Christian „Tauchreiseführer Thailand" (Naturbuchverlag, 1995)

Farbenprächtige Weichkorallen-Kolonie in den strömungsreichen Gewässern der Andamanensee

NEPTUNS KORALLENGARTEN

Die nördlich von Phuket in der Andamanensee gelegenen Similan Inseln sind unter Tauchern besonders beliebt. Das landschaftlich reizvolle Archipel bietet die schönsten Korallenlandschaften des südostasiatischen Königreichs.

Das Similan Archipel, etwa 55 Seemeilen von Phuket entfernt, besteht aus neun Inseln. Um die Schiffsreise zu verkürzen, starten viele Tauchschiffe von Tap Lamu, einem kleinen Fischerort an der Festlandküste nördlich von Phuket. Mit großen, schnellen Kreuzfahrtschiffen können Taucher in drei bis vier Stunden von Phuket anreisen. Die Eilande der Similans sind der Einfachheit halber von Süden nach Norden mit Ziffern versehen. Tauchkreuzfahrten beginnen in der Regel im Norden bei Insel Nr. 9 (Ko Bangu) und enden an der südlichen Nr. 1 (Ko Huyong). Nachts ankern die Schiffe in den idyllischen, geschützten Lagunen. Hier können Nachttauchgänge unternommen werden.

Zu den schönsten Tauchplätzen zählen der Christmas Point und Snapper Alley bei Insel Nr. 9 (Ko Bangu). Dort ziehen gelegentlich Mantas vorbei, die eine Flügelspannweite von sieben Metern erreichen können. Im Süden wird Insel Nr. 8 (Ko Similan) von der Hinkelstein Bay, dem Coral Garden und dem Fantasy Reef umsäumt. Die schönsten Korallenformationen liegen dort in 25 Meter Wassertiefe. An Land kann man das Wahrzeichen der Similan Inseln, einen großen, tropfenförmigen Felsen, erklimmen und den herrlichen Ausblick über die Bucht genießen. Die winzige Felseninsel Nr. 7 gleicht mit etwas Phantasie einem Elefantenkopf (Elephant Rock): Die eigentümlichen, aufeinandergeschichteten Fels-

TAUCH Info AUF EINEN BLICK

FISCHAUFKOMMEN	✓	✓	✓	✓	✓
GROSSFISCHE	✓	✓	✓	✓	
WRACKS	✓				
STEILWANDTAUCHEN	✓	✓	✓	✓	
HÖHLEN/ÜBERHÄNGE	✓	✓			
SICHTWEITEN	✓	✓	✓	✓	
STRÖMUNGSAUFKOMMEN	✓	✓	✓		
TAUCHBOOTE	✓	✓	✓		

blöcke formen eine abwechslungsreiche Unterwasserlandschaft, in der sich oftmals größere Haie einfinden. Ein weiterer Haimagnet liegt bei den großen Unterwasserfelsen nahe der Insel Nr. 4 (Ko Miang). Am „Stonehenge Riff" können Schwarz- und Weißspitzenhaie, Leopardenhaie, Rochen sowie Barrakudas beobachtet werden und mit etwas Taucherglück auch Meeresschildkröten.

Neben den Similan Inseln garantieren vor allem die Surin Inseln und der Richelieu Rock Begegnungen mit Walhaien. Empfehlenswert sind also Tauchkreuzfahrten, die diese Tauchgebiete mit einbeziehen.

Über Wasser

Die Similan Inseln, besonders die größeren unter ihnen, bieten einzigartige Motive zur Landschaftsfotografie. Da das Archipel zum Nationalpark erklärt wurde, besteht die Hoffnung, daß die Eilande von einer Bebauung mit Hotels verschont bleiben. Lediglich auf Ko Miang, von der aus die „National Marine Park Authorities" die Inselgruppe überwacht, gibt es ein kleines Restaurant, das in der Hochsaison die Besucher mit einheimischen Gerichten bewirtet.

Die Surin Inseln, die ebenfalls in einem Nationalpark liegen, beheimaten ein paar Seezigeuner, die zwischen Burma und Thailand pendeln. Nachts ereignet sich dort ein einmaliges Naturschauspiel, wenn viele Arten von Seeschildkröten an den Strand kommen, um ihre Eier im warmen Sand zu vergraben.

Die kulturellen Sehenswürdigkeiten des südthailändischen Festlandes lassen sich am besten von Phuket aus erkunden.

	Beste Reisezeit	Ø Tagestemperatur	Ø Nachttemperatur	Sonnenstunden	Regentage	Wassertemperatur
JAN	●	31°	23°	10	4	26°
FEB	●	32°	24°	11	3	27°
MÄR	●	33°	24°	10	5	28°
APR	●	33°	25°	9	9	29°
MAI		32°	24°	7	17	29°
JUN		31°	24°	7	15	29°
JUL		31°	24°	7	15	29°
AUG		31°	24°	7	15	29°
SEP		30°	24°	6	17	29°
OKT		30°	24°	6	18	29°
NOV	●	30°	24°	7	12	28°
DEZ	●	31°	24°	9	7	27°

Menschenleere Strände und abgelegene Buchten findet man im Nationalpark der Similan Inseln vor

Die Rote Hornkoralle. Insgesamt gibt es weltweit über 1.200 verschiedene Korallenarten

REISE Info

Anreise

LTU

Mit dem Flugzeug nach Bangkok (LTU), Singapore oder Kuala Lumpur. Von dort weiter nach Phuket. In der Hochsaison (Winter) gibt es zusätzlich Direktflüge von Deutschland oder Österreich nach Phuket.

Einreisebestimmungen

Reisepaß und Rückflugticket. Visa ab 30 Tagen. Reisepaß muß mindestens 6 Monate gültig sein.

Impfungen

Aktuelle Auskünfte erteilen die Tropeninstitute.

Geld / Devisen

100 Thai Baht = 6,10 DM. Beste Zahlungsmittel: DM-Traveller Schecks und Bargeld. Große Kreditkartenakzeptanz. Eurocheques können bei den Banken eingetauscht werden. Dort gibt es auch Bares auf Kreditkarten.

Saison

Anfang November bis Ende April.

Zeitverschiebung

MEZ + 6 Stunden

Telefon

Nach Thailand: 0066 + Vorwahl ohne Null + Rufnummer (Vorwahl Phuket: 076)

Übernachtung

Großes Hotelangebot verschiedener Kategorien.

Essen

Köstliche, thailändische Gerichte in allen Restaurants, fangfrische Meeresfrüchte, ausgezeichnete Curries, reichhaltige Auswahl frischer, tropischer Früchte. In den einheimischen Restaurants kosten die Gerichte zwischen DM 5,– und DM 10,–. In den größeren Hotels, die auch internationale Küche anbieten, sind europäische Maßstäbe anzusetzen.

Straßenverkehr

Linksverkehr. Zur Ausleihe von Fahrzeugen benötigt man eigentlich den Reisepaß und einen internationalen Führerschein. Viele Anbieter begnügen sich jedoch mit der Vorlage des nationalen Führerscheins.

Empfehlenswerte Tauchschulen

SANTANA, Patong Beach. Erste deutsche Tauchschule auf Phuket mit großem Angebot. Bietet neben Tauchen auch eindrucksvolle Kanu-Dschungel-Touren im Kao Sok Nationalpark und Pang Nga Bay an.

CALYPSO, Kata Beach. Deutsche Tauchschule mit frischem, modernen Flair und grundsolidem Tauchprogramm. Arbeitet in Kooperation mit einem neuen 25 m Stahlschiff, der Genisis 1, die Tauchkreuzfahrten (Similan , Surin , Richelieu Rock) mit sehr gutem Preis-Leistung-Verhältnis anbieten.

Informationen

Thailändisches Fremdenverkehrsamt
Bethmannstr. 58, 60311 Frankfurt a.M.
Tel. 069-295704, Fax 069-281468

Literaturtip

Quak, Ulrich „Reisehandbuch Thailand"
(Iwanowski Verlag, 1993)
Mietz, Christian „Tauchreiseführer Thailand"
(Naturbuchverlag, 1995)

Ringelkaiserfisch

INDO-PAZIFIK

32 PERHENTIAN INSELN

SCHÖNE SCHWESTERN

Die beiden Perhentian Inseln liegen im Südchinesischen Meer vor der Ostküste der malaiischen Halbinsel. Für einen Familienurlaub eignen sich die beiden Schwester-Inseln hervorragend, da die Lagunen extrem flachsandig abfallen. An den Lagunenrändern ragen unberührte Riffe bis unter die Wasseroberfläche, so daß die farbenprächtigen Meeresbewohner in den geschützten Buchten schon beim Schnorcheln beobachtet werden können.

Taucher können überall unberührte, intakte Unterwasserlandschaften mit üppigem Hartkorallen-Bewuchs von unterschiedlicher Art finden. Interessant zu beobachten sind die großen Schulen Büffelkopf-Papageifische, die vornehmlich bei Nachmittagstauchgängen anzutreffen sind, wenn sie bei der Nahrungssuche Algen von den Riffen äsen. Der „Rock Tiga", der ostwärts der großen Perhentian Insel liegt, weist abwechslungsreiche Weichkorallenformationen auf. Die zahlreichen Überhänge, Höhlen und Felsen im Meer sind derart imposant, daß mehrere Tauchgänge nötig sind, um das Revier zu erkunden.

Ein Spot der Spitzenklasse liegt nordwestlich der Perhentian Inseln. Der „Tauchplatz Nr. 22"

ist von unbeschreiblicher Schönheit. Anemonenfelder, kleine Schwärme auf dem Kopf schwimmender Schnepfenmesserfische, große, unüberschaubare Schwärme Makrelen und Schnapper, unzählbare kleine Riffbarsche und größere Schulen blauweißgelber Kehlkopf-Doktorfische finden sich an diesem Riff ein. Anemonenfelder bewirten ihre orangefarbenen Beschützer, die Harlekin-Anemonenfische. Zusätzlich besteht die Chance, Großfische anzutreffen.

Ein ebenfalls interessantes Tauchgebiet befindet sich südwestlich der kleinen Perhentian-Insel. Dort liegt ein meeresbiologisches Forschungsobjekt, ein künstlich angelegtes Riff zwischen zwölf und 24 Metern Tiefe. Mittlerweile reich bewachsen, bietet es vielen Fischen eine neue Heimat.

Die beste Adresse am Platze ist das Perhentian Island Resort auf der großen Insel (Besar). Vom Perhentian Diving Center lassen sich alle umliegenden Tauchplätze mit Speedbooten in maximal 15 Minuten erreichen.

TAUCH Info AUF EINEN BLICK

FISCHAUFKOMMEN	✓	✓	✓	✓	
GROSSFISCHE	✓	✓			
WRACKS	✓				
STEILWANDTAUCHEN	✓	✓	✓		
HÖHLEN/ÜBERHÄNGE	✓	✓	✓		
SICHTWEITEN	✓	✓	✓		
STRÖMUNGSAUFKOMMEN	✓				
TAUCHBOOTE	✓	✓			

Die Perhentian-Inseln bestechen durch ihre schneeweißen, palmenreichen Strände

Über Wasser

Die Perhentian Inseln gelten immer noch als Heimat und Geburtsstätte vieler Meeresschildkröten, die nachts an die Strände zur Eiablage kommen. Die dicht mit Dschungel bewachsenen Inseln laden zu kleinen Exkursionen ein, bei denen man auf Leguane, Affen und viele Schmetterlingsarten treffen kann. Auf der kleinen Perhentian-Insel befindet sich ein Fischerdorf, das die typische Lebensweise der ländlichen malaiischen Bevölkerung widerspiegelt.

In Kota Bahru, der Sultanatshauptstadt auf dem Festland, zählt der Central Market zu den eindrucksvollsten Märkten Südostasiens.

Fotografentip: Nutzen Sie den Blick vom zweiten Stockwerk in das Atrium des Hauptgebäudes. Im Cultural Center finden die berühmten Schattenspiele, Drachenflugvorführungen und landestypische Trommelspiele statt.

	Beste Reisezeit	Ø Tagestemperatur	Ø Nachttemperatur	Sonnenstunden	Regentage	Wassertemperatur
JAN		29°	22°	6,3	17	27°
FEB		30°	22°	8,0	9	27°
MÄR	●	31°	23°	8,6	10	28°
APR	●	32°	23°	8,6	9	29°
MAI	●	32°	24°	7,3	13	29°
JUN	●	32°	23°	6,7	12	29°
JUL	●	32°	23°	6,9	14	29°
AUG	●	32°	23°	6,9	14	29°
SEP	●	32°	23°	6,4	17	29°
OKT	●	31°	23°	6,0	20	29°
NOV		29°	23°	4,9	21	28°
DEZ		28°	23°	5,1	22	28°

Makrelenschwärme: unzählbar sind die silbernen Leiber der Fische

Rote Federsterne ziehen sich tagsüber zusammen, erst nachts entfalten sie ihre ganze Schönheit

Anreise
Per Flugzeug über Kuala Lumpur oder Singapur nach Kota Bahru. Von dort über Land nach Kuala Besut und mit dem Boot (1,5 Std.) direkt zum Perhentian Island Resort.

Einreisebestimmungen
Reisepaß, mindestens 6 Monate gültig.
Visum erst ab drei Monaten Aufenthalt notwendig. Bei Reisen zwischen Ost- und Westmalaysia gibt es einen zusätzlichen Stempel, der jedoch die ursprüngliche Aufenthaltsdauer nicht beeinträchtigt.

Impfungen
Aktuelle Bestimmungen laut Tropeninstitut.

Geld / Devisen
Landeswährung ist der malaiische Ringgit.
1 Ringgit = ca. 0,65 DM. Beste Zahlungsmittel sind Kreditkarten und Travellerschecks.

Saison
März bis Oktober

Zeitverschiebung
MEZ + 6 Stunden

Telefon
Zu den Perhentian Inseln: 0060 + Ortskennzahl ohne Null + Rufnummer

Übernachtung
Perhentian Island Resort

Essen
Ausgezeichnete malaiische Küche sowie einige europäische Gerichte.

Straßenverkehr
Linksverkehr, Mietwagen in Kota Bahru

Informationen
Malaiisches Fremdenverkehrsamt
Roßmarkt 11, 60311 Frankfurt a.M.
Tel. 069-283782/3
Fax 069-285215

Literaturtip
Rolf, A. „Malaysia und Singapur" (Dumont)
Mietz, Chr. „Tauchreiseführer Malaysia" (Naturbuchverlag, 1995)

DIE SCHILDKRÖTEN-INSEL

Sipadan, ein kleines Eiland in der Celebes See östlich von Borneo, muß in einem Atemzug mit den besten Tauchplätzen der Welt genannt werden. Naturschützer wachen über eine intakte Umwelt, in der Schildkröten einen idealen Lebensraum vorfinden.

Auf Sipadan sind Schildkröten-Begegnungen garantiert. Sie sind erstaunlich schnelle Schwimmer

Sipadan ist mit einem Pilz zu vergleichen, dessen Stiel aus 800 Metern Tiefe senkrecht aufsteigt und dessen Hut das winzige Eiland, seine Hutkrempe das umgebende Saumriff bildet. An einigen Stellen ragt das Riff bis auf 15 Meter dicht an den weißen, mit Palmen und grünem Buschwerk umgebenen Sandstrand heran.

Es genügen wenige Flossenschläge, um sich unmittelbar vor der Insel an der senkrechten Riffwand in blaue Tiefen hinabfallen zu lassen. Am Hausriff nehmen die einmali-

TAUCH Info AUF EINEN BLICK

FISCHAUFKOMMEN	✓	✓	✓	✓	✓
GROSSFISCHE	✓	✓	✓	✓	✓
WRACKS	✓				
STEILWANDTAUCHEN	✓	✓	✓	✓	✓
HÖHLEN/ÜBERHÄNGE	✓	✓	✓		
SICHTWEITEN	✓	✓	✓	✓	✓
STRÖMUNGSAUFKOMMEN	✓	✓	✓		
TAUCHBOOTE	✓	✓	✓	✓	✓

und jagen sogar Fisch. Sie können über 1.000 Meter tief tauchen und werden bis zu 300 Jahren alt

ge Schönheit und Ästhetik der riesigen Schulen von Jacks und Barrakudas, von Wimpelfischen und Fussilieren, von Fledermausfischen, Sepias, Drükkern und Papageienfischen den Taucher gefangen.

Stellenweise zieht sich das Riff weit ins Meer hinaus, bildet strömungsgünstige Spitzen oder auch geschützte Einkerbungen mit viel Großfisch und gewaltigen Fischschwärmen. Haie, Mantas und Delphine sind dort zu beobachten. Man muß diese benachbarten und doch so unterschiedlichen Plätze mehrfach betauchen, um zu erfassen, wie einmalig sie sind.

Ständig begegnen Taucher den Schildkröten von Sipadan, denen man sich unter Wasser, aber auch an der Oberfläche nähern kann, ohne ihren Argwohn zu erregen. Die Schildkröten sind sicherlich das Aushängeschild dieser kleinen Insel. Sie haben sich Sipadan unter Wasser als ihr Refugium und über Wasser als den Ort der Eiablage ausgesucht.

Sipadan ist ein Tauchgebiet mit allem, was sich ein engagierter Tauchsportler erhofft. Der Service der wenigen Basen, die für die Insel eine Konzession haben, ist erstklassig. Pro Tag kann man an drei Ausfahrten teilnehmen (maximal zehn Minuten Bootsfahrt) und/oder am Hausriff tauchen oder Nachttauchgänge unternehmen. Vier bis fünf Abstiege sind auf Sipadan ohne weiteres pro Tag zu machen.

	Beste Reisezeit	Ø Tagestemperatur	Ø Nachttemperatur	Sonnenstunden	Regentage	Wassertemperatur
JAN	●	29°	23°	5,1	19	28°
FEB	●	30°	23°	6,1	13	28°
MÄR	●	31°	24°	7,2	13	28°
APR	●	32°	24°	8,8	11	29°
MAI	●	32°	24°	7,7	10	29°
JUN	●	32°	24°	7,0	14	29°
JUL	●	32°	24°	6,7	14	29°
AUG	●	32°	24°	7,9	12	29°
SEP	●	32°	24°	7,0	15	29°
OKT	●	31°	24°	6,6	18	29°
NOV		31°	24°	5,2	19	29°
DEZ		30°	23°	5,7	20	28°

REISE Info

Anreise
Von Frankfurt oder München nach Kuala Lumpur (12 Std.) und dann weiter nach Kota Kinabalu auf Borneo (2,5 Std.) Von dort Weiterflug nach Tawau (1 Std.) und Bustransfer nach Semporna. Ab hier Speedboot-Transfer nach Sipadan. Malaysian Airlines gewährt Tauchern 35 kg Freigepäck.

Einreisebestimmungen
Reisepaß, mindestens 6 Monate gültig.

Impfungen
Impfungen für den Küstenbereich sind nicht vorgeschrieben. Für den Dschungel Borneos ist eine Malaria-Prophylaxe ratsam. Sicherheitshalber den Hausarzt oder ein Tropeninstitut befragen.

Geld / Devisen
Landeswährung ist der malaiische Ringgit. 1 Ringgit = 0,65 DM. Internationale Kreditkarten werden akzeptiert, Euroschecks werden in ganz Malaysia nicht angenommen.

Saison
Ganzjährig, im November und Dezember muß verstärkt mit Regen gerechnet werden.

Zeitverschiebung
MEZ + 7 Stunden

Telefon
Nach Sipadan: 0060-88 + Rufnummer

Übernachtung
Übernachtet wird in bequemen, einfach eingerichteten Bungalows am Strand (Doppelzimmer mit Bad und WC). Großes Gemeinschaftshaus am Strand für Mahlzeiten und das „social life" am Abend.

Essen
Reichhaltiges, von asiatischen, europäischen und amerikanischen Einflüssen geprägtes Buffet. Vor allem Fisch und andere fangfrische Meeresfrüchte sind sehr zu empfehlen. Alkoholische Getränke sind nicht ganz preiswert.

Informationen
Tourism Malaysia
Roßmarkt 11, 60311 Frankfurt a.M.
Tel. 069-283782/3, Fax 069-285215
Malaysia Airlines
An der Hauptwache 7, 60313 Frankfurt a.M.
Tel. 069-13871910, Fax 069-13871960

Sonstiges
Auf der Insel ist seit neuerem eine einsatzbereite Dekokammer auf der Basis der Borneo-Divers installiert. Leihausrüstungen stehen nur in beschränktem Maß zur Verfügung, Geräte gibt es in Hülle und Fülle. Für Ladegeräte stehen 110 V bzw. 240 V Spannung zur Verfügung. Denken Sie an einen INT-Adapter. In Malaysia ist der Islam die Hauptreligion, wenn auch nicht so orthodox wie im arabischen Raum. Trotzdem sollte dies vom Besucher berücksichtigt werden.

Literaturtips
Wong, Michael „Sipadan, Borneo's Underwater Paradise" (Odyssey Publishing, Singapur 1991)

Vom Bungalow sind es nur wenige Schritte bis zum Taucherlebnis

Über Wasser

Sipadan ist zwölf ha groß und liegt etwa 30 Kilometer von Sabah entfernt in der Celebes See, östlich vom malaysischen Teil Borneos. Das kleine Eiland, nicht größer als eine durchschnittliche Malediveninsel, ist bequem in 20 Minuten zu Fuß zu umrunden.

Naturschützer, die hier die Aktivitäten der Schildkröten genau beobachten und erforschen, haben ein nächtliches Begehverbot aller Strandabschnitte durchgesetzt, die nicht unmittelbar zu den Tauchbasen und Wohnbereichen gehören. Eine sinnvolle Lösung, die von jedem, der einmal Schildkröten in freier Natur intensiv beobachtet hat, verstanden und für gut geheißen wird. Ebenso ist das Sammeln von Pflanzen und sogar von Überresten der Meerestiere untersagt.

Gewohnt wird auf Sipadan in kleinen palmgedeckten Hütten direkt am Strand. Einige der Unterkünfte liegen so dicht am Wasser, daß die Treppen zur Terrasse bei Flut vom Meer umspült werden. Gegessen wird in einem großen Gemeinschaftshaus, das gleichzeitig Bar und abendlicher Treffpunkt ist. Küche, Angebot und Service sind vorbildlich und stehen einer guten Hotelküche in nichts nach.

Sipadan galt jahrelang als Geheimtip einer exzentrischen, globetrottenden und gut betuchten Taucher-High-Society. Nun wird die Insel im Pauschalarrangement weltweit kostengünstig angeboten. Zudem haben sich weitere Tauchschulen vor Ort niedergelassen.

Zur Zeit kommen die meisten Gäste noch aus Taiwan und Japan, doch der Run aus Europa und Amerika wird sicherlich nicht mehr lange auf sich warten lassen. Somit liegt eine große Verantwortung bei den Basisbetreibern, diesen neuen Destinationen ihre Natürlichkeit und den Tauchgebieten ihre Ursprünglichkeit zu bewahren. Ihr Erfolg hängt unmittelbar von einer intakten Umwelt an den Tauchplätzen ab.

Abstand halten: bei manchen Quallenarten werden die Tentakeln mehrere Meter lang

ROBINSON WÄRE GEBLIEBEN

Der erst vor kurzem entdeckte Geheimtip auf den Philippinen heißt Palawan. Dieses von der Sulu See umrahmte Inselparadies liegt abseits der Touristenströme. Es verbindet den Flair von Abenteuer mit einem Hauch von Luxus. Unter Wasser beeindrucken vor allem die schönen Korallengärten.

Die Riffe im nördlichen Teil der Insel Palawan zeichnen sich durch ihre Unberührtheit und die Artenvielfalt seltener tropischer Lebewesen aus. In kleinen Bancas (traditionelle philippinische Auslegerboote) mit einer Maximalkapazität von nur 10 Tauchern werden Tauchplätze angefahren, an denen das kristallklare Wasser zwischen März und Juni Sichtweiten bis zu 40 Metern bietet.

Das Gebiet um El Nido ist sehr strömungsarm. Nicht selten fühlt der Taucher sich zwischen den unzähligen farbenprächtigen Korallen und bunten Fischen wie in einem riesigen Aquarium. Tauchplätze wie Twin Rocks, West Miniloc, Popolcan oder Canayan Rock eignen sich sehr gut zum Steilwandtauchen: Die üppig mit Korallen bewachsenen Hänge reichen senkrecht bis über 30 Meter hinab. Bei West Entalula und South Matinloc fallen die steilen Riffhänge sogar noch über die 30-Meter-Marke ab. Interessante Eindrücke vermittelt auch der sogenannte „Tunnel-Tauchgang" am Dilumacad. Natürlich gibt es um El Nido noch viele andere lohnenswerte Tauchplätze, die alle in 10 bis maximal 50 Bootsminuten erreicht werden können.

An der sich nördlich anschließenden Insel Busuanga liegt bei der Conception Pearl Farm das Wrack eines Japanischen Frachters (Conception Wreck) aus dem Zweiten Weltkrieg. Es ist mit wunderschönen Weich- und Hartkorallen bewachsen und beheimatet viele Kaiser-, Falten-, Rotfeuer- und Wimpelfische. Das Wrack eignet sich gut für Anfänger und Schnorchler. Es liegt in nur neun Metern Tiefe.

Wer die philippinischen Gewässer aufmerksam betaucht, kann bestätigen, daß sie zu den artenreichsten Gewässern der Welt zählen.

TAUCH Info AUF EINEN BLICK

FISCHAUFKOMMEN	✓	✓	✓	✓	
GROSSFISCHE	✓	✓	✓	✓	✓
WRACKS	✓	✓	✓		
STEILWANDTAUCHEN	✓	✓	✓	✓	
HÖHLEN/ÜBERHÄNGE	✓				
SICHTWEITEN	✓	✓	✓	✓	
STRÖMUNGSAUFKOMMEN	✓	✓			
TAUCHBOOTE	✓	✓	✓	✓	

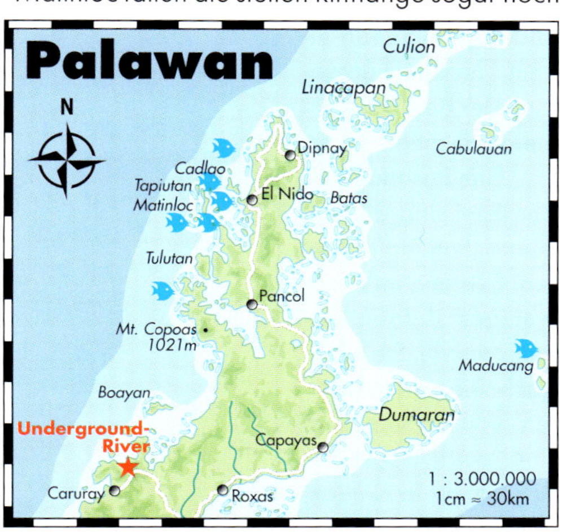

Während der Nacht richtet sich die schlauchartige Weichkoralle erst zu ihrer vollen Größe auf

Über Wasser

Der Norden Palawans ist landschaftlich besonders reizvoll. Die Umgebung besteht hauptsächlich aus schwarzem Kalkstein, der mit dichtem Dschungel überzogen ist und an der Küste mit eindrucksvollen Strukturen steil ins Meer abfällt. Eine interessante und abwechslungsreiche Exkursion führt von der Hauptstadt Puerto Princea nach El Nido, das man in etwa acht Stunden Fahrtzeit auf sandiger Piste mit einem Jeep erreichen kann. Auf dieser Fahrt sollte man einen Tag Pause einplanen, um den „Underground-River" zu besuchen, der durch das nördliche Palawan fließt. Der St. Pauls River führt türkisfarbenes Wasser und liegt mitten in einem Naturschutzgebiet. Der Besuch ist anmeldepflichtig.

Eine Besonderheit der Insel sind die einheimischen Indios, deren Existenz erst vor wenigen Jahren bekannt wurde. Sie leben noch wie vor Hunderten von Jahren und sind zuvor mit keiner Zivilisation in Kontakt gekommen.

	Beste Reisezeit	Ø Tagestemperatur	Ø Nachttemperatur	Sonnenstunden	Regentage	Wassertemperatur
JAN	●	29°	23°	5,1	19	28°
FEB	●	30°	23°	6,1	13	28°
MÄR	●	31°	24°	7,2	13	28°
APR	●	32°	24°	8,8	11	29°
MAI	●	32°	24°	7,7	10	29°
JUN	●	32°	24°	7,0	14	29°
JUL		32°	24°	6,7	14	29°
AUG		32°	24°	7,9	12	29°
SEP		32°	24°	7,0	15	29°
OKT		31°	24°	6,6	18	29°
NOV	●	31°	24°	5,2	19	29°
DEZ	●	30°	23°	5,7	20	28°

Philippinen

Die Philippinen bestehen aus 7.107 Inseln, die zum Sonnenbaden und Tauchen einladen

REISE Info

Anreise

LTU

Mit dem Flugzeug von Deutschland über Bangkok nach Manila.

Eine Übernachtung in Manila, am nächsten Morgen im Privatflugzeug nach Nord-Palawan.

Einreise

Mit einem gültigen Reisepaß können sich Deutsche, Österreicher und Schweizer bis zu 21 Tagen auf den Philippinen aufhalten. Wer länger bleiben will, beantragt ein Touristenvisum. Es gilt 6 Monate ab Ausstellungsdatum und berechtigt zu einem Aufenthalt bis zu 59 Tagen.

Impfungen

Sofern man nicht über Infektionsgebiete einreist, sind zur Zeit keine Impfungen zwingend vorgeschrieben. In jedem Fall empfehlenswert sind Schutzimpfungen gegen Typhus, Paratyphus und Tetanus. Dringend empfohlen werden Choleraimpfung und Malariaprophylaxe (es soll Resistenz gegen gewisse Präparate bestehen, man erkundige sich bei einem tropenmedizinischen Institut). Bei expeditionsartigen Reisen ist die Vorbeugung gegen infektiöse Gelbsucht ratsam. Vor einer Reise unbedingt aktuelle Auskünfte der Tropeninstitute einholen.

Geld/ Devisen

100 Philippinische Pesos = 5,82 DM. Beste Zahlungsmittel: US-Dollar oder Kreditkarte (VISA).

Saison

Tauchen ist ganzjährig möglich, beste Reisezeit von November bis Juni.

Zeitverschiebung

MEZ + 6 Std

Telefon

Zu den Philippinen: 00632 + Vorwahl ohne Null + Rufnummer

Übernachtung

Alle Resorts sind hervorragend geführt und bieten besten Service. „Walk ins" werden jedoch aufgrund der Exklusivität nicht gerne gesehen.

Besonders empfehlenswert:

1. El Nido Resort - Miniloc ***
2. El Nido - Pangalusian *****
3. Club Noah Isabelle *****

Essen

Ausgezeichnete internationale und philippinische Küche. Es wird kaum scharf gegessen. Reis- und Schweinefleischgerichte werden oft mit Sojasoße verfeinert. Besonders lecker: die vielen fangfrischen Fischgerichte.

Straßenverkehr

Rechtsverkehr, teilweise ähnlich turbulent wie in Bangkok. Mietwagen sind sehr teuer und nicht zu empfehlen, da man ggf. als Ausländer grundlos von der Polizei gestoppt wird. Offiziell ist ein Internationaler Führerschein notwendig, der allerdings nur in Manila verlangt wird.

Informationen

Philippinisches Fremdenverkehrsamt
Kaiserstr. 5, 60311 Frankfurt a.M.
Tel. 069-20893, Fax 069-285127

Literaturtip

Nelles Guide „Philippinen" (München, 1995)

Die angefaulten Überreste eines Einbaums am Jelly Fish Lake auf Kakaban

AM ENDE DER WELT

Sangalakki und Kakaban werden unter Tauchern als Geheimtip gehandelt. Wer auf Kakaban im Jellyfish Lake die Artenvielfalt und Fülle maritimen Lebens beobachtet, hat das Gefühl, die Schöpfung habe gerade erst stattgefunden.

Die indonesische Insel Sangalakki gilt neben Sipadan in Malaysia nicht nur als eine der weltbesten Tauchadressen, sie ist zudem die Insel der Schildkröten. Erstaunlich ist die Zutraulichkeit der Tiere. Die Anwesenheit des Menschen auf Sangalakki scheint sie nicht zu stören. Jede Nacht kriechen zwischen 30 und 70 Schildkröten an Land und legen ihre Eier neben den Stelzen der Hütten ab.

Die Borneo Divers als Betreiber der Tauchbasis haben von der Regierung das Recht zum kontrollierten Sammeln der Schildkröteneier erworben und garantieren so einen wirkungsvollen Artenschutz. Außerdem wird im Interesse des Naturschutzes die Gästekapazität der Insel auf maximal 40 Personen begrenzt. Weitere Tauchbasen sind nicht geplant.

Sangalakki umgibt ein Saumriff, an dessen äußerer Seite Mantas, Haie und andere Großfische zu beobachten sind. Nicht zu starke Strömungen befördern reichlich Nahrung und sorgen so für ein beeindruckendes Unterwasserszenario mit riesigen Schwämmen.

Unverzichtbar ist ein Tagesausflug nach Kakaban, der größeren Nachbarinsel. Dieses Eiland birgt neben seinen traumhaften Steilabfällen ein besonderes Geheimnis - den Jellyfish Lake. Der See ist ein Brackwassersee aus erdgeschichtlicher Zeit. Er entstand durch Hebungsprozesse und hat keinerlei Wasseraustausch mit dem Meer. Das leicht trübe, etwa 34 Grad warme Brackwasser ist voller Quallen, die aber nicht nesseln. Dazu bevölkern Würmer, Krebse, Muscheln, Seesterne, Fische und seltene Anemonen den See.

Hier leben viele endemische, zum Teil noch nicht identifizierte Arten. Die Uferzonen mit ihren Mangroven bilden ein Labyrinth, das geradezu herausfordert, vorsichtig betaucht zu werden. An den Wurzeln gestürzter Zweige und Äste haben sich selten gesehene Schwämme angesiedelt. Regungslos steht hier das Wasser, erlaubt Durchsichten und zaubert bizarre Spiegelungen auf die Oberfläche. Blutegeln gleiche Gebilde liegen auf dem Untergrund. Der See beherbergt auch ungiftige Schlangen, die sich einer wissenschaftlichen Analyse zufolge langsam vom Landtier zur Wasserschlange zurückentwickeln.

TAUCH Info AUF EINEN BLICK

FISCHAUFKOMMEN	✓	✓	✓	✓	✓
GROSSFISCHE	✓	✓	✓	✓	✓
WRACKS					
STEILWANDTAUCHEN	✓	✓	✓	✓	✓
HÖHLEN/ÜBERHÄNGE	✓				
SICHTWEITEN	✓	✓	✓	✓	✓
STRÖMUNGSAUFKOMMEN	✓	✓	✓		
TAUCHBOOTE	✓	✓	✓	✓	✓

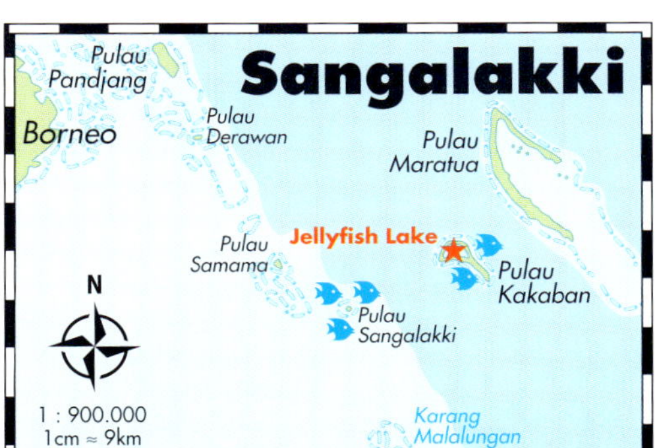

Über Wasser

Sangalakki ist mit einer großen Malediveninsel vergleichbar, allerdings ist das Erscheinungsbild der Natur urwüchsiger. Vom Dikkicht aus erstreckt sich vielerorts grünes Kriechgewächs über den schönen Strand bis hinunter zum Wasser. Überall liegen die Reste angeschwemmter Bäume, die zu bizarren Gebilden verrottet sind.

Das gesellschaftliche Leben der Tauchergemeinde spielt sich im großen Gemeinschaftshaus ab, in dem auch die Mahlzeiten eingenommen werden. Man wohnt in Stelzenhäusern am Strand, die einfach und individuell eingerichtet sind. Der Wohnkomfort ist ausreichend. Von den Terrassen aus genießt man die malerischen Sonnenuntergänge.

	Beste Reisezeit	Ø Tagestemperatur	Ø Nachttemperatur	Sonnenstunden	Regentage	Wassertemperatur
JAN	●	29°	23°	5,1	19	28°
FEB	●	30°	23°	6,1	13	28°
MÄR	●	31°	24°	7,2	13	28°
APR	●	32°	24°	8,8	11	29°
MAI	●	32°	24°	7,7	10	29°
JUN	●	32°	24°	7,0	14	29°
JUL	●	32°	24°	6,7	14	29°
AUG	●	32°	24°	7,9	12	29°
SEP	●	32°	24°	7,0	15	29°
OKT	●	31°	24°	6,6	18	29°
NOV		31°	24°	5,2	19	29°
DEZ		30°	23°	5,7	20	28°

Indonesien

REISE Info

Anreise
Von Frankfurt nach Kuala Lumpur (12 Std.) und dann weiter nach Kota Kinabalu auf Borneo (2,5 Std.). Von dort Weiterflug nach Tawau (1 Std.). Ab hier Weiterflug ins indonesische Tarakan (1 Std.). Dann Speedboot-Transfer nach Sangalakki (je nach Boot 3-6 Std.).

Einreisebestimmungen
Reisepaß, mindestens 6 Monate gültig. Für Indonesien muß vor der Reise ein Visum beantragt werden.

Impfungen
Impfungen für den Küstenbereich sind nicht vorgeschrieben. Wer allerdings den Dschungel Borneos bereist, sollte eine Malaria-Prophylaxe vornehmen. Ansonsten vor Reiseantritt ein Tropeninstitut befragen.

Geld / Devisen
Landeswährung ist der malaiische Ringgit. 1 Ringgit = 0,65 DM. Internationale Kreditkarten werden teilweise akzeptiert, Eurocheques sind in ganz Malaysia unbekannt.

Saison
Ganzjährig, im November und Dezember muß verstärkt mit Regen gerechnet werden.

Zeitverschiebung
MEZ + 7 Stunden

Telefon
Nach Sangalakki: 0060-541 + Rufnummer

Übernachtung
Übernachtet wird in bequemen, einfach eingerichteten Bungalows am Strand (Doppelzimmer, Bad und WC) mit Terrasse. Für Mahlzeiten und das „social life" am Abend gibt es ein großes Gemeinschaftshaus am Strand.

Essen
Reichhaltiges, von asiatischen und anglo-amerikanischen Einflüssen geprägtes Buffet. Vor allem Meeresfrüchte sind sehr zu empfehlen.
Alkoholische Getränke sind nicht ganz preiswert.

Informationen
Tourism Malaysia
Roßmarkt 11, 60311 Frankfurt a.M.
Tel. 069-283782/3, Fax 069-285215
Malaysia Airlines
An der Hauptwache 7, 60313 Frankfurt a.M.
Tel. 069-13871910, Fax 069-13871960

Sonstiges
Leihausrüstungen stehen nur in beschränktem Maß zur Verfügung. Die Stromspannung beträgt 110 V oder 240 V (INT-Adapter nicht vergessen). Sicherheitshalber sollte man einen Spannungswandler mitnehmen.
In Indonesien ist der Islam die Hauptreligion, wenn auch nicht so orthodox wie im arabischen Raum. Trotzdem sollte dies vom Gast berücksichtigt werden.

Literaturtips
Nelles Guide „Indonesien" (München 1995)

In der Nacht suchen die gerade geschlüpften Schildkröten den kürzesten Weg zum Meer

Traditionelles Auslegerboot vor der Küste von Manado

UNBEKANNTE SCHÖNE

An der 80.000 Kilometer langen Küstenlinie Indonesiens erstrecken sich mehr als zehn Prozent aller Korallenriffe weltweit. Nur ein Bruchteil von ihnen ist allerdings bisher betaucht worden. Ideale Tauchgebiete findet der Taucher im ältesten Unterwasser-Nationalpark Indonesiens: Der Manado-Park im Norden der Insel Sulawesi.

Die Tauchplätze des Manado-Nationalparks erstrecken sich rund um die Insel Bunaken. Sie sind leicht zu erreichen und weisen eine einzigartige Artenvielfalt auf. Diese dicht mit Korallen und Schwämmen bewachsenen Riffdächer beginnen meist schon im 3-Meter-Bereich und fallen auf über 100 Meter ab, ideal also sowohl für Taucher als auch für Schnorchler. Zwischen den Steilhängen gibt es überall eindrucksvolle Höhlen.

Wie in allen tropischen Gewässern gibt es auch bei Manado Wasserschlangen. Diese Meeresbewohner, die sich ohne Scheu aus der Nähe beobachten lassen, liegen in etwa 5 Meter Tiefe an der Riffkante und genießen die Wärme des sonnendurchfluteten Wassers. Taucher treffen neben Großfischen wie Riffhaien, Stachel- und Adlerrochen, Napoleonfischen und Muränen vor allem auf Nacktschnecken. Zu den faszinierendsten Schneckenarten gehört die Spanische Tänzerin: Sie erreicht eine Länge von bis zu 30 Zentimetern und ist leuchtend rot gefärbt. Das graziöse Spiel des Mantelsaumes beim Schwimmen erinnert an die Bewegungen einer spanischen Tänzerin.

Unbedingt auf dem Programm stehen sollte eine Tauchkreuzfahrt zu den Unterwasservulkanen im sogenannten Ring of Fire. Diese zum größten Teil aktiven Vulkane ragen bis knapp unter die Wasseroberfläche.

TAUCH Info AUF EINEN BLICK

FISCHAUFKOMMEN	✓	✓	✓	✓	✓
GROSSFISCHE	✓	✓	✓		
WRACKS	✓	✓	✓		
STEILWANDTAUCHEN	✓	✓	✓	✓	✓
HÖHLEN/ÜBERHÄNGE	✓	✓	✓	✓	
SICHTWEITEN	✓	✓	✓		
STRÖMUNGSAUFKOMMEN	✓	✓	✓	✓	
TAUCHBOOTE	✓	✓			

Eine weitere Besonderheit ist ein im Zweiten Weltkrieg gesunkener Frachter in der Bucht von Manado, der wunderschön bewachsen ist. Das bunte Gewimmel der tropischen Meeresfische, die sich auf kleinstem Raum aufhalten, begeistert insbesondere viele Unterwasserfotografen. Sie finden hier beste Voraussetzungen, auch seltene Tiere abzulichten. Ein weiteres Spitzentauchgebiet wurde jüngst bei Bitung eingerichtet.

Über Wasser

Zum Pflichtprogramm gehört ein Besuch der sulawesischen Hauptstadt Manado mit ihrem Fischmarkt, dem Basar mit wackligen Buden und Ständen und dem wilden Durcheinander der Rikschas und kleinen Taxen. Von Manado aus empfehlen sich Eintagesausflüge in die nähere Umgebung. Die dort lebenden Menschen (Minahasa) sind sehr gastfreundlich und Fremden gegenüber aufgeschlossen.

Im landschaftlich eindrucksvollen Dumoga Bone Nationalpark leben endemische Arten wie das Anoa (Büffelart), der Hirscheber oder der Tarsius, die kleinste Affenart unserer Erde.

Weiterhin gibt es auf Sulawesi neben den heißen Schwefelquellen „Airmadidi" zahlreiche aktive Vulkane, die sich über 500 Kilometer bis nach Mindanao hinüber erstrecken . Dort brachte man in früheren Zeiten den Geistern Menschenopfer dar.

Zu den besonderen Sehenswürdigkeiten im Land der Toraja zählen die Felsengräber bei Lemo mit den Tau Taus (große Holzpuppen, die die Verstorbenen darstellen) und die Katakomben von Londa.

In Manado gibt es drei Tauchschulen: Das Murex Tauch Center liegt im Süden und führt Ein- und Mehrtagesfahrten durch. Für Taucher steht eine eigene (sehr schöne) Bungalowanlage zur Verfügung. Das Murex Tauch Center arrangiert auch Landausflüge. Zwei weitere Tauchschulen liegen nördlich von Manado, das Barrakuda Diving Resort und das Nusantara Diving Center.

Rote Gorgonien bevorzugen strömungsexponierte Standorte, um Plankton aus dem Wasser zu filtern

	Beste Reisezeit	Ø Tagestemperatur	Ø Nachttemperatur	Sonnenstunden	Regentage	Wassertemperatur
JAN		29°	24°	5,5	24	27°
FEB		29°	24°	6,7	18	27°
MÄR		29°	25°	7,1	16	27°
APR	●	31°	25°	8,5	10	28°
MAI	●	31°	26°	10,2	8	28°
JUN	●	31°	26°	10,5	8	29°
JUL	●	31°	25°	10,8	7	29°
AUG	●	33°	26°	11,1	5	29°
SEP	●	33°	25°	11,5	4	29°
OKT	●	33°	25°	10,9	6	29°
NOV		31°	25°	8,4	11	28°
DEZ		30°	25°	6,3	18	27°

Rundkopf-Fledermausfische können bis zu 50 cm groß werden

REISE Info

Anreise

LTU

Verschiedene Airlines über Bangkok (LTU) oder Singapur nach Manado. Manado läßt sich ohne Zwischenübernachtung nur mit Singapur Airlines erreichen.

Tip: die Fluggesellschaft Garuda International gestattet Tauchern 40 kg Freigepäck!

Einreisebestimmungen

Gültiger Reisepaß. Visum ab 60 Tagen.

Impfungen

Aktuelle Impfempfehlungen erteilen die Tropeninstitute.

Geld / Devisen

Indonesische Rupie. 1.000 Rupien = 0,65 DM. Beste Zahlungsmittel sind US$-Travellerschecks. Geringe Kreditkartenakzeptanz. In Manado werden keine American-Express-Travellerschecks gewechselt.

Saison

Von April bis Oktober

Zeitverschiebung

MEZ + 6 Stunden

Telefon

Nach Indonesien: 0062 + Vorwahl ohne Null + Rufnummer. Vorwahl von Manado: 0431

Übernachtung

Großes Hotelangebot aller Kategorien und Preislagen in und um Manado.

Tips für Taucher:

Manado Beach Hotel ****, beste Adresse am Platz;

Murex Tauch Ressort, klein aber fein, eigener Strand, Hausriff direkt vorm Ressort;

Kolongan Beach Ressort, einfach, mit Blick auf die Bucht.

Essen

Europäische Küche findet man nur in größeren Hotels. Ansonsten ausgezeichnete, aber scharf gewürzte indonesische Küche.

Straßenverkehr

Linksverkehr. Mietwagen kosten inklusive Benzin und Fahrer DM 50,– bis 100,– pro Tag. Zum Selbstfahren: Internationaler Führerschein notwendig.

Informationen

Indonesisches Fremdenverkehrsamt
Wiesenhüttenstr. 17, 60329 Frankfurt a.M.
Tel. 069-233677, Fax 069-230840

Literaturtip

Dusik, Volker R. „Indonesien, Richtig Reisen" (Dumont, 1995)

TAUCHEN, WO DER PFEFFER WÄCHST

Schon früh bezeichnete man die Molukken wegen des Exports von Gewürznelken, Muskatnuß und Pfeffer als die „Gewürzinseln“. Buntes Treiben in den Straßen der wenigen Dörfer und Städte, Regenwälder mit üppiger Vegetation und weiße Sandstrände prägen das Bild der Inseln.

Auf den Molukken wird noch häufig nach der traditionellen Methode mit Speeren gefischt

Ambon, die Hauptstadt der Molukken, bietet sich als Ausgangspunkt für Exkursionen zu mehr als 30 Tauchplätzen an. Die besten Spots befinden sich südlich der Insel. Sie werden in der Trockenphase von Oktober bis April mit Tauchschiffen angelaufen.

Die Twilight Zone, ein flaches Gefilde, beheimatet verschiedene Krötenfische, Geisterfetzenfische, Geistermuränen und viele Nacktschneckenarten. Ansonsten ziehen Blau-, Sperm- und Pilotwale sowie Walhaie und Delphine durch die Gewässer der Molukken. Die Tauchgebiete Banda See, Geser, Waijag, Misool oder Lucipara bieten von unberührten Korallengärten im Flachwasser über steil abfallende Drop Offs bis hin zum Wracktauchen mannigfaltige submarine Möglichkeiten. Während der Regenzeit stehen die Plätze im Norden auf dem Programm. Im Mai finden keine Tauchausfahrten statt. Exklusive Tauchkreuzfahrten organisiert die MV Pindito.

TAUCH Info AUF EINEN BLICK

FISCHAUFKOMMEN	✓	✓	✓	✓	✓
GROSSFISCHE	✓	✓	✓		
WRACKS	✓	✓	✓	✓	
STEILWANDTAUCHEN	✓	✓	✓	✓	✓
HÖHLEN/ÜBERHÄNGE	✓	✓	✓	✓	
SICHTWEITEN	✓	✓	✓	✓	
STRÖMUNGSAUFKOMMEN	✓	✓	✓		
TAUCHBOOTE	✓	✓	✓	✓	✓

	Beste Reisezeit	Ø Tagestemperatur	Ø Nachttemperatur	Sonnenstunden	Regentage	Wassertemperatur
JAN	●	31°	24°	6,2	13	28°
FEB	●	31°	24°	6,6	13	28°
MÄR	●	31°	24°	6,8	15	28°
APR	●	30°	24°	5,9	19	29°
MAI	●	29°	24°	5,1	22	29°
JUN		28°	23°	4,0	24	29°
JUL		27°	23°	3,7	23	28°
AUG		27°	23°	3,6	20	28°
SEP	●	28°	23°	5,0	15	28°
OKT	●	29°	23°	6,2	13	29°
NOV	●	31°	24°	7,3	11	29°
DEZ	●	31°	24°	6,5	13	29°

Der Stachelanemonenfisch ist in den Gewässern der Molukken besonders häufig anzutreffen

Über Wasser

Verschiedene Landausflüge stehen während einer Tauchkreuzfahrt auf dem Programm. Einblicke in die Lebensweise der einheimischen Bevölkerung vermitteln die Besuche von Fischerdörfern, deren Bewohner häufig noch nach traditionellen Methoden fischen.

Traumhafte Insellandschaften bei Waijag und Misool können am besten per Schlauchboot erkundet werden. Dschungelexkursionen durch die üppige Urwaldvegetation und Wanderungen zu Übersichtshügeln mit herrlichem Ausblick auf die skurrile Inselwelt zählen zu den weiteren Höhepunkten.

Wer das besondere Abenteuer liebt, kann Kletterpartien in eines der zahlreichen Höhlensysteme unternehmen. Und wer es etwas geruhsamer mag, kann an einem der vielen traumhaften Strände relaxen.

Indonesien

Einsame weiße Strände laden zum Sonnenbaden ein

REISE Info

Anreise LTU
Mit verschiedenen Airlines nach Denpassar (Bali) oder Jakarta. Von dort mit Merpati oder Sempati weiter nach Ambon oder Sorong.

Einreisebestimmungen
Reisepaß, mindestens 6 Monate über das Rückreisedatum hinaus gültig.

Impfungen
Malariaprophylaxe wird empfohlen, genaue Auskünfte geben die Tropeninstitute.

Geld / Devisen
Landeswährung ist der Indonesische Rupia. 1.000 Rupien = 0,65 DM. Beste Zahlungsmittel sind US$- oder DM-Travellercheques. In den meisten Orten werden Kreditkarten akzeptiert.

Saison
Ganzjährig. Die Molukken sind von Juni bis August für ergiebige Regenfälle bekannt. Das Gebiet der Nordmolukken ist davon weit weniger betroffen.

Zeitverschiebung
MEZ + 8 Stunden

Telefon
Nach Indonesien: 0062 + Vorwahl + Rufnummer

Übernachtung
In Ambon und Sorong gibt es eine Reihe Hotels unterschiedlicher Kategorien, jedoch keine First-Class-Hotels.Buchungen können vor Reiseantritt vorgenommen werden.

Essen
Die Küche Indonesiens ist variantenreich, von Insel zu Insel wechselt die Geschmacksrichtung. Die zwei bekanntesten Kochrichtungen sind die süßlich-würzige von Java und die scharfgewürzte von Westsumatra. Chinesische Restaurants sind überall zu finden, ausgezeichnete europäische, japanische und koreanische Restaurants nur in den größeren Städten und Touristenzentren.

Straßenverkehr
Linksverkehr. Mietwagen sind wegen des Fahrverhaltens der Einheimischen nicht empfehlenswert. Mietwagen mit Chauffeur können jedoch zu günstigen Konditionen bestellt werden.
Mit dem Flugzeug lassen sich über 125 Ziele innerhalb Indonesiens bequem erreichen.

Information
Indonesisches Fremdenverkehrsamt
Wiesenhüttenstr. 17
60329 Frankfurt a.M.
Tel. 069-233677, Fax 069-230840

Literaturtips
Muller, Kal „Indonesia Underwater"
(Periplus Verlag/engl.)

DIE GÖTTERINSEL

Bali, die Insel der Götter, der Feste und des Tanzes ist die wohl bekannteste Insel Indonesiens. Wer sich nicht von der allgemeinen Vorstellung großer Touristenströme abschrecken läßt, entdeckt auf Bali eine der schönsten Regionen unserer Erde mit einer einzigartigen Kultur und beeindruckender Landschaft. Taucher werden aber besonders von den einmaligen Korallenlandschaften begeistert sein.

Jedes Hotel bietet seinen Gästen Tauchmöglichkeiten an. Das kann je nach Lage des Hotels längere Anfahrtzeiten zur Folge haben, die Tauchplätze verteilen sich aber rund um die gesamte Insel. Sehr schöne Tauchspots befinden sich im äußersten Nordwesten Balis nahe der Insel Menjangan, die unter Naturschutz steht. Weitere gute Tauchplätze sind das Wrack „Liberty" in Tulamben und die nahegelegene Steilwand in Amed im Osten der Insel. Die im Süden vorgelagerten Inseln Nusa Penida und Nusa Lembongan bieten Strömungstauchgänge der Extraklasse. Dort besteht die Möglichkeit, Großfischen zu begegnen. Mit etwas Glück kann man sogar auf die riesigen Mondfische treffen oder am Manta

Point die elegant durchs Wasser schwebenden Mantarochen sehen. Die von lokalen Anbietern gepriesenen Tauchplätze in der Nusa Dua- und Sanur-Gegend zählen jedoch nicht zu den Top-Gebieten Balis.

Unvergeßliche Eindrücke vermitteln Tauchkreuzfahrten entlang den kleinen Sunda-Inseln östlich von Bali (Nusa Tenggara) mit ihren unzähligen Korallenriffen. Die Entdeckertouren eignen sich vornehmlich für erfahrene Taucher. Es werden überwiegend Riffe angesteuert, an denen noch nie zuvor ein Mensch tauchte. Insgesamt 566 Inseln liegen zwischen Lombok und Timor. Die Natur wird östlich der Wallace-Linie (benannt nach dem britischen Zoologen Alfred Russel Wallace) von australisch-melanesischem Charakter geprägt.

Auf Komodo lassen sich Komodo-Warane beobachten: Diese grauschwarz gefärbten Echsen können eine Größe bis zu drei Metern erreichen.

Auf Flores lohnt ein Ausflug zum Kelimutu Vulkan mit seinen drei Kraterseen.

TAUCH Info AUF EINEN BLICK

FISCHAUFKOMMEN	✓	✓	✓	✓	✓
GROSSFISCHE	✓	✓	✓		
WRACKS	✓	✓	✓		
STEILWANDTAUCHEN	✓	✓	✓	✓	
HÖHLEN/ÜBERHÄNGE	✓	✓	✓		
SICHTWEITEN	✓	✓	✓		
STRÖMUNGSAUFKOMMEN	✓	✓	✓		
TAUCHBOOTE	✓	✓			

Balinesischer Maskenträger. Bei religiösen Feiern werden Tänze in den Tempelanlagen aufgeführt

Über Wasser

Bali umgibt der mystische Hauch des Geheimnisvollen. Das tägliche Bestreben, den Göttern, Dämonen und Geistern Ehrfurcht zu erweisen und sie gnädig zu stimmen, steht an oberster Stelle des täglichen Lebens der Balinesen. Es vergeht kaum ein Tag ohne Prozessionen oder Tempelfeste. Gäste sind bei solchen Festen stets willkommen, sie werden freundlich aufgenommen.

Es gibt etwa 20.000 Tempel auf Bali. Zu den bekanntesten gehören der Wassertempel Tanalot in Bedugul und der Muttertempel Besakih, das größte Heiligtum der Hindus im Hochland der Insel. Landschaftlich beeindrucken besonders die Reisterrassen und der Vulkan Agung. Das ehemals kleine Fischerdorf Kuta entwickelte sich zum Haupttouristenzentrum der Insel. Hier gibt es alles, was westlich orientierte Touristen wünschen, vom ausgefallenen Souvenir bis hin zur Luxus-Suite im 5-Sterne-Hotel.

Abseits der Stadtgrenzen hat Bali jedoch seinen ursprünglichen Charme bewahrt. Empfehlenswert ist ein Besuch des Künstlerdorfes Ubud, in dem man besonders originelle Mitbringsel kaufen kann. Besucher sollten eine der zahlreichen Tanzveranstaltungen nicht verpassen. Weitere interessante Aktivitäten auf Bali sind Rafting und Vulkanbesteigungen.

	Beste Reisezeit	Ø Tagestemperatur	Ø Nachttemperatur	Sonnenstunden	Regentage	Wassertemperatur
JAN		29°	25°	5,5	24	27°
FEB		29°	25°	6,7	18	27°
MÄR		29°	25°	7,1	16	27°
APR	●	29°	25°	8,5	10	28°
MAI	●	28°	24°	10,2	8	28°
JUN	●	27°	24°	10,5	8	29°
JUL	●	27°	23°	10,8	7	29°
AUG	●	27°	24°	11,1	5	29°
SEP	●	27°	25°	11,5	4	29°
OKT	●	28°	25°	10,9	6	29°
NOV		29°	25°	8,4	11	28°
DEZ		28°	25°	6,3	18	27°

Eine seltene Aufnahme - der Große Schaukelfisch hält sich gerne in Korallen oder Algen auf

Tanalot - ein typischer Wassertempel Balis in einem Bergsee bei Bedugul

REISE Info

Anreise LTU

Verschiedene Airlines über Singapur oder Bangkok nach Denpasar. LTU fliegt die Insel direkt an. Innerindonesisch ist Denpasar von Jakarta und Udjung Padang erreichbar.

Tip für Taucher: die Fluggesellschaft Garuda International erlaubt Tauchern 40 kg Freigepäck!

Einreisebestimmungen

Gültiger Reisepaß. Visum ab 60 Tagen.

Impfungen

Hausarzt bzw. Tropeninstitute befragen.

Geld / Devisen

1.000 Rupien = 0,65 DM. Beste Zahlungsmittel sind US$ Travellerschecks. Geringe Kreditkartenakzeptanz, außer in den Hotels.

Saison

Ganzjährig, beste Zeit von April bis Oktober.

Zeitverschiebung

MEZ + 7 Stunden

Telefon

Nach Indonesien: 0062 + Vorwahl ohne Null + Rufnummer

Übernachtung

Großes Hotelangebot aller Kategorien auf Bali. Für Weiterreisende interessante Stop-over-Programme der Airlines.

Essen

Europäische Küche findet man nur in größeren Hotels. Ansonsten ausgezeichnete, aber scharf gewürzte indonesische Küche.

Straßenverkehr

Linksverkehr.

Mietwagen kosten inklusive Benzin und Fahrer DM 50,– bis 100,– pro Tag.

Zum Selberfahren benötigt man einen internationalen Führerschein.

Informationen

Indonesisches Fremdenverkehrsamt
Wiesenhüttenstr. 17
60329 Frankfurt a.M.
Tel. 069-233677
Fax 069-230840

Literaturtip

Dusik, Volker R. „Indonesien, Richtig Reisen" (Dumont, 1995)

ELDORADO DES PAZIFIKS

Die Palau Inseln gehören zur Inselregion Mikronesien. Atemberaubende Steilwände, gespenstische Höhlen, traumhafte Korallengärten, überwältigender Fischreichtum und der Hochlandsee „Jelly Fish Lake" im Urwald der Rock Islands hinterlassen bei Tauchern einen bleibenden Eindruck.

Die Zahl der bisher erschlossenen Riffe ist beeindruckend groß, im Vergleich zu den noch ausstehenden vermutlich aber verschwindend gering. Mehr als 60 Top-Tauchplätze sind bis jetzt bekannt. Zu den aufregendsten Erlebnissen in Palau zählen die Strömungstauchgänge entlang der mit bunten Korallen bewachsenen Steilwände. Taucher können während eines Strömungstauchganges mühelos bis zu 2 km zurücklegen und passieren dabei ein phantastisches Riffpanorama. Haie, große Schwärme Doktorfische, riesige Napoleons, Mantas und unzählige bunte Riffische gehören bei 20 bis 50 m Sicht und angenehmen Temperaturen um 28°C zum Gesamtbild vieler Tauchabstiege. In größeren Tiefen haben sogar Urwesen überlebt wie der schneckenähnliche Kopffüßer Nautilus, der 10-25 cm groß wird.

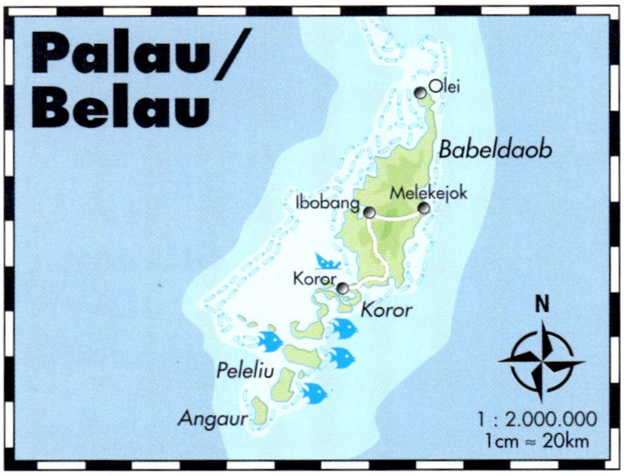

Herrliche Riffe (Turtle Cove, Blue Corner oder die Ngemelis Wall) liegen südlich von Koror bis Peleliu Island verstreut. Entlang des etwa 200 km langen Barrier Reefs gibt es zusätzlich mindestens ein Dutzend „Blue holes" (Unterwasserhöhlen). Diese höhlenartigen Vertiefungen beginnen meist auf dem Riffdach und führen senkrecht in die Tiefe, bevor sie sich erweitern und mit Durchbrüchen wieder zum Außenriff führen. Mutige Taucher können auch in die Chandelier Cave eintauchen und im Inneren der Höhle eindrucksvolle Stalaktiten bewundern.

Unerschöpfliche Eindrücke für Wracktaucher bietet die Lagune von Palau, wo die Amerikaner im Zweiten Weltkrieg einen großen Teil der japanischen Flotte versenkten. Heute bevölkern unzählige Korallen und tropische Meeresfische die stummen Zeugen der Vergangenheit.

Auch der Hochlandsee Jelly Fish Lake läßt sich betauchen - trotz der vielen Tausend Quallen. Sie nesseln nicht.

TAUCH Info AUF EINEN BLICK

FISCHAUFKOMMEN	✓	✓	✓	✓	✓
GROSSFISCHE	✓	✓	✓		
WRACKS	✓	✓	✓	✓	
STEILWANDTAUCHEN	✓	✓	✓	✓	
HÖHLEN/ÜBERHÄNGE	✓	✓	✓	✓	
SICHTWEITEN	✓	✓	✓	✓	
STRÖMUNGSAUFKOMMEN	✓	✓	✓	✓	
TAUCHBOOTE	✓	✓	✓	✓	

Überlebender der Urzeit: ein in der Tiefsee lebender Kopffüßer aus der Familie der Nautiliden

Als Jungtiere leben Barrakudas in großen Schwärmen, später werden sie zu Einzelgängern

Anreise
Mit verschiedenen Airlines nach Manila und von dort mit Continental Micronesia weiter nach Koror.

Einreisebestimmungen
Reisepaß, mindestens 6 Monate gültig.

Impfungen
Es sind keine Impfungen vorgeschrieben. Genaue Auskünfte erteilen die Tropeninstitute.

Geld / Devisen
Landeswährung ist der US-Dollar. (Mikronesien war bis 1990 US-Treuhandgebiet). Beste Zahlungsmittel neben Bargeld und Travellerschecks sind Kreditkarten (Master- und VISA-Card).

Saison
Das ganze Jahr tropische Temperaturen (Wasser und Luft!) zwischen 25 und 30°C, kein typischer Monsunregen. In der Weihnachtszeit ziehen die Preise kräftig an (15. Dezember bis 10. Januar). Tauchen ganzjährig möglich.

Zeitverschiebung
MEZ + 8 Stunden

Telefon
Nach Palau: 00680 + Vorwahl + Rufnummer (Koror 488)

Übernachtung
In Palau gibt es Hotels unterschiedlicher Kategorien.
Empfehlung:
Palau Pacific Hotel, einziges First Class Hotel, große botanische Gartenanlage, Sandstrand;
Sunrise Villa, komfortables Hotel der oberen Mittelklasse;
Airai View Hotel, großzügig gestaltetes Hotel der oberen Mittelklasse, etwas abseits vom Zentrum und daher für Taucher weniger interessant.
Bungalow Caroline Resort, Mittelklassehotel, kein Restaurant.

Essen
In Koror gibt es viele Restaurants, die lokale, internationale, japanische, chinesische oder koreanische Küche bieten. In fast allen Restaurants werden fangfrische, delikate Fischspezialitäten serviert. Trinkgelder werden gerne angenommen.

Straßenverkehr
Rechtsverkehr, Mietwagen wegen der Ursprünglichkeit des Landes nicht empfehlenswert.
Flugzeugcharter für Inselrundflüge ab US$ 300,–. Bootcharter je nach Größe von US$ 150,– bis 450,–.

Informationen
Palau hat keine Vertretung in Deutschland.
Micronesia Underwater Tauchreisen
Im Großen Rohr 1, 65549 Limburg
Tel. 06431-400635, Fax 06431-45288

Literaturtips
Thijssen, Mandy „Palau – Portrait of Paradise" (über Micronesia Underwater Tauchreisen)
Reisehandbuch „Südsee" (Reisebuchverlag Iwanowski, 1991)

Über Wasser

An Land bietet Palau neben herrlichen, palmengesäumten Stränden eine Vielzahl interessanter Ausflugsmöglichkeiten. Wer einen näheren Einblick in die Lebensweise der Einheimischen bekommen möchte, kann auf Babeldaob, der zweitgrößten Insel Mikronesiens, ein Abai, ein nachgebautes, traditionelles Männerhaus besichtigen oder zu den entlegenen Dörfern (z.B. Melekeok) der Insel fahren. Der Anbau der Grundnahrungsmittel Taro und Tapioka wird dort noch wie vor 100 Jahren betrieben.

Weiter entfernte Ziele wie Peleliu – dort stehen noch Überbleibsel vom 2. Weltkrieg mahnend am Strand – oder Angaur, wo es die einzigen wildlebenden Affen Mikronesiens gibt, werden mit kleinen Flugzeugen oder Booten bereist. Ein speziell angebotener Rundflug über das gesamte Archipel vermittelt einen wunderschönen Blick über Palau aus der Vogelperspektive. Historisch Interessierte können im leider etwas vernachlässigten Nationalmuseum von Palau tiefer in die Geschichte der Inselgruppe eintauchen.

	Beste Reisezeit	Ø Tagestemperatur	Ø Nachttemperatur	Sonnenstunden	Regentage	Wassertemperatur
JAN		29°	24°	6,4	25	27°
FEB	●	29°	24°	6,4	21	27°
MÄR	●	30°	24°	8,1	23	28°
APR	●	31°	25°	7,6	19	28°
MAI	●	30°	25°	6,4	25	29°
JUN	●	30°	25°	5,1	25	29°
JUL	●	29°	24°	5,5	26	28°
AUG	●	29°	24°	5,4	24	28°
SEP	●	30°	24°	6,5	24	28°
OKT	●	30°	24°	6,2	24	28°
NOV	●	30°	24°	5,8	24	28°
DEZ		29°	24°	5,8	26	28°

Willkommene Abwechselung zwischen den Tauchgängen - eine Dusche im Wasserfall

DIE SCHWEIGENDE FLOTTE

Am 17. und 18. Februar 1944 fegte die „Operation Hailstorm" über die Truk Inseln. Amerikanische Bomberstaffeln versenkten bei einem Überraschungsangriff die „Vereinigte Japanische Flotte", die mit mehr als 60 Schiffen dort vor Anker lag. Heute faszinieren die schweigenden Zeugen der Vergangenheit die Taucherwelt und sind für viele Wrackfans ein bevorzugtes Traumziel.

Die versunkene japanische Flotte bietet für Taucher und Unterwasserfotographen imposante Motive: Eine

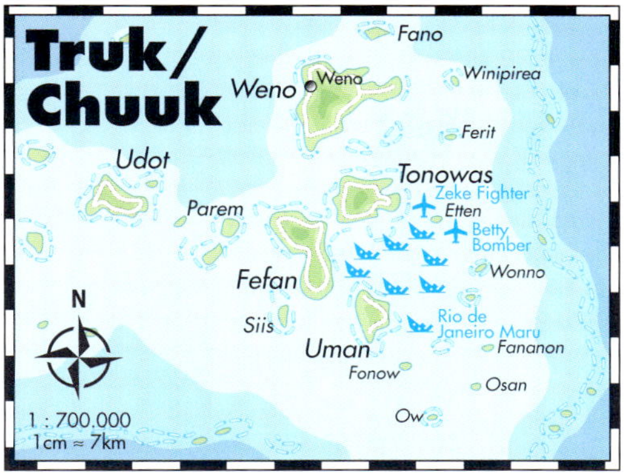

In der von einem über 250 km langen Barriereriff geschützten Lagune der Truk Inseln liegen viele der im Zweiten Weltkrieg versenkten Schiffe und abgeschossenen Flugzeuge innerhalb der sicheren Sporttauchgrenze von 40 Metern. Zwischen den Inseln Moen, Dublon, Uman und Polle können neben den Schiffswracks auch Panzer, Fahrzeuge und 100 Flugzeuge betaucht werden, die nach mehr als 50 Jahren bereits wunderschön mit Korallen bewachsen sind.

Einige Schiffswracks wie die „Fujikawa Maru" stehen wie eingeparkt im 30-Meter-Bereich auf dem Sandgrund. Das 133 Meter lange Transportschiff zählt für viele Taucher zu den beeindruckendsten Wracks in der Truk Lagoon. Unter den Decksaufbauten (18 Meter tief) befinden sich noch viele Wrackteile alter „Zero"-Kampfflugzeuge. Auch die „Shinkoku Maru" (152 m lang) und die „Sankisan Maru"(112 m lang) stehen aufrecht auf dem Meeresgrund. An der „Sankisan Maru", deren genaue Lage der aus dem Wasser ragende Mast deutlich signalisiert, gilt es vorsichtig zu tauchen, denn im Inneren des Wracks liegen noch etliche scharfe Munitionsreste. Eine große Anzahl Granaten, die noch mit Zündern versehen sind, befinden sich in der „Yamagiri Maru", einem 133 Meter langen Munitionsfrachter, der in 32 Meter Tiefe seine letzte Ruhestätte gefunden hat.

Imposant sind die beiden freiliegenden Schiffsschrauben des ehemaligen Versorgungs-

ehemalige Schiffsflak auf dem Meeresgrund

TAUCH Info AUF EINEN BLICK

FISCHAUFKOMMEN	✓	✓	✓	✓	
GROSSFISCHE	✓	✓			
WRACKS	✓	✓	✓	✓	✓
STEILWANDTAUCHEN	✓	✓	✓		
HÖHLEN/ÜBERHÄNGE	✓	✓	✓	✓	
SICHTWEITEN	✓	✓	✓	✓	
STRÖMUNGSAUFKOMMEN	✓				
TAUCHBOOTE	✓	✓	✓	✓	

schiffes „Heian Maru" in 30 Metern Tiefe. Besonders auffällig wirken die mit Weichkorallen bewachsenen Masten des 155 Meter langen Schiffes.

Das Wrack des einstigen U-Boot Versorgers „Rio de Janeiro Maru" (140 m) versank östlich der Insel Uman und liegt in 31 Metern Tiefe. Korallenbewuchs und Fischbestand sind hier besonders eindrucksvoll.

Wer gerne Flugzeugwracks betaucht, findet um die Insel Eten mit dem „Betty Bomber", der in nur 15 Metern Tiefe liegt, dem „Zeke Fighter" und dem „Kate Torpedo Bomber" sehenswerte Ziele. Viele Wracks der „Geisterstadt von Truk Lagoon" können auch von Schnorchlern bestaunt werden.

Über Wasser

Die Attraktion der Truk Lagoon liegt zweifelsohne in der Anziehungskraft der versunkenen japanischen Flotte. Die Inseln des Atollrings liegen zwar in einer smaragdgrünen Lagune, bleiben jedoch hinter den Erwartungen einer vermuteten Südseeidylle deutlich zurück. So ist es auch nicht weiter verwunderlich, daß die meisten Besucher Taucher sind. Sie reisen aus aller Welt an.

Im Laderaum: Überreste eines Traktors

	Beste Reisezeit	Ø Tagestemperatur	Ø Nachttemperatur	Sonnenstunden	Regentage	Wassertemperatur
JAN	●	29°	24°	6,4	25	27°
FEB	●	29°	24°	6,4	21	27°
MÄR	●	30°	24°	8,1	23	28°
APR		31°	25°	7,6	19	28°
MAI		30°	25°	6,4	25	29°
JUN		30°	25°	5,1	25	29°
JUL		29°	24°	5,5	26	28°
AUG		29°	24°	5,4	24	28°
SEP		30°	24°	6,5	24	28°
OKT	●	30°	24°	6,2	24	28°
NOV	●	30°	24°	5,8	24	28°
DEZ	●	29°	24°	5,8	26	28°

Mit bunten Korallen bewachsene Davitsarme und

Bordwände sorgen für eine bizarre Szenerie

REISE Info

Anreise

Mit verschiedenen Airlines in die USA und von dort weiter nach Guam und Truk. Es ist auch möglich, via Japan Guam anzufliegen.

Einreisebestimmungen

Reisepaß, mindestens 6 Monate gültig. Einreiseformalitäten sind die gleichen wie in den USA, da die Flugverbindungen in der Regel über Guam (Marianen) führen.

Impfungen

Es sind keine Impfungen vorgeschrieben. Genaue Auskünfte erteilen die Tropeninstitute.

Geld / Devisen

Bestes Zahlungsmittel ist, wie überall in Mikronesien, der US-Dollar – bar, mit Travellerschecks oder Kreditkarte.

Saison

Beste Reisezeit von Oktober bis März. Regenzeit zwischen Juni und Oktober. Im Juli und August regnet es besonders oft. Die tropischen Temperaturen liegen zwischen 25 und 35°C.

Zeitverschiebung

MEZ + 13 Stunden

Telefon

Nach Truk: 00691 + Vorwahl + Rufnummer

Übernachtung

Auf den großen Tauchkreuzfahrtschiffen ist Unterkunft und Vollpension inklusive. Für landgestützten Tauchurlaub empfiehlt sich das Truk Continental Hotel und das Truk Stop Hotel.

Essen

Überwiegend amerikanische und japanische Gerichte.

Straßenverkehr

Rechtsverkehr, internationaler Führerschein, Mietfahrzeuge ab US$ 125 pro Tag.

Informationen

Federated States of Micronesia Tourism Office, FSM National Gouvernment, Kolonia, Pohnpei, FSM 96941, Tel. 00691-3202646, Fax 5854

Sonstiges

Eine interessante Möglichkeit, die Geisterflotte intensiv und komfortabel zu betauchen, bieten Kreuzfahrtschiffe. Empfehlenswerte Schiffe sind die „Truk Aggressor" und die „SS Thorfinn". Auf den Inseln gibt es mehrere Tauchstationen:
Sundance Tours & Diveshop (Moen, Truk)
Blue Lagoon Diveshop (Moen, Truk)
Micronesia Aquatics of Truk Lagoon (Weno, Truk)
Ghost Fillet Diveshop (Weno, Truk)

Literaturtip

Lindemann, Klaus-Peter „Hailstorm over Truk Lagoon" (Pazific Press Publication, Belleville Michigan USA, 1992)

AUSTRALISCHER RAUM

Großer Weißer Hai

Die Bewohner des Hochlandes vollziehen in Würde den Sprung aus der Steinzeit ins Elektronik-Zeitalter

LAND DER GEGENSÄTZE

Die tausend melanesischen Stämme sprechen in 700 Sprachen. Entsprechend vielfältig sind die Ausprägungen der Kultur auf den zahlreichen Inseln. Die Stämme des Hochlands kamen erst vor sechzig Jahren mit der westlichen Kultur in Kontakt. Längst haben die „Segnungen" des Westens das Clan-Leben mit Kühlschränken, Fernsehern und Jeeps verändert. Aber die Küsten der Inseln sind nach wie vor ein weitgehend unberührtes Paradies geblieben. Deshalb schlagen wir gleich drei Tauchreviere in Papua Neuguinea vor.

	Beste Reisezeit	Ø Tagestemperatur	Ø Nachttemperatur	Sonnenstunden	Regentage	Wassertemperatur
JAN		32°	23°	6	15	29°
FEB		32°	23°	5	14	29°
MÄR	●	31°	23°	6	14	29°
APR	●	31°	23°	7	9	29°
MAI	●	31°	23°	7	8	28°
JUN		30°	22°	7	4	27°
JUL		30°	22°	7	4	26°
AUG		30°	22°	7	3	26°
SEP	●	30°	22°	7	3	27°
OKT	●	31°	23°	8	4	28°
NOV	●	32°	23°	8	5	28°
DEZ	●	32°	23°	7	10	29°

REISE Info

Anreise
Von Europa über Hongkong, Singapur oder Cairns (Australien). Von dort weiter mit Air Niugini nach Port Moresby. Air Niugini fliegt sechsmal wöchentlich nach Kavieng bzw. Alotau (Milne Bay).

Einreisebestimmungen
Ein Touristenvisum muß vorher beantragt werden.
Botschaft von Papua Neuguinea
Gotenstr. 163, 53175 Bonn
Tel. 0228-376855/56, Fax 0228-375103

Impfungen
Aktuelle Auskünfte geben die Tropeninstitute.

Geld / Devisen
Landeswährung ist der Kina, benannt nach einer der großen Muscheln, die in früheren Zeiten zum Tauschen benutzt wurden. 1 Kina = 100 Toea (To:ja) = ca. 1,20 DM. Kreditkarten und Reiseschecks werden in den großen Hotels akzeptiert. Bei Reisen auf das Land sollte man Bargeld in kleinen Scheinen mitnehmen. Kleine Geschenke wie Medikamente, Zigaretten, Kugelschreiber werden gerne als „Ersatzwährung" genommen.

Saison
Kavieng: April bis Dezember
Milne Bay: Ganzjährig
Eastern Fields: März - Mai / Oktober - Dezember

Zeitverschiebung
MEZ + 9 Stunden

Telefon
Nach Papua Neuguinea 00675 + Vorwahl ohne Null + Rufnummer

Übernachtung
Kavieng: Malagan Beach Resort und Kavieng Hotel in Kavieng, Mansave Guesthouse/Tsoi Island.
Milne Bay: Maruriana Lodge, Alotau. Tauchboote: MV Telita und MV Chertan.
Eastern Fields: Loloate Island Resort, außerhalb von Port Moresby, Port Moresby Travellodge. Tauchboot: MV Golden Dawn

Essen
Die Hotels in Kavieng bieten internationale Küche gemischt mit lokalen Gerichten. Auf Mansava dominieren lokale Gemüse und frische Meeresfrüchte. Es gibt auch Vertrautes wie das morgendliche Müsli. Das Essen auf den Tauchbooten ist exzellent. Individuelle Wünsche werden gerne berücksichtigt.

Straßenverkehr
Linksverkehr, für Mietwagen ist ein internationaler Führerschein erforderlich. Das Straßennetz ist begrenzt. Es wird davon abgeraten, ohne einheimische Begleitung durch Port Moresby zu fahren.

Informationen
Botschaft (siehe unter Einreisebestimmungen)
Air Niugini
Waidmannstraße 45, 60596 Frankfurt a.M.
Tel. 069-634095, Fax 069-6313332

Literaturtips
Bob Halstead „Tauchen in Papua Neuguinea" (Air Niugini Edition, Port Moresby 1994; übersetzt von Rolf Brandt)
Tony Wheeler, Jon Murray „Papua New Guinea – A Travel Survival Kit" (Lonely Planet Publications, 1993)

Traditioneller Hausbau: Stelzenhäuser schützen ihre Bewohner vor ungebetenem Besuch, z.B. Schlangen

WRACKS UND GROSSFISCH

Kavieng auf New Ireland bietet den idealen Ausgangspunkt für die aufregendsten Tauchabenteuer in Papua Neuguinea. Hier bilden weiße Sandstrände, malerische Inseln, Korallenlagunen und die farbenfrohe Kultur der Insulaner eine einzigartige Mischung. Vor der bilderbuchartigen Südseekulisse erstrecken sich Tauchgründe, die bislang nur von wenigen Tauchern gesehen wurden. New Ireland ist 350 km lang, 10 km breit und von bergiger Landschaft geprägt – der höchste Gipfel liegt bei 2.400 Metern. Trotz seiner Schönheit ist New Ireland relativ unbekannt. Die 90.000 Einwohner leben überwiegend in kleinen Dörfern.

Von der Provinzhauptstadt Kavieng aus lassen sich über 30 Tauchplätze bequem erreichen. Die Unterwasserwelt von New Ireland ist geprägt von eindrucksvollen Riffpassagen und Steilwänden mit großem Fischbestand, vor allem Großfisch. Zumeist taucht man durch Schwärme von Barrakudas, Makrelen und anderen Fischarten. Auch Begegnungen mit Adlerrochen, Mantas und Haien sind keine Selten-

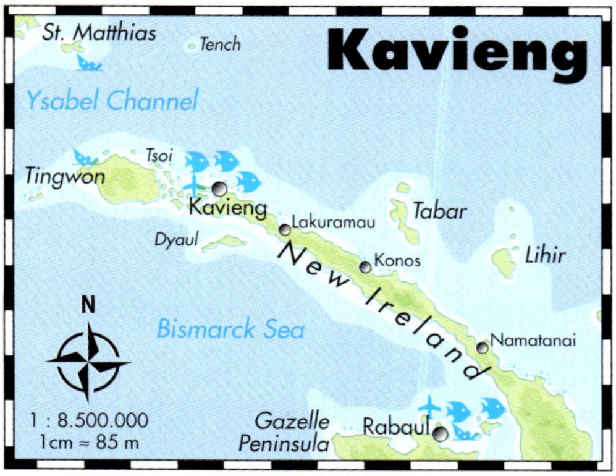

TAUCH Info

REVIERE 41–43 AUF EINEN BLICK

FISCHAUFKOMMEN	✓	✓	✓	✓	
GROSSFISCHE	✓	✓	✓	✓	✓
WRACKS	✓	✓	✓	✓	
STEILWANDTAUCHEN	✓	✓	✓	✓	
HÖHLEN/ÜBERHÄNGE	✓	✓	✓	✓	
SICHTWEITEN	✓	✓	✓	✓	✓
STRÖMUNGSAUFKOMMEN	✓	✓	✓	✓	
TAUCHBOOTE	✓	✓	✓	✓	

heit. Die unzähligen Riffe und Steilwände in der Nähe von Kavieng haben Namen wie „Albatros Passage", „Großfisch Riff", „Adlerrochen Passage" und „Schildkrötenriff". Sichtweiten von 30 Metern sind normal, an günstigen Tagen betragen sie 50 Meter und mehr. Bei Insidern wohlbekannt ist das „Silvertip Reef", auch „Valerie's Reef" genannt. Dort ziehen regelmäßig mehrere Silberspitzenhaie ihre Kreise.

Besonders gut eignen sich die Tauchplätze um Kavieng auch zum Wracktauchen: Kavieng war mit Rabaul eines der Zentren, in denen Japaner und Amerikaner im Zweiten Weltkrieg ihre Kämpfe ausfochten. Allein im Hafen von Kavieng liegen drei Flugzeugwracks.

Tauchen wird von zwei Basen angeboten: Paradise Island und Archipelage Diving, außerdem auf Tauchkreuzfahrten mit der MV Tiata.

Über Wasser

Neben dem Tauchsport bietet die Insel die Möglichkeit interessanter Landtouren, z.B. eine Fahrradtour entlang des „Buluminski" Highways oder eine Tagestour nach Fissoa zu einem Fluß inmitten unberührter Regenwälder. Die Auswahl an Unterkünften ist beschränkt.

Wer Tauchen und Kultur verbinden möchte, sollte nach Tsoi Island fahren. Hier gibt es ein Gästehaus (Mansava) direkt in einem melanesischen Dorf für Taucher und nichttauchende Urlauber.

Reise-Infos auf Seite 201

Adlerrochen und andere Großfische sind bei Tauchgängen um New Ireland ständig anzutreffen

ABGESCHIEDENHEIT PUR

Im äußersten Südosten von Papua Neuguinea liegt die große Milne Bay Lagune, die das Tor zu den Inselgruppen des Louisiade Archipels und den D'Entrecasteaux Inseln bildet. Am bekanntesten sind wohl die Trobriand Inseln, deren freundliche Bewohner von der Anthropologin Margeret Mead und dem Ethnologen Prof. Dr. Eibl-Eibesfeldt beschrieben wurden. Um Milne Bay innerhalb Papua Neuguineas von den anderen Tauchgebieten abzugrenzen, wird immer wieder die unermeßliche Artenvielfalt genannt. Hier fotografieren Taucher oft Fische, Korallen und Krustentiere, die noch nie zuvor gesehen wurden.

Eine Tauchattraktion ist das Wrack der „Yang"

Dinah's Beach ist ein gutes Beispiel für die Vielseitigkeit der hiesigen Tauchgründe. Direkt vom Ufer, das vom Land nicht zugänglich ist, fällt die Riffwand steil in die Tiefe. An der Wand finden Muscheln, Oktopusse, Mantis-Garnelen sowie verschiedene Skorpionfischarten Unterschlupf. Im kristallklaren Freiwasser mit Sichtweiten zwischen 20 und 40 Metern sieht man Hammerhaie, Riesenrochen und oft sogar Marlins, die aus der Tiefe bis ans Ufer kommen.

Andere Tauchplätze bieten bei sorgfältiger Berechnung der Gezeiten Gelegenheit zu Strömungstauchgängen. Teil jeder Tauchkreuzfahrt der Boote „MV Telita" und „MV Chertan" sind Wracks aus dem II. Weltkrieg.

Über Wasser

Getaucht wird in Milne Bay von Tauchkreuzfahrtschiffen aus. Es gibt weder Resorts noch Tourismus in der Lagune. Die lediglich 140.000 Einwohner der unzähligen Inseln leben noch nach traditionellem Muster. Landgänge in die Dörfer oder in den dichten Dschungel sind sehr zu empfehlen.

Reise-Infos auf Seite 201

Zwei Welten: Über Wasser das Grün Papua Neuguineas, unter Wasser die maritime Farbenpracht

Der Großaugen-Barsch ist eine von ca. 250 Barsch-Arten, die in großen Schwärmen vorkommen

AM ENDE DER WELT

Das Atoll Eastern Fields darf im wahrsten Sinne des Wortes als „unberührt" bezeichnet werden. Außer dem Schiff „Golden Dawn", das etwa achtmal pro Jahr für zehn Tage gechartert wird, trifft man lediglich vereinzelt auf private Yachten. Schon bei einem einzigen Tauchgang läßt sich der Artenreichtum an Fischen, Hart- und Weichkorallen sowie die Vielfalt der Farben und Formen in den Gewässern des tropischen Meeres beobachten.

Eastern Fields liegt zwischen der Nordostküste Australiens und der Südküste von Papua Neuguinea. Es ist das nördlichste Atoll der Coral Sea und erstreckt sich über ein Gebiet von sechs mal 20 Kilometern. Das Riff ist nur bei extremer Ebbe an der Oberfläche sichtbar. Im Unterschied zu anderen Tauchgebieten in Papua Neuguinea bietet Eastern Fields wirkliches Hochseetauchen, weit und breit ist keine Insel zu sehen.

Das Wasser um Eastern Fields ist über 1.000 Meter tief. Spektakuläre Steilwände und Großfische dominieren das Bild. Aber auch die Riffe um Port Moresby sind sehr abwechslungsreich und sollten auf jeden Fall betaucht werden.

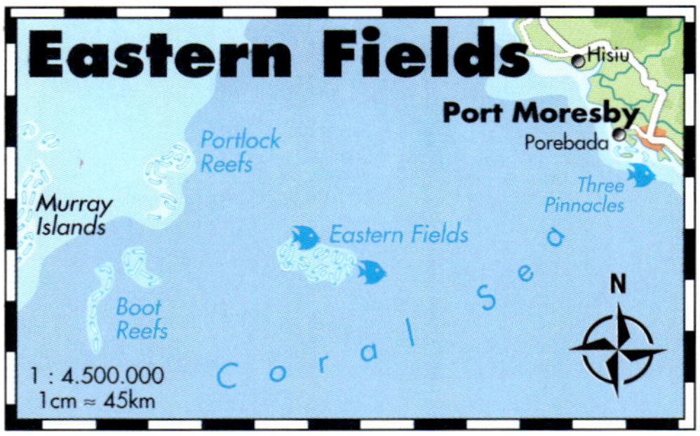

Papua Neuguinea

Das südlich der Hauptstadt gelegene „Three Pinnacles" zählt zu den aufregendsten Unterwasserformationen, die Papua Neuguinea zu bieten hat.

Über Wasser

Ausgangspunkt der Fahrten mit der „Golden Dawn" ist die Hauptstadt Port Moresby. Hier sieht man noch den Kontrast zwischen Neu und Alt: Zahlreiche Hochhäuser im Geschäftsbezirk von Downtown liegen nahe bei Koki und Hanuabada, einem traditionellen Stelzendorf. Port Moresby hat eine Fülle von Sehenswürdigkeiten zu bieten: Die Sogeri-Straße führt durch zahlreiche Gummibaumplantagen zu atemberaubenden Aussichtspunkten. Sehenswert sind auch der Wairiata-Nationalpark oder „Village Arts", die beste Kunstgewerbeausstellung des Landes.

Reise-Infos auf Seite 201

Farbenprächtige Korallen, soweit das Auge reicht

Der Sea Dragon ist eines der bizarrsten Meerestiere

REGENWALD UND ENDLOSE RIFFE

Mit einer Ausdehnung von über 2.000 Kilometern gilt das Great Barrier Reef als das größte „Lebewesen" der Welt. Die Kette von fast 300 Riffen und zahlreichen Inseln beherbergt eine einzigartige Vielfalt an Korallen und tropischen Meeresfischen, die sich wie in einem riesigen Aquarium tummeln.

Das Great Barrier Reef zählt zu den weltweit bekanntesten Tauchrevieren. Von diesem unvorstellbar großen Riffgebiet stellen wir eine Auswahl der besten Tauchspots vor, ohne jedoch den Hinweis zu vergessen, daß es auch an den weniger bekannten Stellen eine sagenhafte Vielfalt marinen Lebens zu bewundern gibt.

Cairns, das Taucherzentrum im Nordosten Australiens, bietet dem Unterwasserfreund nahezu jede touristische Dienstleistung. Neben mehrtägigen Kreuzfahrten werden Tagesausflüge, Schulungen, Film- und Videokurse und nach australischer Manier obendrein noch ein kühles Bier angeboten. Das Riff liegt der Festlandküste etwa 20 km vorgelagert und wird mit schnellen Katamaranen angefahren, die auf ihren Tagesausfahrten zwei Tauchgänge anbieten. Die Abstiege werden vornehmlich von fest verankerten Pontons aus unternommen.

An weltberühmten Tauchplätzen, wie etwa dem nördlich gelegenen Cod Hole, zeigen sich den Tauchern Schwärme der eindrucksvollen Riesenzackenbarsche. Sie haben sich bereits an Taucher gewöhnt und warten geduldig auf Futter. Die Riffkette der Ribbon Reefs lockt mit wild zerklüfteten Korallentürmen, vielen Brandungslöchern, Tunneln und Höhlen, bei denen auch Riffhaie zwischen den vielen buntschillernden Fischen ihre Kreise ziehen.

An den Tauchplätzen der bis jetzt weniger erforschten nördlichen Riffe liegt das gut erhaltene Wrack der MS Quetta. Südlich von Townsville ist das Wrack der bekannten Yongala mit einer sagenhaften Unterwasserwelt zu betauchen. Auf dem farbigen, künstlichen Riff, das sich unentdeckt über 40 Jahre entwickeln konnte, muß man sich förmlich einen Weg durch die großen Fischschwärme bahnen, um den noch voll eingerichteten Jugendstilsalon des 1911 gesunkenen Dampfers bewundern zu können.

Wer seine Tauchabenteuer etwas ruhiger gestalten möchte, kann auf Heron Island, einem Korallenatoll mitten auf dem südlichen Riff, direkt von seiner Bungalowtür aus in den Marine Nationalpark eintauchen. Ein einmaliges Taucherlebnis ist es vor allem, wenn zwischen Oktober und März die Meeresschildkröten am Strand zur Eiablage erscheinen.

TAUCH Info AUF EINEN BLICK

FISCHAUFKOMMEN	✓	✓	✓	✓	✓
GROSSFISCHE	✓	✓	✓		
WRACKS	✓	✓	✓	✓	
STEILWANDTAUCHEN	✓	✓	✓		
HÖHLEN/ÜBERHÄNGE	✓	✓	✓	✓	
SICHTWEITEN	✓	✓	✓	✓	
STRÖMUNGSAUFKOMMEN	✓	✓	✓		
TAUCHBOOTE	✓	✓	✓	✓	

Über Wasser

Nördlich von Cairns beginnt ein tropischer Regenwald, der unmittelbar bis an die Küste reicht. Er beherbergt eine einzigartige Flora und viele, uns fremdartige Tiere. Zu Fuß, per Pferd oder mit einem Jeep können Naturinteressierte dort spannende Entdekkungen machen. Weiterhin kann man auch per „Postflug" in das wüstenartige, endlose Outback fliegen und die herzliche Gastfreundschaft der „Aussies" bei einem Barbecue auf einer Farm hautnah erleben. Die jahrtausendealte Kultur der Aborigines sowie Relikte der Kolonialzeit, wie etwa ein Zug, der durch den Regenwald zum Dorf Kuranda fährt, runden den faszinierenden Einblick in diesen Küstenstrich ab.

Wer der Meinung ist, zu einem gelungenen Tauchurlaub gehöre auch eine gewisse Portion Action an Land, findet in Cairns eine große Auswahl an Sportmöglichkeiten: 1-5tägige (Heli-) Raftingtouren, Bungee-Springen, Seakayaking, Ballonfliegen und alles, was den Pulsschlag sonst noch erhöhen könnte.

Heron Island – eines der wenigen Atolle im Great Barrier Reef mit einem Resort

REISE Info

Anreise

Die australischen Metropolen Sydney, Melbourne, Brisbane und Cairns werden von allen Fernostfluglinien über Bangkok, Singapur oder Indonesien angeflogen. Lauda Air fliegt Sydney/Melbourne direkt ab München an, die anderen Gesellschaften starten ab Frankfurt. Für inneraustralische Flüge gibt es günstige Kombi-Tickets (Coupons). Das Tauchzentrum Cairns wird von einigen Airlines (Quantas, Singapur Airlines, Malaysian Airlines und Cathay Pacific) direkt angeflogen.

Einreisebestimmungen

Reisepaß, mindestens noch 3 Monate gültig und ein Visum, das ausgewählte Reiseveranstalter bei der Reisebuchung in kürzester Zeit ausstellen.

Impfungen

Es sind keine Impfungen vorgeschrieben. Bei Bedenken den Hausarzt oder die Tropeninstitute befragen.

Geld / Devisen

1 Australischer Dollar (A$) = 1,20 DM. Geldeinfuhr bis A$ 5.000,– gestattet. Beste Zahlungsmittel sind die gängigen Kreditkarten. Banken tauschen problemlos US$- und DM-Travellerschecks.

Saison

Mai bis Dezember. In Queensland herrscht ein tropisches, ganzjährig warmes Klima. Die Wassertemperaturen sind immer sehr angenehm. Ab Januar herrscht Regenzeit im Norden Queenslands, was aber den Tauchbetrieb am Riff wenig beeinflußt.

Zeitverschiebung

MEZ + 10 Stunden

Telefon

Nach Australien: 0061 + Vorwahl ohne Null + Rufnummer

Australien

	Beste Reisezeit	Ø Tagestemperatur	Ø Nachttemperatur	Sonnenstunden	Regentage	Wassertemperatur
JAN		29°	21°	7	10	25°
FEB		29°	20°	7	8	25°
MÄR		28°	19°	6	8	24°
APR		26°	16°	5	8	24°
MAI	●	23°	13°	5	10	23°
JUN	●	21°	11°	4	6	22°
JUL	●	20°	9°	5	5	21°
AUG	●	22°	10°	6	4	21°
SEP	●	24°	13°	6	3	21°
OKT	●	27°	16°	7	8	22°
NOV	●	28°	18°	7	8	24°
DEZ	●	29°	19°	7	6	25°

Vom sicheren Käfig aus beobachtet der Taucher den durch Futter angelockten Großen Weißen Hai

Übernachtung

Zahlreiche Hotels mit internationalem Standard in Cairns. Im nördlichen Vorort Palm Cove schöne ruhige Ressorts teilweise mit Transferservice zum 15 km entfernten Cairns und zum Flughafen.
Empfehlung:
Reef Retreat***
Ramada Reef Resort****
Allamanda Appartement Hotel****
70 km nördlich liegt Port Douglas, auch Ausgangspunkt einiger Tauchkreuzfahrten, mit Luxushotels sowie weiteren Hotels jeden Standards.
Empfehlung:
Radisson Royal Palms Resort****
Sheraton Mirage*****

Essen

Australien bietet eine exzellente asiatische und europäische Küche. In Queensland sind besonders fangfrische Fischgerichte und tropische Früchte zu empfehlen, natürlich darf auch ein echtes „Aussie-Barbecue-Steak" nicht fehlen. Queensland zeichnet sich durch hervorragende Weine aus. Trinkgelder sind zwar nicht üblich, werden aber gerne angenommen (etwa 10%).

Straßenverkehr

Linksverkehr. Zur Fahrzeugausleihe reicht ein nationaler Führerschein.

Informationen

Queensland Tourist & Travel Corporation
Neuhauser Straße 16, 80331 München
Tel. 089-2609693, Fax 089-2603530
Australian Tourist Commission
Neue Mainzer Straße 22, 60331 Frankfurt a.M.
Tel. 069-2740060, Fax 069-27400640
Infohotline 0130-825184

Literaturtips

Reisehandbuch Australien (Stein Verlag)
Reisehandbuch Australien (Iwanowski Verlag)

UNERFORSCHTE MÄRCHENWELT

Zwischen dem Nordosten Australiens und Papua Neuguinea liegt die Coral Sea. Nahezu unberührt, wartet hier eine traumhafte Welt auf den Taucher.

Der Blenny gehört zu den Schleimfischen. Blennies sind Grundfische und daher relativ schlechte Schwimmer.

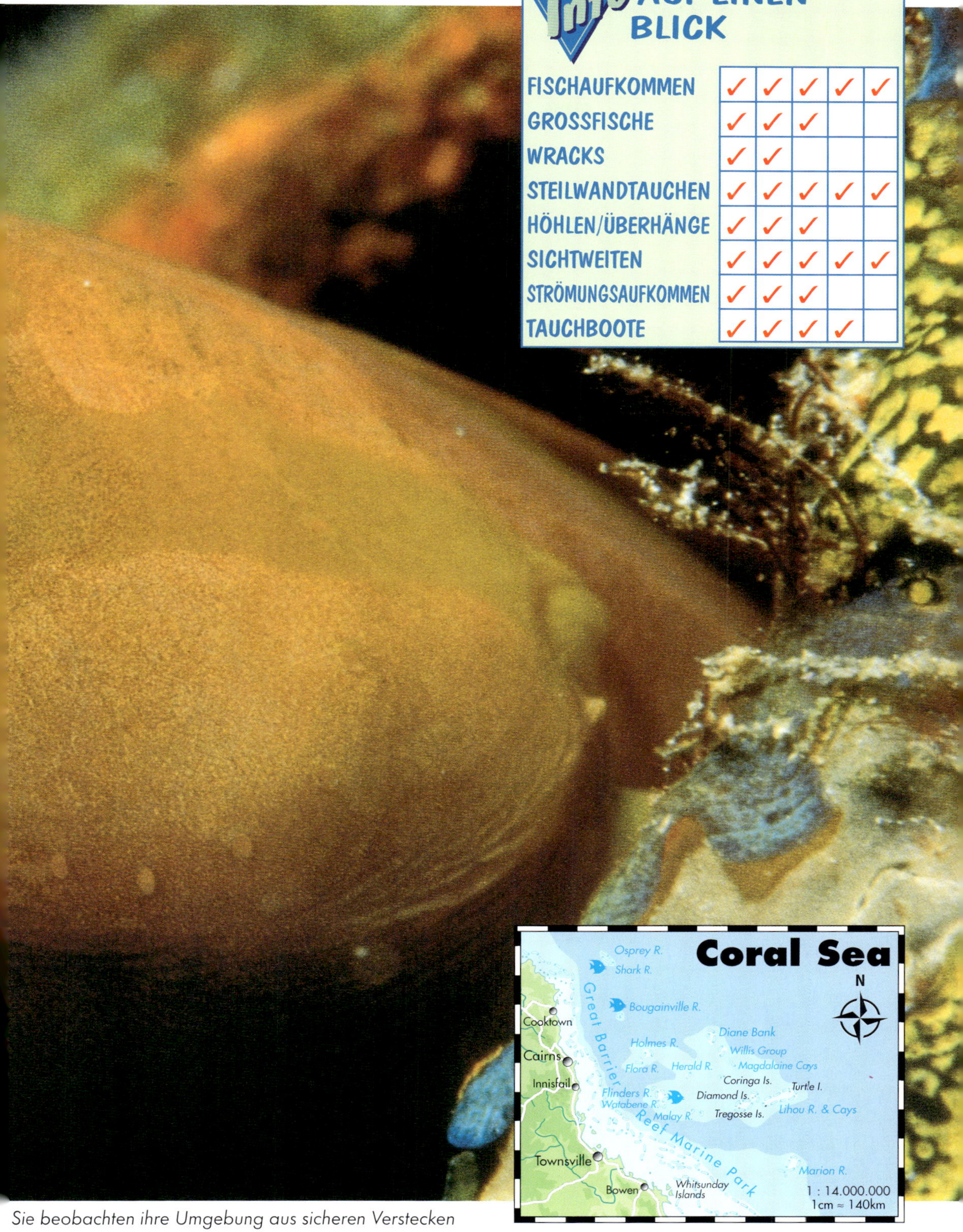

TAUCH Info AUF EINEN BLICK

FISCHAUFKOMMEN	✓	✓	✓	✓	✓
GROSSFISCHE	✓	✓	✓		
WRACKS	✓	✓			
STEILWANDTAUCHEN	✓	✓	✓	✓	✓
HÖHLEN/ÜBERHÄNGE	✓	✓	✓		
SICHTWEITEN	✓	✓	✓	✓	✓
STRÖMUNGSAUFKOMMEN	✓	✓	✓		
TAUCHBOOTE	✓	✓	✓	✓	

Sie beobachten ihre Umgebung aus sicheren Verstecken

45 CORAL SEA

Auf dem Weg zu den vereinzelten Riffen, die sich ca. 200 km vor der Küste von Queensland ausbreiten, eskortieren häufig Spinner-Delphine die Tauchschiffe. Sie scheinen auf die neuesten Geheimtips mitten im Meer hinweisen zu wollen. Hat man die Riffe erreicht, eröffnet sich bereits knapp unter der Wasseroberfläche eine Märchenwelt inmitten des endlos erscheinenden Pazifiks. Schon bevor man sich zum „Eintauchen" fertig macht, kann man von der Bordwand durch das kristallklare Wasser (Sichtweiten fast immer über 50 Meter!) die Rochen, die über diese farbenprächtigen Spielwiesen gleiten, bewundern. Dort, wo das Wasser dunkler wird, warten Steilabbrüche von bis zu 1.000 Metern auf ihre Entdecker.

Viele Riffe der Coral Sea sind noch völlig unerforscht, doch eines scheint gewiß: Alle Riffe bestechen durch eine einzigartige, unberührte Korallenvielfalt. Vier Meter große Hornkorallen mit großen Kolonien Seeanemonen sind keine Seltenheit. Drumherum tummeln sich große Schwärme vieler Meeresfischarten. Besonders eindrucksvoll sind die großen Thunfisch-Vorkommen.

Am Osprey- und am Bougainville-Riff hat sich eine starke Haipopulation (Weißspitzenhaie, Whaler und Hammerhaie) eingefunden, die aus einem sicheren Käfig bei der Fütterung beobachtet werden kann. Diese Attraktion, die eigentlich der Vergangenheit angehören sollte, weil sie die natürlichen Verhaltensformen beeinflußt, wird leider immer noch als Highlight in vielen Veranstalterprogrammen geführt.

Nahe dieser Riffe kann der Taucher den bis zu 1.000 Meter abfallenden, wild bewucherten Abyss-Abbruch mit riesigen Makrelenschwärmen bewundern. Weiter südlich liegt die Flinders Riffgruppe, die u.a. durch zahlreiche beeindruckend große Korallentürme und Fächergorgonien bekannt wurde. Das Watanabe Riff in der gleichen Riffgruppe zählt zu den Unterwasserparadiesen für Fotografen. Sie können hier große Barrakudas aus der Nähe porträtieren.

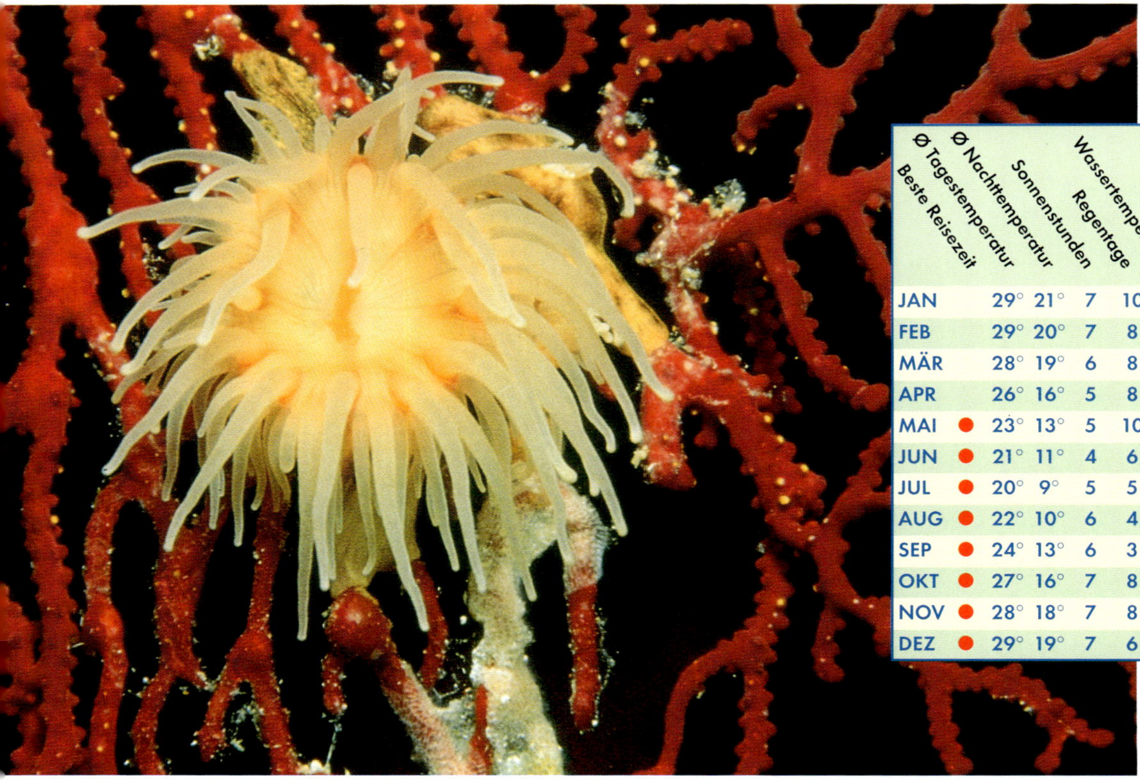

	Beste Reisezeit	Ø Tagestemperatur	Ø Nachttemperatur	Sonnenstunden	Regentage	Wassertemperatur
JAN		29°	21°	7	10	25°
FEB		29°	20°	7	8	25°
MÄR		28°	19°	6	8	24°
APR		26°	16°	5	8	24°
MAI	●	23°	13°	5	10	23°
JUN	●	21°	11°	4	6	22°
JUL	●	20°	9°	5	5	21°
AUG	●	22°	10°	6	4	21°
SEP	●	24°	13°	6	3	21°
OKT	●	27°	16°	7	8	22°
NOV	●	28°	18°	7	8	24°
DEZ	●	29°	19°	7	6	25°

Nacktschnecken weiden auf Schwämmen, die zu ihrer bevorzugten Nahrung gehören

Die weltweit größten Weichkorallen wachsen in der Coral Sea zwischen Australien und Papua Neuguinea

Über Wasser

Generell starten alle Tauchtouren in die nördliche Coral Sea von Cairns, so daß man eine gute Kombination zwischen Tauch- und Landprogrammen wählen kann. Es empfehlen sich Ausflüge in den Regenwald oder ein Abstecher ins Outback. Weiter südlich kann man sich in dem verschlafenen Strandstädtchen Mission Beach oder auf einem Island Resort (z.B. Dunk Island) erholen. Die Inseln verfügen teilweise über inseleigene Riffe und einen enormen Vogelreichtum. 200 km südlich sollte man das Segelparadies von Whitsunday Islands nicht auslassen. Ein lohnender Abstecher führt in die Great Dividing Range. Dort lebt in den moorigen Berggewässern der Platypus, ein sehr seltenes Lebewesen, halb Säuger, halb Fisch. Die Gegend eignet sich hervorragend zu ausgedehnten, naturkundlich interessanten Wandertouren.

REISE Info

Hinweis

Die Reiseinformationen sind identisch mit der Destination Great Barrier Reef. Entnehmen Sie bitte dort die benötigten Angaben (S. 210).

Ein spektakuläres Erlebnis ist die Begegnung mit dem größten Fisch der Meere, dem Walhai

ZU GAST BEI DEN RIESEN DER MEERE

Das Ningaloo Reef, mit 260 km Länge eines der größten Küstenriffe, beginnt teilweise direkt am Strand und steht seinem großen Bruder, dem Great Barrier Reef, in Farbenpracht und Artenvielfalt mariner Lebensformen in nichts nach. Hier kann man Walhaie aus nächster Nähe erleben, wenn sie zwischen März und Juli in Riffnähe auf große Planktonvorkommen treffen.

Das Zentrum der Tauchszene am Ningaloo Marine Park ist der kleine Ort Exmouth. Dort finden Taucher ganzjährig optimale Verhältnisse vor. Das Klima an der eher trockenen als tropischen westaustralischen Küste ist mit Temperaturen zwischen 26 bis 35°C ideal für den Wassersport. Das Exmouth Diving Center betreibt sechs Tauchboote und bietet Tagestouren rund um das North West Cape an. Auch für Anfänger sind diese Tauchspots wegen einer relativ geringen Tiefe von maximal 25 Metern gut geeignet. Da das Riff sehr nahe am Ufer beginnt, kann man vom Boot, vom Strand oder von den Plattformen aus in die wunderschönen Korallengärten, beispielsweise das Bundegi Reef, eintauchen.

Am Navy Peer, einem Revier, das bislang militärisches Sperrgebiet war, konnte sich eine Vielfalt an Barrakudas, Schnappern, Riesenzackenbarschen, den seltenen Wobbegongs und verschiedenen Haiarten ungestört entwickeln.

Eine große Besonderheit am Ningaloo Reef sind die gigantisch großen, bis zu 18 Meter langen Walhaie, die zwischen März und Juli in den planktonreichen Gewässern nach Nahrung suchen. Walhaie sind absolut friedliche Kreaturen und fühlen sich offensichtlich durch Taucher, die direkt vor ihrem zwei Meter großen Maul vorbeitauchen, überhaupt nicht belästigt. Ganz im Gegenteil, manche von ihnen erlauben es den Tauchern sogar, an der Rückenflosse oder an der

TAUCH Info AUF EINEN BLICK

FISCHAUFKOMMEN	✓	✓	✓	✓	
GROSSFISCHE	✓	✓	✓	✓	✓
WRACKS	✓				
STEILWANDTAUCHEN	✓				
HÖHLEN/ÜBERHÄNGE	✓	✓			
SICHTWEITEN	✓	✓	✓	✓	
STRÖMUNGSAUFKOMMEN	✓	✓	✓		
TAUCHBOOTE	✓	✓	✓	✓	

Die gehäuselose Schwarzfleck-Nacktschnecke sondert ein Sekret ab, um sich vor Freßfeinden zu schützen

großen Stirn hängend „mitzufahren". Ein sicherlich einmaliges Erlebnis, obgleich die Autoren von solchem Verhalten dringend abraten.

Bei den Tauchkreuzfahrten, die als Walhaiexpeditionen ausgeschrieben sind, orten speziell eingesetzte Suchflugzeuge den Aufenthaltsort der Tiere. Eine erfahrene Crew begleitet die Tauchgänge und ermöglicht Einblicke in die Verhaltensweisen der Walhaie und das Ökosystem des Riffs.

Über Wasser

Die Landschaft Westaustraliens fasziniert durch ihre unendliche Weite, die man am besten auf einer großen „Cattle Station" genießen kann. Dieses Farm-Erlebnis kommt den Vorstellungen vom „Wilden Westen" Amerikas relativ nahe. Eine große Attraktion für Naturfreunde ist Monkey Mia, etwa fünf Autostunden südlich von Exmouth. Hier belagern scheinbar zahme Delphine die Taucher und Schnorchler im seichten Wasser und betrachten sie als Spielgefährten. Nördlich von Exmouth zählen die Pilbara Region, die alten Erzbergwerke rund um Tom Price, die Millstream Oase und die eindrucksvollen Canyons des Kanjini National Parks zu den interessantesten Zielen. Danach empfiehlt sich der 20 km lange Sandstrand in Broome zum Relaxen.

	Beste Reisezeit	Ø Tagestemperatur	Ø Nachttemperatur	Sonnenstunden	Regentage	Wassertemperatur
JAN	●	31°	22°	9	2	24°
FEB	●	31°	22°	7	2	24°
MÄR	●	31°	22°	6	2	24°
APR	●	29°	19°	5	2	24°
MAI	●	26°	14°	5	5	23°
JUN		23°	12°	4	6	21°
JUL		22°	11°	5	6	21°
AUG		23°	12°	6	5	19°
SEP		24°	14°	6	2	20°
OKT		26°	16°	7	2	20°
NOV	●	27°	18°	8	1	21°
DEZ	●	29°	21°	9	1	22°

Die Fortescue-Wasserfälle im Hamersey Park, einem der zahlreichen Nationalparks Australiens

REISE Info

Anreise
Internationaler Flughafen ist Perth. Weiterreise nach Exmouth per Flugzeug (nationaler Flughafen) oder mit dem Auto. Fahrtzeit ca. 14 Stunden.

Saison
Ganzjährig. Westaustralien genießt ein trockenes, kontinentales, ganzjährig warmes Klima. Die Wassertemperaturen liegen mit 19 bis 26°C im angenehmen Bereich.

Zeitverschiebung
MEZ + 7 Stunden

Übernachtung
Empfehlung in Exmouth: Potshot Hotel
Zahlreiche Cattle Stations vermieten Zimmer: Outbackerlebnis pur! Luxus in der El Questro Station, einer sehr exklusiven Outback Ranch

Straßenverkehr
Linksverkehr, zur Fahrzeugausleihe reicht ein nationaler Führerschein aus. Autovermietungen nur in größeren Städten. Abseits der Küstenstraße größtenteils ungeteerte Pisten!

Informationen
Australian Tourist Commission
Neue Mainzer Straße 22, 60311 Frankfurt a.M.
Tel. 069-2740060, Fax 069-27400640
Info Hotline 0130-825184
West Australian Tourist Commission
Kaiserstraße 8, 60311 Frankfurt a.M.
Tel. 069-288868, Fax 069-288875

Die übrigen Informationen decken sich mit denen zum Great Barrier Reef (S. 210).

ATLANTIK

Muräne zwischen Krustenanemonen

KÜHL UND KLAR – DIE KANADISCHE OSTKÜSTE

Der Osten Kanadas mit seinen unendlichen Weiten, riesigen Wäldern, dem Indian Summer und den langen Wintern gleicht einem endlosen Naturfilm mit sich ständig ändernden Einstellungen. Jede ist ein Erlebnis für sich. Das gilt auch für die Unterwasserwelt. Wer sonst in den Tropen taucht, wird begeistert sein vom grünlich klaren Wasser, den kühlen Tauchplätzen und einer bizarren, ungewohnten Szenerie.

Nova Scotia und die Küste von Cape Breton locken mit vielfältigen Tauchplätzen. In der Regel herrschen erstaunlich gute Sichtverhältnisse, die ohne weiteres 30 Meter betragen können. Was an Flora und Fauna in den Tropen bunt und klein ist, hier im nordwestlichen Atlantik ist es größer und kräftiger. Nachhaltige Eindrücke entstehen, wenn der Taucher zum ersten Mal durch gewaltige Seetangfelder gleitet, handballgroße Seeigel und Seesterne am Grund aufstöbert oder durch die Schatten pfeilschnell vorbeischwimmender Robben erschreckt wird. Über 3.000 Wracks sind an den Küsten von Nova Scotia registriert. Eines der

bekanntesten ist der ehemalige Onassis-Tanker „Arrow", 1971 vor Cape Breton in der Nähe der Cedabucto Bay an den „Cerberus Rocks" gesunken. Von der riesigen Ölkatastrophe sind heute glücklicherweise keine Spuren mehr zu sehen.

Die Wracks sind von Tausenden von Seenelken, Anemonen, Seescheiden und Seeigeln bedeckt. Am verbleibenden freien Platz reckt sich brauner Ledertang mit gewaltigen Blättern in die Höhe. Auf sedimentüberzogenem Stahl ducken sich Schollen mit ihren vorstehenden Augen und schiefen Mäulern. Umringt von unzähligen Zahnbrassen, die sich unaufhörlich nähern, gleitet der Taucher über die Decks, auf denen dunkle Öff-

TAUCH Info AUF EINEN BLICK

FISCHAUFKOMMEN	✓	✓	✓	✓	
GROSSFISCHE	✓	✓	✓		
WRACKS	✓	✓	✓	✓	✓
STEILWANDTAUCHEN	✓	✓			
HÖHLEN/ÜBERHÄNGE	✓	✓			
SICHTWEITEN	✓	✓	✓	✓	
STRÖMUNGSAUFKOMMEN	✓				
TAUCHBOOTE	✓	✓	✓	✓	✓

	Beste Reisezeit	Ø Tagestemperatur	Ø Nachttemperatur	Sonnenstunden	Regentage	Wassertemperatur
JAN		0°	-8°	3,6	12	1°
FEB		0°	-9°	4,6	10	1°
MÄR		3°	-5°	4,7	11	1°
APR		8°	0°	5,6	11	2°
MAI		14°	4°	6,6	12	4°
JUN	●	18°	9°	7,2	10	5°
JUL	●	22°	13°	7,2	8	12°
AUG	●	22°	14°	7,0	8	14°
SEP	●	19°	10°	5,9	8	14°
OKT	●	14°	6°	5,0	9	12°
NOV		8°	1°	3,4	11	8°
DEZ		2°	-5°	3,0	14	4°

Kühl, klar und einsam: Die kanadische Ostküste bietet ein Naturerlebnis der besonderen Art

nungen den Abstieg in den Bauch der Schiffe ermöglichen. Bis zu einem halben Meter große und bis zu vier Kilo schwere Hummer strecken den Eindringlingen ihre gewaltigen Scheren entgegen, Seewölfe schauen mit grimmigem Blick aus ihren Verstecken.

Vom Ufer lassen sich problemlos die Kelpwälder betauchen. Hier stehen große Schwärme von Heringen, Makrelen und Dorschen, große Krabben verbergen sich unter Steinen. Dazwischen stechen die Lippfische und die farbenprächtige, niedere Tierwelt als bunte Tupfer hervor. Seenelken und Anemonenfelder sind beliebte Objekte für Fotografen und Filmer. Die Vielzahl unterschiedlichster Motive beeindruckt jeden Taucher, der mit einem dicken Naß- oder Trockentauchanzug hier bestens beraten ist. So lassen sich lange Tauchausflüge unternehmen - bei sommerlichen 14 bis 18 Grad Wassertemperatur an der Oberfläche und selbst in der Tiefe ist es bei Temperaturen zwischen 14 und 8 Grad noch auszuhalten.

Über Wasser

Ein Tauchurlaub in Kanada nur um des Tauchens Willen wäre zu einseitig. Die vielen Naturschönheiten um Cape Breton und die zahlreichen Freizeitmöglichkeiten sollte man nicht außer Acht lassen. Die Vogelinsel, nur wenige Minuten von der Halbinsel Janvrins Island entfernt, beherbergt große Kormorankolonien.

Auch im Flachwasserbereich von Nova Scotia sind große Fischschwärme keine Seltenheit

Der Seewolf ist in kalten Gewässern heimisch

Kanutouren in die Wildnis sind genauso zu empfehlen wie ausgedehnte Wanderungen. Wer mag, kann segeln oder Wasserski fahren oder Touren mit geliehenen Mountain-Bikes unternehmen. Eindrucksvoll ist auch ein Rundflug über die Region oder ein Ausflug mit dem Mietwagen, um die weitere Umgebung von Cape Breton zu erkunden. Durch grünes, hügeliges Land winden sich die Highways, der dichte kanadische Busch erstreckt sich bis an die Straßen. Sümpfe und abgestorbene Bäume in unmittelbarer Straßennähe zeugen von den noch eigenen Gesetzmäßigkeiten der Natur, fern von menschlichen Eingriffen. Wem die Einsamkeit zu groß wird, der findet in den umliegenden Städten wie Sydney, Antigonish, New Glasgow, Turo oder besonders Halifax quirlige Alternativen.

REISE Info

Anreise

Flug Frankfurt - Toronto mit Direktanschluß nach Halifax (Air Canada), Frankfurt - Boston (USA) mit Anschluß nach Halifax (Lufthansa), von Luxemburg über Island nach Halifax (Iceland Air); Charterflüge von Hamburg oder Frankfurt direkt nach Halifax. Ab Halifax Transfer zu Vollmer's Paradise Island Resort (ca. 3 Std.). Weitere Infos über Reisebüros.

Einreisebestimmungen

Reisepaß, mindestens 6 Monate gültig.

Impfungen

Keine Impfungen vorgeschrieben. Eventuell Rücksprache mit dem Hausarzt halten.

Geld / Devisen

Landeswährung ist der Kanadische Dollar. 1 Can$ = 1,13 DM. Kreditkarten (vorzugsweise VISA und Master) werden überall akzeptiert, keine Eurocheques.

Saison

Juni bis Oktober. Ein Erlebnis ist der Indian Summer von September bis Mitte Oktober.

Zeitverschiebung

MEZ - 6 Stunden

Telefon

Nach Nova Scotia: 001-902 + Rufnummer

Übernachtung

Einzige deutschsprachige Basis ist Vollmer's Island Paradise. Komfortable Blockhäuser für zwei Personen, die von Bäumen umgeben an einer traumhaft schönen Bucht des Atlantiks liegen. Großes Gemeinschaftsblockhaus, Barbecue und Lagerfeuer. Weitere Übernachtungsmöglichkeiten in den umliegenden Ortschaften.

Essen

Gäste in Vollmer's Paradise sind Selbstversorger. Wer nicht kochen mag, wird im Spezialitäten-Restaurant der Lodge bestens bedient. Supermärkte nach amerikanischem Vorbild sind in der Nähe. Vor allem Hummer und andere fangfrische Meeresfrüchte sind zu empfehlen. Alkoholische Getränke sind nicht ganz preiswert.

Informationen

Vollmer's Island Paradise Inc.
P.O.Box 53, West Arichat, Nova Scotia
BOE 3JO Canada
Tel. 001-902-2261507, Fax 2269853

Sonstiges

Leihausrüstungen stehen in ausreichendem Maß zur Verfügung (an INT-Adapter denken!). Für Ladegeräte stehen 110 Volt bzw. 240 Volt (Adapter nicht vergessen) Spannung zur Verfügung.

Literaturtip

Reiseführer „Ost-Kanada" (Dumont)

Die äußerst schmackhaften Langusten sind in den Gewässern der Kanaren häufig anzutreffen

TAUCHEN AUF DEM VULKAN

Die kanarische Inselwelt vulkanischen Ursprungs lockt jährlich Tausende von Urlaubern an. Die eigenwillige Mischung aus Tropen und Atlantik verwandelt sich unter Wasser in eine bizarre Welt.

So unterschiedlich wie die einzelnen Inseln, so vielfältig sind auch ihre Tauchplätze. Tropische Korallenriffe gibt es im Atlantik nicht, dafür aber eine grandiose Unterwasserszenerie, geprägt durch erdgeschichtliche Vulkanaktivitäten: Gewaltige Felsen, Höhlen und Überhänge, Steilwände, die ins Unergründliche abstürzen, dazwischen canyonartige Spalten und sandige Areale.

Der Fischreichtum ist selbst in Küstennähe unüberschaubar. Große Makrelen- und Thunfischschwärme zählen zu den ständigen Begleitern der Taucher, und wer Glück hat, kann mit Mantas zusammentreffen. Selbst größere Schulen von Barrakudas sind nicht selten, genausowenig wie Brassenschwärme, große Barsche, Papageienfische, Rochen oder kleine Haiarten. Jede Spalte und kleinere Höhle hat ihren Bewohner. So ist das Muränenriff von Fuerteventura derart dicht mit den schlangenartigen Fischen besiedelt, daß dieser Platz dafür weltweit bekannt ist. Der Bewuchs auf den Felsen und Steilwänden ist für atlantische Verhältnisse recht üppig. Es herrschen Krustenanemonen, Seescheiden, Schwämme und Seepocken vor.

Interessante Tauchgänge bieten nicht nur die vielen Wracks rund um die Kanaren, sondern auch Plätze wie Stingray-City im Nordosten Lanzarotes bei Costa Teguise. Hier trifft man auf Stachel- und Adlerrochen. Auch La Palma kann mit traumhaft schönen Tauchplätzen wie Los Arenales, Punta Malpais oder Las Cabras aufwarten, die sich durch ihren Fischreichtum und die Artenvielfalt hervorheben.

Freunde des Nachttauchens kommen an vielen Plätzen auf ihre Kosten, etliche Basen bieten diese Art des Tauchens als besonderes Bonbon an. Die Kanarischen Inseln sind sowohl mit deut-

TAUCH Info AUF EINEN BLICK

FISCHAUFKOMMEN	✓	✓	✓	✓	
GROSSFISCHE	✓	✓	✓	✓	
WRACKS	✓	✓	✓		
STEILWANDTAUCHEN	✓	✓	✓	✓	
HÖHLEN/ÜBERHÄNGE	✓	✓	✓	✓	
SICHTWEITEN	✓	✓	✓	✓	
STRÖMUNGSAUFKOMMEN	✓	✓	✓		
TAUCHBOOTE	✓	✓	✓	✓	✓

Der männliche Papageienfisch ist grau-blau und unterscheidet sich deutlich vom Weibchen...

schen als auch mit ausländischen Tauchschulen gut bestückt. Jede Basis kann mit Top-Tauchplätzen aufwarten. Viele der Tauchbasen bringen ihre Gäste mit dem Wagen zum Strand. Von dort können die Plätze direkt angeschnorchelt bzw. angetaucht werden. Zu weit entfernten Stellen werden, je nach Insel und Lage der Tauchplätze, Bootstouren organisiert. Das „shore-diving" ist allerdings ein Beweis dafür, daß viele gute Tauchplätze in unmittelbarer Küstennähe liegen.

Über Wasser

Im Mittelalter galten die Kanarischen Inseln als das Ende der Welt, danach kam nur noch die unendliche Weite des Atlantiks. Heute sind die Kanaren zwar das Topreiseziel für wintermüde Pauschaltouristen, dennoch ist noch auf allen neun Eilanden Abgeschiedenheit zu finden: Da ist La Gomera mit einsamen Buchten, Pinienwäldern, Farndschungel, Mango- und Ananasplantagen bis hin zu Lavafeldern und Kratern. Oder La Palma, die Insel des ewigen Frühlings im äußersten Nordwesten. Hier reizen Trekkingtouren bis auf Höhen von 2.420 Meter und anspruchsvolles Bergsteigen durch die bizarre Vulkanlandschaft.

Auch Fuerteventura, weithin bekannt als Surfer-Paradies, ist mit seinen kargen Hügellandschaften und weitläufigen Dünen bei Naturfreunden sehr beliebt. Lanzarote wartet mit einer sich ständig ändernden Landschaft auf. Im Süden prägen Vulkane das Bild, im Norden sind es die Steilküsten, im Osten ausgedehnte Kaktusplantagen.

Safaris mit dem Jeep, dem Mountainbike oder auf dem Rücken von Kamelen, Eseln oder Maultieren werden auf den Inseln angeboten. Die Sportmöglichkeiten – von Golf über Tennis bis zum Hochseefischen – sind vielfältig. Wer das Nachtleben liebt, der ist auf den Inseln des Massentourismus und des „Highlife" wie Gran Canaria oder Teneriffa am besten aufgehoben.

... das auffallend farbenfroh seine Aufwartung macht

	Beste Reisezeit	Ø Tagestemperatur	Ø Nachttemperatur	Sonnenstunden	Regentage	Wassertemperatur
JAN	●	21°	14°	5	7	19°
FEB	●	21°	14°	6	5	19°
MÄR	●	22°	15°	7	3	20°
APR	●	23°	16°	8	2	20°
MAI		24°	17°	10	1	21°
JUN		26°	19°	11	0	22°
JUL		28°	21°	11	0	23°
AUG		29°	21°	11	0	24°
SEP		28°	21°	9	1	24°
OKT	●	26°	19°	7	4	23°
NOV	●	23°	17°	5	6	21°
DEZ	●	22°	16°	5	7	20°

REISE Info

Anreise

LTU

Per Charter- oder Linienflug auf die jeweilige Insel. Flugzeit ca. 3,5 bis 4,5 Stunden.

Einreisebestimmungen

Personalausweis oder Reisepaß.

Impfungen

Besondere Prophylaxen sind nicht notwendig. Bei Bedenken den Hausarzt befragen.

Geld / Devisen

Landeswährung ist die spanische Peseta. 100 Ptas = 1,20 DM. Kreditkarten, Travellerschecks und Eurocheques werden überall akzeptiert. Viele Geldautomaten.

Saison

Ganzjährig, vorzugsweise im Winter.

Zeitverschiebung

MEZ - 1 Stunde

Telefon

Zu den Kanaren: 0034 + Vorwahl ohne Null + Rufnummer

Übernachtung

Hotels, Pensionen, Appartements und Ferienhäuser gibt es in allen Standards und Preislagen.

Essen

Ausgezeichnete spanische Küche. Die Kanaren sind bekannt für ihre kleinen, äußerst aromatischen Tomaten. Der auf dem Lavaboden wachsende Wein ist sehr zu empfehlen.

Straßenverkehr

Rechtsverkehr. Das Straßennetz ist sehr gut ausgebaut.

Informationen

Spanisches Fremdenverkehrsamt
Myliusstraße 14, 60323 Frankfurt a.M.
Tel. 069-725033, Fax 069-725313

Sonstiges

Im Robinson Club Jandia (Fuerteventura) steht eine betriebsbereite Dekokammer.

Literaturtips

Reiseführer „Gran Canaria" (Polyglott)
Reisetaschenbücher „Lanzarote", „La Palma" (Dumont)

Weltweit gibt es ca. 1.500 Seestern-Arten. Sie ernähren sich von Muscheln, Schnecken und Seepocken

ABENTEUER IM ATLANTIK

Die Kapverdischen Inseln liegen abseits touristischer Pfade etwa 450 Kilometer vor der Küste des Senegals im Atlantischen Ozean. Sie sind ein Geheimtip für Taucher, die das Besondere mit einem Hauch von Abenteuer verbinden möchten, aber auch für Individualisten mit Freude an einer unverfälschten Landschaft und Lebensart. Rührend ist die Gastfreundschaft der Insulaner.

Tauchen auf den Kapverden bedeutet Abenteuer pur. Viele Plätze und Wracks sind noch weitgehend unerforscht, und mancher Tauchgrund ist nur auf Umwegen zu erreichen. Doch gerade diese Goldgräberstimmung macht die Tauchgänge zu einem besonderen Erlebnis. Bei guten Sichtverhältnissen liegen die Wassertemperaturen ganzjährig zwischen 25 und 28 Grad. Flora und Fauna bilden in den kapverdischen Gewässern eine berauschende Mischung aus nördlichen und tropischen Arten. Der Bewuchs an den unterseeischen Felsformationen und in den vielen Höhlen ist eher spärlich, umso reicher dafür der Fischbestand in Küstennähe und auf hoher See. Man kann durch Wände von Tausenden von Doktorfischen tauchen, mit Makrelenschwärmen an gewaltigen Felsen entlanggleiten oder eine Vielzahl von schlafenden Ammenhaien auf dem Grund und in ihren Höhlen beobachten. Spannend ist die Begegnung mit Hochseehaien, Mantas, Walen und Walhaien.

Wer diesen atlantischen Traum live erleben möchte, sollte allerdings eine gute Kondition mitbringen, an robustes Schlauchboottauchen gewöhnt und mit Dünung, Wind und Wellen vertraut sein. Dennoch, auch der Anfänger findet Plätze, die er sicher betauchen und vor allem intensiv erleben kann.

TAUCH Info AUF EINEN BLICK

FISCHAUFKOMMEN	✓	✓	✓	✓	✓
GROSSFISCHE	✓	✓	✓	✓	
WRACKS	✓	✓			
STEILWANDTAUCHEN	✓	✓	✓	✓	
HÖHLEN/ÜBERHÄNGE	✓	✓	✓	✓	
SICHTWEITEN	✓	✓	✓	✓	
STRÖMUNGSAUFKOMMEN	✓	✓	✓	✓	
TAUCHBOOTE	✓				

Über Wasser

Die zehn vulkanischen Inseln der Kapverden gehörten jahrhundertelang zu Portugal. Sie öffnen sich mit ihrer facettenreichen Landschaft wie ein Hufeisen zum Atlantik hin. In den höheren Regionen der Inseln, vor allem aber auf den dem Passat zugewandten Seiten, zeigt sich eine verhältnismäßig üppige, jedoch nicht sehr vielfältige Vegetation.

Ein anderes Extrem sind die flachen, östlichen Inseln wie Sal, Boa Vista oder Maio, an denen sich keine Wolken stauen und wo sich große Dünenfelder mit wüstenartigen Landstrichen abwechseln. Im Süden hingegen, auf den Inseln mit noch aktiven, hoch aufragenden Vulkanen (wie z.B. Santiago, Fogo und Brava) wechselt karges, schroffes Land auf Meeresniveau mit zunehmendem Grün in wachsender Höhe. Alle Inseln sind untereinander mit dem Schiff oder kleineren Flugzeugen erreichbar. Wer im Norden auf der Düneninsel Sal in einem der neu entstandenen Hotels residiert, sollte vor allem den südlichen, grüneren Vulkaninseln einen Besuch abstatten. Empfehlenswert ist die pittoreske Hauptstadt Praia auf Santiago sowie eine „Reise zum Mittelpunkt der Erde" auf der Insel Fogo: Eine Fahrt durch die surreale Landschaft am Fuße des Pico de Fogo, des noch immer aktiven Vulkans.

	Beste Reisezeit	Ø Tagestemperatur	Ø Nachttemperatur	Sonnenstunden	Regentage	Wassertemperatur
JAN		23°	19°	7,4	1	23°
FEB		23°	19°	8,4	1	22°
MÄR		24°	20°	8,9	1	22°
APR	●	24°	20°	9,7	1	23°
MAI	●	25°	21°	9,9	0	23°
JUN	●	25°	22°	9,2	0	24°
JUL		27°	23°	8,0	1	25°
AUG		28°	24°	7,3	4	26°
SEP		28°	25°	7,5	5	27°
OKT	●	28°	24°	7,7	2	27°
NOV	●	27°	23°	7,5	2	26°
DEZ		25°	21°	6,5	2	24°

Besucher, die auf den südlichen Inseln ihr Quartier aufgeschlagen haben, sollten es nicht versäumen, der nördlichen Inselwelt ein paar Tage zu widmen. Denn auch dieser Teil des Kapverdischen Archipels ist mit seinen flachen Dünen und der kargen Vegetation ungemein reizvoll. Dort, wo im Norden einst vulkanische Aktivitäten herrschten, gibt es Strände mit schwarzem Sand.

Die Gewässer um die Kapverden gelten als sehr fischreich. Schnapper sind dort immer anzutreffen

In den Buchten von Brava liegen äußerst spektakuläre Tauchplätze der Kapverdischen Inseln

REISE Info

Anreise
Mit dem Flugzeug direkt von Frankfurt nach Sal oder Praia oder mit Zwischenstopp über Lissabon. Nettoflugzeit ca. 6 bis 6,5 Stunden.

Einreisebestimmungen
Reisepaß, mindestens 6 Monate gültig. Visum sollte bei der Kapverdischen Botschaft in Bonn rechtzeitig beantragt werden.

Impfungen
Prophylaxe gegen Tetanus, Diphtherie und ggf. Hepatitis A und Polio sind empfehlenswert. Zur Sicherheit den Hausarzt befragen.

Geld / Devisen
Landeswährung ist der Kapverdische Escudo. 100 CVE = 1,83 DM. Travellerschecks und Bargeld können in Banken und Hotels gewechselt werden. Kreditkarten nur in Hotels.

Saison
November bis Juni sind die Monate mit dem meisten Sonnenschein. Am besten ist die Zeit von April bis Juni und von Oktober bis November. Sandstürme (Harmattan-Wind) für wenige Tage um die Jahreswende.

Zeitverschiebung
MEZ - 2 Stunden

Telefon
Zu den Kapverden: 00238 + Rufnummer

Übernachtung
Vorzugsweise in den Touristenhotels. Pensionen und andere Quartiere sind preiswert, aber selten. Individualreisenden sei eine intensive Planung ihrer Trips auf die Kapverden angeraten.

Essen
Ausgezeichnete Gerichte in den auf Tourismus eingestellten Hotels. In den kleinen Ortschaften auf den Inseln vereinzelt einfache Restaurants. Zu empfehlen sind Meeresfrüchte und Fleisch sowie natürlich die kapverdischen und portugiesischen Landweine.

Straßenverkehr
Rechtsverkehr. Es empfiehlt sich, die Inseln per Taxi oder im Minibus zu erschließen.

Informationen
Kapverdische Botschaft
Fritz-Schäffer-Str. 5, 53113 Bonn
Tel. 0228-265002, Fax 265061

Literaturtips
Reiseführer „Kapverdische Inseln"
(Dumont, Köln 1991)
Stromer's Reiseführer „Kapverdische Inseln"
(Baumann u. Stromer Verlag, Zürich 1991)

Das Männchen des gelbbraunen Kofferfisches versteckt sich zwischen farbenprächtigen Korallen

	Beste Reisezeit	Ø Tagestemperatur	Ø Nachttemperatur	Sonnenstunden	Regentage	Wassertemperatur
JAN		30°	24°	7,0	17	25°
FEB		30°	24°	7,5	14	25°
MÄR	●	30°	23°	7,3	14	25°
APR	●	28°	20°	7,0	11	24°
MAI	●	26°	16°	7,6	9	24°
JUN	●	25°	13°	7,6	7	23°
JUL	●	25°	13°	7,9	7	22°
AUG	●	25°	15°	8,1	9	22°
SEP	●	25°	18°	7,5	12	23°
OKT	●	26°	20°	6,8	16	24°
NOV	●	27°	21°	6,1	18	24°
DEZ		29°	23°	6,6	17	24°

TAUCH Info AUF EINEN BLICK

FISCHAUFKOMMEN	✓	✓	✓		
GROSSFISCHE	✓	✓	✓		
WRACKS	✓				
STEILWANDTAUCHEN	✓				
HÖHLEN/ÜBERHÄNGE	✓	✓	✓		
SICHTWEITEN	✓	✓	✓		
STRÖMUNGSAUFKOMMEN	✓	✓			
TAUCHBOOTE	✓	✓	✓		

SAFARI UNTER WASSER

Üblicherweise gehen Südafrika-Touristen auf Safari. Aber das Land bietet auch Top-Tauchreviere. Die Sodwana Bay, unweit der Grenze zu Moçambique gelegen, ist über die Nationalstraße N2 von Durban kommend und einer Fahrt über 100 km Sand- und Staubpiste zu erreichen.

Im ganzjährig warmen Wasser des Indischen Ozeans treffen Taucher in der Sodwana Bucht auf die am südlichsten gelegenen Korallenriffe der Erde. Die Tauchplätze erhielten ihre Namen origineller-weise nach der Entfernung von der Bucht. Am 2-, 4-, und 5-Mile Reef kann man zwischen 18 und 24 Metern Tiefe die ganze Palette der tropischen Riffische in den herrlich intakten Korallengärten bewundern. Am 7- und 9-Mile Reef wachsen in eindrucksvollen Höhlen und an großen Überhängen leuchtend bunte Schwämme und große Weich- und Lederkorallen. Die verschiedensten Nacktschneckenarten leben hier. Regelmäßig suchen auch Schildkröten die Tauchspots auf.

Von August bis November halten sich Sandtiger- und Zambesihaie in Küstennähe auf. Beide Arten gehören zu den sogenannten Menschenhaien, denen man mit entsprechendem Respekt begegnen sollte. Weitaus angenehmer sind da Kontakte mit den ungefährlichen Walhaien, die immer wieder an den Riffen vorbeiziehen. Doch auch ohne Großfischbegegnungen bestechen die Riffe durch eine atemberaubende Artenvielfalt. Weiter südlich, in der Gegend von Durban, warten Wracks auf den Taucher. Tauchlehrer wachen darüber, daß man sich nicht zu weit ins Innere der Schiffe vorwagt.

Über Wasser

Das gesamte Gebiet der Sodwana Bay inklusive der vorgelagerten Korallenriffe ist Naturschutzgebiet. Meerkatzen, die auf Campingplätzen über die Zelte hinwegtoben oder Antilopen, die beim Grillen mal vorbeischauen, sind deshalb nichts Außergewöhnliches.

Nachts werden die Sandstrände des nahegelegenen Sibaya Sees von verschiedenen Meeresschildkrötenarten zur Eiablage aufgesucht. Deshalb sind ab November Strandwanderungen nach Sonnenuntergang verboten.

Zum Schutz der Badegäste vor Haiattacken werden die Badestrände mit Netzen abgesichert. Neuerdings zeigen auch Experimente mit elektrischen Feldern Erfolg.

Wegen der hohen Großfischdichte vor der südafrikanischen Küste reisen viele einheimische Urlauber zum Hochseeangeln in die Sodwana Bay. Taucher betrachten die alljährlich im Herbst stattfindenden internationalen Meisterschaften im Hochseeangeln eher mit einem kritischen Auge. Vornehmlich werden große Haie und Schwertfische geangelt. Von den einst stolzen Hochseefischen landen leider nur wenige in den Kochtöpfen der einheimischen Bevölkerung, die meisten verarbeiten Präparatoren gleich nach dem Wettkampf zu Trophäen.

Die langausgezogene Rückenflosse ist ein typisches Merkmal für den Halfterfisch

Der Blyde River Canyon gehört zu den großartigsten Landschaften Südafrikas

REISE Info

Anreise
LTU
LTU fliegt direkt nach Durban. Alternative: Linienflüge nach Johannesburg. SAA bietet günstige Inlandsflüge an.

Einreisebestimmungen
Reisepaß, mindestens 6 Monate gültig.

Impfungen
Zur Zeit keine Impfungen vorgeschrieben. Prophylaxe gegen Malaria wird für Sodwana Bay, Krüger Nationalpark und Nord Natal empfohlen. Aktuelle Auskünfte geben die Tropeninstitute.

Geld / Devisen
1 Südafrikanischer Rand = 0,35 DM. Beste Zahlungsmittel sind DM- oder US$-Travellerschecks und Kreditkarten.

Saison
Ganzjähriges Reiseziel, Hochsaison ist die europäische Winterzeit.

Zeitverschiebung
MEZ + 1 Stunde

Telefon
Nach Südafrika: 0027 + Vorwahl ohne Null + Rufnummer

Übernachtung
Gepflegter und üppig ausgestatteter Caravan- und Campingplatz (Grillstellen und Kühlschrank!) sowie voll eingerichtete Blockhäuser. Reservierungen sind vor allem während der südafrikanischen Weihnachtsferien von Anfang Dezember bis Mitte Januar nötig (bei Natal Park´s Board, P.O. Box 662, Pietermaritzburg 3200, Tel. 0331-471981, Fax 0331-471980). Gleich außerhalb des Reservats werden in der Sodwana Bay-Lodge Hütten vermietet (Tel. 031-3045977).

Essen
Spezialitäten sind „Braaivlais" (Grillfleisch), „Biltong" (luftgetrocknetes Wildfleisch, z.B. Kudu) und die „Boerewors" (gespickte Burenwurst). Zusätzlich prägten eingewanderte Malaien und Inder mit scharfen Fleisch- und Currygerichten die Küche Südafrikas. Zum Essen trinkt man einheimisches Bier oder südafrikanischen Wein.

Straßenverkehr
Linksverkehr, sehr gut ausgebautes Straßennetz mit geringer Verkehrsdichte. Zum Ausleihen eines Mietwagens benötigt man einen internationalen Führerschein. Mindestalter 23 Jahre.

Informationen
Südafrikanisches Verkehrsbüro (SATOUR)
An der Hauptwache 11
60313 Frankfurt a.M.
Tel. 069-9291290, Fax 069-280950

Literaturtip
Venter, Al J. „Where to dive in Southern Africa and off the Islands" (Ashanti Publ., Rivonia 1991)

Taucher in den marmorierten Felswänden der Verzasca, dem „Grünen Fluß" im Tessin

DER SPASS VOR DER HAUSTÜR

50 Traumziele haben wir Ihnen vorgestellt. Aber ein Ziel liegt direkt vor unserer Haustür: Die Flüsse, Seen und Weiher Mitteleuropas können zwar nicht mit Korallenbänken und Fischschwärmen dienen. Eine Fülle an Überraschungen bieten sie dennoch. Für viele Taucher, auch solche mit Taucherfahrung in exotischen Meeren, zählen die heimischen Gewässer zu den besonders schönen Tauchplätzen.

Was man benötigt, ist neben der Ortskenntnis vor allem ein scharfes Auge für Details am Rande. Und natürlich die Bereitschaft, sich an einem Hecht, einem Karpfen oder einem Waller genauso zu erfreuen wie an exotischen Hairudeln und Barrakudaschwärmen.

Ob man sich mit der Strömung in Flüssen und reißenden Gebirgsbächen treiben läßt, in alten Flußarmen nach verschollenen Schätzen taucht, transparente Bergseen aufsucht oder in ganz normalen „Baggerseen" und anderen Weihern seinem Hobby nachgeht – irgendetwas wird es immer geben, das hier jeden Tauchgang rechtfertigt. Dabei sind die Tiefe oder das Risiko gar nicht die entscheidenden Kriterien, sie dürfen es auch

Faszinierende Begegnung zwischen einem Unterwasser-Filmer und einer Forelle

nicht sein. Denn das, was es zu beobachten gibt, die Vielfalt des Lebens unter Wasser, spielt sich bis zum Bereich der Hell/Dunkelgrenze ab. Und diese liegt, von Ausnahmen abgesehen, in der Regel bei zehn bis maximal 15 Metern.

Die heimischen Gewässer weisen eine erstaunlich abwechslungsreiche Flora und Fauna auf. Hier locken Steilwände aus Fels oder Lehm, dort sind große Findlinge unter Wasser zu entdecken, Höhlen zu betauchen oder einige Wracks zu erkunden. Viele Taucher haben sich der „kleinen Schatzsuche" verschrieben. Sie freuen sich über winzige Gefäße, Pfeifenköpfe, Porzellan und mit viel Glück auch einmal über eine Münze oder ein Schmuckstück. Ganz zu schweigen von den vielfältigen Möglichkeiten, die die Unterwasserfotografie und die Videokamera bieten. Wer im Süßwasser mit diesen Geräten erfolgreich umzugehen weiß, ist ein Könner. Denn der Schwierigkeitsgrad, gerade im heimischen Gewässer zu respektablen Ergebnissen zu gelangen, ist weitaus größer als an tropischen Plätzen.

Wer meint, das Tauchen im heimischen Süßwasser sei nur an die warme Jahreszeit gebunden, der irrt. Selbst wenn es draußen stürmt oder schneit, wenn dickes Eis eher zum Schlittschuhlaufen herausfordert als zum Tauchen, selbst dann ist für einige Unentwegte genau der passende Zeitpunkt, ihren Kopf unter das Eis zu stecken. Allerdings: Eistauchen ist nicht ohne Risiko. Man muß schon einige Taucherfahrung haben, um sich unter die Eisdecke zu wagen. Und mehr als bei jedem anderen Tauchgang gilt die eiserne Regel: Tauche nie allein! Dabei ist die Kälte das kleinste Problem – ein moderner Neoprentauchanzug hält selbst bei eisigen Temperaturen den Körper wohlig warm. Allerdings gibt es in Deutschland, Österreich und der Schweiz gesetzliche Regelungen zum Tauchen mit Flasche (Schnorcheln ist überall erlaubt, wo auch Schwimmen gestattet ist). Wo getaucht werden darf, erfahren Sie bei einer ortsansässigen Tauchschule. Oder auch bei der zuständigen Gemeindeverwaltung.

Ein wertvoller Ratgeber, der alle wichtigen Adressen enthält, ist der „Tauchreiseführer Deutschland" (Naturbuchverlag, 1995). Er wurde zusammengestellt von Christian Mietz und Udo Kefrig, den Autoren dieses Taucher-Guides.

VERZASCA

Ein Erlebnis besonderer Art ist das Wildwassertauchen in der Verzasca, dem „Grünen Fluß" im Tessin. Mit der ABC-Ausrüstung ausgestattet, kann sich der Taucher vom kalten Strom mitreißen lassen und die Schönheiten dieses Gewässers genießen. Der Fluß ist vielleicht das interessanteste Tauchrevier der Schweiz.

Die Verzasca fließt durch die von ewigem Eis und Schneefeldern bedeckten Berge im Süden der Schweiz, dort wo nördlich des Lago Maggiore die Zwei- und Dreitausender stehen. Im Frühjahr, wenn die große Schneeschmelze einsetzt, stürzen gewaltige Wassermassen über wildzerklüftete Berghänge und schmale Taleinschnitte in die Tiefe.

An einigen Stellen sammeln sie sich ruhig in Felsbecken, die gut zu betauchen sind. Immer wieder sind einzelne Flußterrassen zu sehen, von denen die Verzasca wieder eine Stufe tiefer stürzt. Die Erosionskräfte des Flusses haben unter Wasser wunderbare Gesteinsstrukturen freigelegt, die im Laufe der Zeit rund ausgeschliffen wurden. Hier kann sich der Taucher treiben lassen und die einmaligen Schönheiten dieser steinigen Flußlandschaft mit einer Unterwassersicht von über 40 Metern genießen.

Im Tal der Verzasca sind die Berge steil: Oft schwillt der Fluß bereits nach einem kräftigen Regen so stark an, daß er, einem tosenden Inferno gleich, alles mit sich reißt, was im Wege liegt. Die Sicht fällt rapide ab. Doch der Fluß erholt sich meist nach wenigen Tagen wieder. Die meisten Taucher besuchen die Verzasca in den Monaten September und Oktober, bisweilen sogar noch bis in den November. Das Wasser ist ruhiger und

Im klaren Wasser treiben lassen. Eine antike Römerbrücke überspannt die Verzasca bei Lavertezzo

mit etwa 12 Grad auch „wärmer". Dies ermöglicht konzentrierteres Fotografieren. Allerdings kann es unter Wasser zu verstärkten Ablagerungen an den Felswänden durch veralgte Schwebeteile kommen, weil das Flußbett zu dieser Zeit nicht so nachhaltig „geputzt" wird.

Obwohl die Verzasca „nur" zwischen 8 und 14 Metern tief ist, eignet sie sich nicht für Tauchanfänger. Wer hier taucht, sollte ein konditionsstarker Schwimmer sein und sich vorher genau erkundigen, wo die Einstiege liegen, wo sich Stromschnellen und Engpässe befinden und welche Seilsicherungen notwendig sind.

Kontaktadresse:
Tourismusverband Verzasca-Tal
CH-6598 Tenero, Tel. 0041-91-7451661

Makrelenschwarm

Kaiserfische leben in zahlreichen Arten in allen tropischen Meeren. Einige Exemplare dieser farbenprächtige

Tropeninstitute

Gegen eine Gebühr von DM 20,– geben Ärzte detailliert schriftliche Auskünfte, die Sie Ihrem Hausarzt vorlegen sollten!

Tropeninstitut Hamburg

Tropenmedizinisches Beratungszentrum und Informationszentrum Hamburg
Lobuschstraße 28
22765 Hamburg
Tel. 040-39888933, Fax 040-39899939

Bernard-Nocht-Institut Hamburg

Bernard-Nocht-Straße 74
20359 Hamburg
Tel. 040-3192077, Fax 040-31182340

Tropeninstitut München

Leopoldstraße 5, 80802 München
Tel. 089-398844, Fax 089-336112
Auskunft Mittel- und Südamerika: 089-333369, Asien: 089-336755, Afrika: 089-336744

Bayerische Gesellschaft für Immun- und Tropenmedizin und Impfwesen e.V.

Brienner Straße 11
80333 München
Tel. 089-292467

Medizinisches Institut für Umwelthygiene

Auf'm Hennekamp 50
40225 Düsseldorf
Tel. 0211-33890, Fax 0211-3190910

:orallenfische werden bis zu 60 Zentimeter groß

Tropeninstitut Tübingen
Keplerstr. 15, 72074 Tübingen
Tel. 07071-2980221 oder 2982364
Fax 07071-296021

Institut für Tropenhygiene
Im Neuheimer Feld 324, 69120 Heidelberg
Tel. 06221-562925 oder 562999 oder 562905
Fax 06221-565948

Institut für Tropenmedizin
Kinderspitalgasse 15, A-1095 Wien/Österreich
Tel. 0043-1-4038343 oder 40490380 oder 4064392, Fax 0043-1-403834390

Schweizerisches Tropeninstitut
Sozinstr. 57, CH-4002 Basel/Schweiz
Tel. 0041-61-2848255, Fax 0041-61-2718654

Tauchverbände

Barakuda
International Aquanautic Club
Borbeckstr. 249, 45355 Essen
Tel. 0201-670049, Fax 0201-681776
Über 600 Tauchlehrer und 100 Tauchbasen als Lizenznehmer. Gilt als Profi im Tauchgeschäft.

CMAS
Confédération Mondiale
des Activités Subaquatiques
Viale Tiziano 74, I-00196 Rom/Italien
Tel. 0039-6-36858480, Fax 0039-6-36858490
Welttauchverband und Dachorganisation aller nationalen Verbände mit über 70.000 Tauchlehrern.

NAUI
National Association of Underwater Instructors
4650 Arrow Highway, STE F-1
Montclair, CA 91763-1150/USA
Tel. 001-909-6215801, Fax 001-909-6216405
Große US-amerikanische Organisation, faßt zunehmend auch in Europa Fuß.

PADI Europe
Professional Association
of Diving Instructors Europe
Oberwilerstr. 3, CH-8442 Hettlingen/Schweiz
Tel. 0041-52-392727, Fax 0041-52-391887
Marktführer. Hat mit innovativen Konzepten (Easy Diving) den europäischen Tauchmarkt völlig verändert.

SUSV
Schweizerischer Unterwassersport-Verband
Pavillionweg 3, CH-3012 Bern/Schweiz
Tel. 0041-30-14343, Fax 0041-30-14393
Rund 200 Tauchschulen und 450 Tauchlehrer im In- und Ausland. Verband mit starkem Wachstum.

TSVÖ
Tauchsportverband Österreichs
Erlachgasse 36-40, A-1100 Wien/Österreich
Tel. und Fax 0043-1-6065000
Über 160 Tauchlehrer. Die TSVÖ-Mitglieder zählen zur Weltspitze im „Unterwasser-Rugby"!

VDST
Verband Deutscher Sporttaucher e.V.
Tannenstr. 25, 64546 Mörfelden
Tel. 06105-961302, Fax 06105-961345
Einer der größten Mitgliedsverbände der CMAS. Bekannt für seinen hervorragenden Standard.

Air Aqua Reisen GmbH
Rüttenscheider Str. 14, 45128 Essen
Tel. 0201-790079, Fax 0201-780750
➧ *Karibik, Türkei, Griechenland, Ägypten*

Aquanaut Reisen GmbH
Deutschherrnufer 29-30, 60594 Frankfurt a.M.
Tel. 069-64604892, Fax 069-618206
➧ *Ägypten, Malediven*

Australia Pacific Travelservice
Bramfelder Str. 110a, 22305 Hamburg
Tel. 040-612578, Fax 040-613299
➧ *Australien*

Australia Plus Reisen GmbH
Raglovichstraße 12, 80637 München
Tel. 089-1573262, Fax 089-151362
➧ *Australien*

Australien-Reisen Lessenich
Burgmühlenweg 7, 45701 Herten-Westholz
Tel. 0209-613291, Fax 0209-620922
➧ *Australien*

Baja Expeditions Inc.
2625 Garnet Avenue, San Diego, CA 92109, USA
Tel. 001-619-5813311, Fax 001-619-5816542
E-mail: travel@bajaex.com
Home Page http: // www.bajaex.com
➧ *Baja California, Mexiko, Socorro*

Barakuda Club
Borbecker Str. 249, 45355 Essen
Tel. 0201-670049, Fax 0201-681776
➧ *Ägypten, Türkei, Malediven, Dominikanische Republik, Griechenland, Kanaren, Malta*

Del Sur (Segelschiff)
c/o Pius von Beverförde
(Anfrage nur per Telefon oder Fax möglich)
Tel. 00506-661-3485, Fax 00506-661-2963
➧ *Cocos Island*

Die Taucher
c/o Waltraud Binanzer
Wilhelmstr. 27, 71034 Böblingen
Tel. 07031-225904, Fax 07031-226704
➧ *Indonesien, Cocos Island*

DIVErsion
P.O. Box 7026, Cairns 4870
Queensland, Australien
Tel. 0061-070-578665, Fax0061-070-578639
CompuServe 100352, 3256 oder
diversio@ozemail.com.au
➧ *Australien, Papua-Neuguinea*

Dive Expeditions
c/o Monique Walker
Am Teich 11, 61191 Rosbach
Tel. 06003-6039, Fax 06003-92202
➧ *Truk Lagoon*

Dive Paradise Bequia
c/o Guni Berg-Steinmeier
Waisenhausdamm 8, 38100 Braunschweig
Tel. 0531-44086, Fax 0531-40447
➧ *Bequia*

Dive Travel GmbH
Südring 3b, 65795 Hattersheim
Tel. 06190-1603, Fax 06190-8365
➧ *Bonaire*

Dutch Caribbean Promotions
Buddy Dive Resort, Bonaire
Tel. 0031-5415-33177, Fax 0031-5415-32624 (NL)
➧ *Bonaire*

Eden Roc Reiseservice
Pflugweg 23, 58454 Witten
Tel. 02302-47902, Fax 02302-48824
➧ *Sinai, Kapverden*

Extratour Reisen
Bühlstr. 18, 37073 Göttingen
Tel. 0551-42664, Fax 0551-44077
➧ *Galapagos, Cocos Island, Ägypten, Südafrika, Malediven, Karibik, Malta, Sipadan, Indonesien, Griechenland, Sudan, Bali, Papua-Neuguinea*

GAMO Reisen
Hapberg 1a, 82347 Bernried
Tel. 08158-3236, Fax 08158-3358
➧ *Thailand, Malaysia, Mexiko, Molukken, Palau, Truk Lagoon, Papua-Neuguinea, Galapagos, Cocos Island*

Jahn Reisen LTU
Elsenheimerstr. 61, 80687 München
Tel. 089-57900, Fax 089-5790475
➧ *Spanien, Türkei, ABC-Inseln, Barbados, Mexiko, Malediven, Malaysia, Sri Lanka, Ägypten, Israel, Venezuela, Karibik, Kuba*

Lobster Tours
Limesstr. 12, 81243 München
Tel. 089-870403, Fax 089-870446
➧ *Ägypten, Malediven, Karibik, Mauritius, Malta*

Marlin Tauchservice
Fabrikstr. 94, 76337 Waldbronn-Neurod
Tel. 07243-69016, Fax 07243-69017
➧ *Kanada*

Martin Moxter Tauch-Individualreisen
An der Theisenmühle 1, 63303 Dreieich
Tel. 06103-65492, Fax 06103-64891
E-mail: MMoxter@aol.com
➧ *Philippinen, Malediven*

Meier's Weltreisen LTU
Parsevalstr. 7b, 40468 Düsseldorf
Tel. 0211-907801, Fax 0211-9078345
➧ *Ägypten, Australien, Curaçau, Malediven, Mexiko, Dominikanische Republik, Komoren, Thailand*

Micronesia Underwater Tauchreisen
Im Großen Rohr 1, 65549 Limburg
Tel. 06431-400635, Fax 06431-45288
➧ *Palau, Truk Lagoon*

Nautico Sportreisen GmbH
Wandsbeker Königsstr. 11, 22041 Hamburg
Tel. 040-6828110, Fax 040-68281199
➧ *Ägypten, Sinai, Malediven, Bonaire, Malta*

Nautilus Tours GmbH
Feilitzschstr. 24, 80802 München
Tel. 089-333083, Fax 089-399930
➧ *Bahamas, Kuba*

Nero Sport
Im Reitwinkel 32, 45661 Recklinghausen
Tel. 02361-32041, Zakynthos Tel. 0030-695-33352, Fax 0030-695-33342
➧ *Griechenland*

Oceanwide Expeditions
An der Wae 44, 41372 Niederkrüchten
Tel. 02163-98380, Fax 02163-983838
➧ *Galapagos, Malediven, Seychellen, Karibik*

Orca Tauchreisen GmbH
Frühlingstr. 22, 83022 Rosenheim
Tel. 08031-18850, Fax 08031-380464
➧ *Cocos Island, Sudan, Ägypten, Malediven, Türkei*

Pindito Reisen AG
Falläckerstr. 48,CH-8105 Watt-Regensdorf, Schweiz
Tel. 0041-1-8700207, Fax 0041-1-8700215
➧ *Molukken*

RB Fertig Flugreisen
Sabine Hübner
Mainstraße 59, 63897 Miltenberg
Tel. 09371-3321, Fax 09371-67954
➧ *Bequia, Jamaika*

RB Roger Winter Tauchreisen
Schulstraße 8, 55578 Wallertheim
Tel. 06732-1880, Fax 06732-62096
➧ *Jemen*

Rudi Direkt
Maria-Theresia-Str. 12, 79761 Waldshut
Tel. 07751-7974, Fax 07751-70331
➧ *Ägypten*

Schöner Tauchen
Herrengraben 27, 20459 Hamburg
Tel. 040-3743488, Fax 040-3743490
E-mail schoener-tauchen@t-online.de
➧ *Indonesien, Papua-Neuguinea*

See & Sea Travel Inc.
50 Francisco St., # 205, San Francisco, CA 94133, USA
Tel. 001-415-4343400, Fax 001-415-4343409
E-mail: divxprt@ix.netcom.com
Home Page http: // www.divxprt.com / see & sea
➧ *anspruchsvolle Tauchkreuzfahrten weltweit (Papua-Neuguinea, Australien, Fidschi-Inseln)*

Sinai Divers
Hotel Ghazalla
Sharm El Sheikh, Sinai, Ägypten
Tel. 0020-62-600697, Fax 0020-62-600155
➧ *Sinai*

Spiro Sub Wassersportreisen
Rolandseckstr. 9a, 81375 München
Tel. 089-7143917, Fax 089-7193688
➧ *Galapagos, Sudan, Baja California*

Sub Aqua Reisen GmbH
Frankfurter Ring 243, 80807 München
Tel. 089-32379888, Fax 089-32379611
➧ *Cozumel, St. Lucia, Ägypten, Malediven, Bahamas, Malta*

Subex Reiseservice AG
Baslerstr. 180, CH-4123 Allschwil, Schweiz
Tel. 0041-61-4810782
➧ *Galapagos, Cocos Island, Ägypten, Sinai, Malediven, Türkei*

THR Tours LTU
Parsevalstr. 7b, 40468 Düsseldorf
Tel. 0211-9415110, Fax 0211-9415195
➧ *Ägypten, Barbados, Dominikanische Republik, Indonesien, Kuba, Mexiko, Thailand*

Tjaereborg Reisen LTU
Korschenbroicher Str. 607
41065 Mönchengladbach
Tel. 02161-493369
➧ *Aruba, Hurghada, Sharm El Sheik, Malediven, Indonesien, Vereinigte Arabische Emirate, Kenia, Venezuela, Barbados, Dominikanische Republik, Jamaica, Kuba, Mexiko.*

Transair Reisen LTU
Parsevalstr. 7b, 40468 Düsseldorf
Tel. 0211-9417234, Fax 0211-9417250
➧ *Ägypten, Dominikanische Republik, Kuba, Malediven, Niederländische Antillen*

Volkert Touristik
Freizeitzentrum Roßmühle, 97782 Gräfendorf
Tel. 09357-309, Fax 09357-1055
➧ *Ägypten, Sinai, Malediven*

Vollmer's Island Paradise INC.
P.O. Box 53, West Arichat,
Nova Scotia BOE 3JO Canada
Tel. 001-902-2261507, Fax 001-902-2269853
➧ *Nova Scotia*

Zante Diving
Theodor-Heuss-Str. 24, 66133 Saarbrücken
Tel. 0681-817907
➧ *Griechenland*

Faszinierende Welt: Wracks erzählen aus der Vergangenheit und sind Lebensraum für Fische und Korallen

Danke

Bei der Realisierung dieses Buches halfen uns viele engagierte Taucher. Sie aktualisierten Informationen, schrieben Beiträge aus ihren Erfahrungen und Eindrücken oder gaben Anstöße zu neuen Ideen. Unseren besonderen Dank richten wir an Martin Moxter (Philippinen-Infos), Reimund Hübner (Bequia, Jamaika und die Dominikanische Republik), Frank Diepen (Australien), Roger Winter (Yemen), Dieter Disch (Verzasca), Gabriele Schmitt (Palau), Robert Brylla (Bahamas, Malediven und Philippinen), Dirk Werner-Lutrup (Papua Neu Guinea), Uwe Nehls (Bali und Manado), Robert Frommenwiler (Molukken), Harald Mielke (Südafrika, Florida und Mauritius). Weiterhin bedanken wir uns bei allen Personen, die uns Fotos zuschickten.

Umfangreiche Informations- und Bildsendungen erreichten uns von Queensland Tourist & Travel Corporation, München, Frau Döring. Von Air Niugini, Frankfurt, Meike Westphal. Vom Tourism Concil of the South Pacific, Berlin, Dominik Ströbel. Vom Philippine Department of Tourism, Frankfurt, Shirley B. Hoffmann und vom Western Australien Tourism Commission, Diane Below.

Dank auch an Edi Frommenwiler, an Peter und an die gesamte PINDITO Crew auf den Molukken.

Wir bedanken uns auch für die zahlreichen Tips und Ideen vieler Tauchkollegen anderer Verlage. Sie gaben uns stets das Gefühl, daß über geschäftlichem Konkurrenzdenken das Zusammengehörigkeitsgefühl der Taucher steht!

Besonders engagierte sich das „unterwasser"-Team für das Buchprojekt, allen voran Stephanie Moskart, die viele Adressen für uns recherchierte.

Großen Dank schulden wir auch unseren Frauen Vera, Monika und Biggi.

Udo Kefrig • Christian Mietz • Claus-Peter Stoll

Bildnachweis **Udo Kefrig:** Titel, Rücktitel (oben + unten links), Vorsatz, Nachsatz, 7 (2), 8, 9, 10, 12, 14, 16, 22/23, 34, 34/35, 36/37, 38, 44/45, 54, 56 (2), 62/63, 68, 69, 70/71, 73, 74/75, 78, 79 (2), 80/81, 82/83, 85, 86, 87, 88/89, 90, 92, 94/95, 96 (2), 98/99, 100, 101, 102/103, 104, 105, 106/107, 108, 110 (2), 112, 114, 115, 118, 120/121, 123, 124, 125, 127, 128, 130, 132, 133, 134/135, 140/141, 142, 144/145, 146, 148/149, 150, 152, 154, 155, 156/157, 158, 159, 160/161, 164, 166/167, 169, 172, 173, 174, 176/177, 180, 188, 212/213, 214, 218, 220/221, 226/227, 228, 229, 230, 233, 239, 242/243, 244/245, 248

Air Niugini: 200, 202, **Australian Tourist Office:** 216/217, 219, **Birke:** 66/67, **Brylla:** Rücktitel (oben rechts), 40/41, 43, 64, 65, 143, 170, 232, **Disch:** 238, 241, **Grote:** 189, **Haag:** Rücktitel (unten rechts), 24/25, **Halstead:** 203, 204, 205, 206, 207, **Hübner:** 46/47, 48, 49, 72, 187, **Kevin:** 191, **Kögler:** 50/51, 52/53, **Mielke:** 26, 27, 58/59, 60, 61, 136/137, 139 (2), 234/235, 236, 237, **Mietz:** 28/29, 30, 31, 163, 165, 182/183, 184, 185, **Neco:** 192, **Nells:** 178/179, 181, **Perryclear:** 193, **Roessler:** 32/33, 42, 194/195, 196/197, 198/199, 208, 210, 211, 215, **Vollmer:** 223, 224, 225, **Walker:** 196
Kartografie: Jochen Fischer, Fürstenfeldbruck